民國歷史與文化研究

初　編

第 16 冊

現代中國第三勢力憲政設計研究

葉興藝 著

花木蘭文化出版社

國家圖書館出版品預行編目資料

現代中國第三勢力憲政設計研究／葉興藝 著 -- 初版 -- 新北市：
花木蘭文化出版社，2015〔民104〕
目 4+268 面；19×26 公分
（民國歷史與文化研究 初編；第 16 冊）
ISBN 978-986-404-152-7（精裝）
1. 憲法史 2. 憲政主義 3. 中國

628.08   103027665

ISBN-978-986-404-152-7

民國歷史與文化研究
初 編 第十六冊   ISBN：978-986-404-152-7

現代中國第三勢力憲政設計研究

作　　者　葉興藝
總 編 輯　杜潔祥
副總編輯　楊嘉樂
編　　輯　許郁翎
出　　版　花木蘭文化出版社
社　　長　高小娟
聯絡地址　235 新北市中和區中安街七二號十三樓
　　　　　電話：02-2923-1455／傳真：02-2923-1452
網　　址　http://www.huamulan.tw 信箱 hml 810518@gmail.com
印　　刷　普羅文化出版廣告事業
初　　版　2015 年 3 月
定　　價　初編 32 冊（精裝）台幣 56,000 元

現代中國第三勢力憲政設計研究

葉興藝　著

作者簡介

葉興藝，男，漢族，浙江台州人氏，生於一九七六年閏八月初二。吉林大學法學（政治學）博士、歷史學博士後，師從著名近代史學家寶成關先生專攻政治學理論與中國近現代政治思想史。現爲中華人民共和國國家民族事務委員會直屬高校大連民族大學經濟管理學院副教授、行政管理系主任，兼任大連民族大學文科實驗中心副主任、中央民族大學 MPA（公共管理專業碩士）外聘碩士生導師、遼寧省公共管理類專業教學指導委員會委員。主持中華人民共和國國家社會科學基金青年項目《微博反腐的風險規制與制度化、法治化研究》、國家教育部人文社會科學基金青年項目《現代中國第三勢力憲政設計研究》等科研項目 20 多項，出版《多元文化主義》、《領導幹部壓力緩解與心理健康調適》等譯著、專著 4 部，主編《任務型語碼轉換式雙語教學系列教材‧行政管理》等教材 3 部，發表學術論文 30 多篇。

聯繫方式

通信地址：中國遼寧省大連市金州新區金石灘旅遊渡假區金石路 31 號，大連民族大學經濟
　　　　　管理學院行政管理系

郵政編碼：116650

聯繫電話：0086-186-0428-9159（Mobil），0086-411-8755-7190（O）

電子郵箱：yexingyi@qq.com

提　　要

現代中國第三勢力是指 1927 年大革命失敗到 1947 年國共兩黨徹底決裂民盟被迫解散期間，活躍在中國社會和政治舞臺上，既反對國民黨的一黨專政及其保守性，又批評共產黨的暴力革命及其激進政策，以眾多性質相近的政治黨派和社會團體爲依託，以民族資產階級、上層小資產階級以及自由知識份子爲主體，追求自由、民主、憲政並試圖走第三條道路的政治勢力。

本書即是對作爲一個整體的現代中國第三勢力的憲政訴求和憲政設計所展開的全面研究。本書的基本框架是：緒論部份釐定第三勢力的概念、交代研究的緣起和意義並檢視該選題研究現狀和不足；上篇部份是對憲政設計一般理論的探討，論證了憲政設計何以可能並試圖構建一個憲政設計的理論框架；中篇部份是對作爲一個整體的現代中國第三勢力的憲政設計的研究，系統梳理了現代中國第三勢力的淵源流變和憲政運動簡史，重點分析了現代中國第三勢力的憲政理念和憲政模代；下篇部份則是現代中國第三勢力典型人物張君勱憲政設計的個案研究；本書最後對現代中國第三勢力的憲政道路進行了評判，並揭示出近代中國憲政的困境。

現代中國第三勢力的憲政設計，在當時的歷史條件下的確是海市蜃樓，但我們也不能因此而否認其所包含的合理性因素及所昭示的價值。站在第三勢力的角度來全面認識那個時代的中國的政治狀況，對於回顧和審視這段並不遙遠的歷史以及中國所選擇的道路，具有很大的理論價值和現實意義。

本書係
中華人民共和國教育部
人文社會科學研究 2006 年度青年項目
《現代中國第三勢力憲政設計研究》
（項目批准號：06JC810001）
研究成果

目次

緒　論 …………………………………………… 1
　一、問題的提出與選題的意義 ………………… 1
　　（一）第三勢力概念的界定 ………………… 1
　　（二）研究的緣起與選題的意義 …………… 3
　二、學術史回顧與檢視 ………………………… 7
　　（一）本選題的革命史研究慣勢 …………… 7
　　（二）自由主義知識分子研究日趨受到
　　　　　關注 ……………………………………10
　　（三）本選題研究現狀的兩點補充 …………14
　三、本書研究的基本思路與預期目標 …………16
　　（一）基本思路 ………………………………17
　　（二）研究方法 ………………………………17
　　（三）預期目標 ………………………………22

上篇　憲政設計的一般理論 ……………………23
第一章　憲政及其中國境遇 ……………………25
　一、憲政的西方精義 ……………………………25
　　（一）憲法為何物 ……………………………26
　　（二）憲政為何物 ……………………………30
　二、憲政的中國境遇 ……………………………33
　　（一）歷史背景：近代中國的憲政思潮 …33
　　（二）理論背景：新制度主義政治學的
　　　　　復興 ……………………………………38
　　（三）現實背景：建設社會主義民主憲政
　　　　　國家 ……………………………………41
第二章　憲政設計何以可能 ……………………45
　一、何謂憲政設計 ………………………………45
　　（一）政治設計及其特徵 ……………………45
　　（二）憲政設計的定義 ………………………48
　二、憲政設計何以可能 …………………………49
　　（一）西方理論界關於制度設計是否可能
　　　　　的辯難 ………………………………49
　　（二）憲政設計何以可能 ……………………61

第三章 憲政設計的理論框架 67
一、憲政設計的理論預設 67
（一）關於人性的假定：幽暗意識 68
（二）關於權力的假定：必要的惡 70
二、憲政設計的核心維度 72
（一）憲政價值：自由 73
（二）憲政制度：憲法 77
（三）憲政組織：政府 82

中篇 作為整體的現代中國第三勢力憲政
設計研究 87

第四章 現代中國第三勢力的淵源流變 89
一、現代中國第三勢力的產生與形成 89
二、現代中國第三勢力的興起與整合 94
三、現代中國第三勢力的活躍與裂變 99

第五章 現代中國第三勢力憲政運動簡史 107
一、抗戰前第三勢力的憲政運動 108
（一）九・一八前「微弱」的憲政運動 108
（二）九・一八後憲政運動的興起 112
二、抗戰時期第三勢力的憲政運動 117
（一）抗戰時期的第一次憲政運動 117
（二）抗戰時期的第二次憲政運動 122
三、抗戰勝利後的憲政運動 126

第六章 現代中國第三勢力的憲政理念與憲政
模式 131
一、現代中國第三勢力的憲政理念 131
（一）自由 131
（二）人權 136
（三）民主 141
三、現代中國第三勢力憲政模式設計分析
——以《期成憲草》為例 145
（一）《期成憲草》之由來 146
（二）《期成憲草》之憲政設計 148
（三）《期成憲草》之評價 153

**下篇　現代中國第三勢力憲政設計的個案
研究──張君勱憲政設計研究** ·············· 157
第七章　張君勱研究綜述 ······················· 159
　一、張君勱思想研究現狀檢視 ··············· 160
　　（一）海峽兩岸張君勱研究的冷與熱 ······ 161
　　（二）大陸張君勱研究的幾個重點 ········· 162
　二、張君勱憲政思想研究現狀檢視 ··········· 173
　　（一）臺灣張君勱憲政思想研究現狀 ······ 173
　　（二）大陸張君勱憲政思想研究現狀 ······ 174
第八章　張君勱憲政思想的演進及其踐履 ······ 181
　一、憲政思想的發端：《穆勒約翰議院政治論》
　　　··· 181
　二、早期的憲政主張及其實踐 ··············· 191
　三、制憲事業的巔峰：《政協憲法草案》 ···· 199
第九章　張君勱的憲政理念與憲政模式 ·········· 205
　一、張君勱的憲政理念 ······················· 205
　　（一）國家為什麼要憲法 ··················· 205
　　（二）吾國憲政何以至今沒有確立 ········· 213
　　（三）人權・自由・民主 ··················· 217
　二、張君勱憲政模式設計分析
　　　──從《國憲草案》到《政協憲法草案》
　　　··· 231
　　（一）《國憲草案》的憲政模式設計 ······· 231
　　（二）《政協憲法草案》的憲政模式設計 235
**餘論　現代中國第三勢力憲政道路的審視
　　　──兼論近代中國憲政的困境** ·················· 241
　一、現代中國第三勢力憲政道路的審視 ······· 241
　　（一）自由主義與溫和進步 ··················· 242
　　（二）制度決定論的迷失 ····················· 245
　二、近代中國憲政的困境 ······················· 248
　　（一）政治激進主義的泥潭 ··················· 249
　　（二）憲政訴求的工具主義傾向 ·············· 251
　　（三）國家權威和市民社會的雙重貧困 ·· 254

參考文獻 ·· 259

緒　論

　　現代中國的歷史，主要是國共兩黨的歷史，現代中國的政治，主要是國共兩黨的政治，國共兩黨勢力的矛盾、鬥爭和消長，決定了現代中國的前途和命運。但是在國共兩黨之外還存在第三種力量，他們的政治選擇在很大程度上影響了現代中國政治的發展，這就是本書所要研究的現代中國的第三勢力。

一、問題的提出與選題的意義

（一）第三勢力概念的界定

　　在中國現代史上，第三勢力又被稱爲「中間勢力」、「中間力量」、「中間階層」、「中間黨派」、「中間派」、「第三方面」、「第三種勢力」等等。1940 年 3 月 11 日，毛澤東在《目前抗日統一戰線中的策略問題》一文中較早使用了「中間勢力」這一稱謂，並對其範疇作了一個基本的界定：「必須採取發展進步勢力、爭取中間勢力、反對頑固勢力的策略……爭取中間勢力，就是爭取中等資產階級，爭取開明紳士，爭取地方實力派。這是不同的三部分人，但都是目前時局中的中間派。」〔註1〕關於「中間派」的概念與範疇，則以民主建國會的領導人之一施復亮的歸納最具代表性：「在思想上，各色各樣的自由主義者（包括具有社會主義傾向的自由主義者）；在政治上，一切不滿意國民黨統治而又不願意共產黨取而代之的要求民主進步的人士；在組織上，國民

〔註 1〕毛澤東：《目前抗日統一戰線中的策略問題》，見《毛澤東選集》（第 2 卷），人民出版社，1991 年版，第 746 頁。

黨統治集團及共產黨以外的一切代表中間階層的黨派，都可以叫做中間派。」
〔註2〕關於中間派的特點，施復亮進一步概括爲：「中間派的政治路線在政治
上必須實現英、美式的民主政治，但決不能爲少數特權階級（在今日中國是
官僚資本家，買辦資本家和大地主）所操縱，在經濟上必須發展民族資本主
義，獎勵保護農工大衆以及一切被雇傭者的利益，提高其購買力和生活水
準……中間派在思想上的態度應當是自由主義（某些個人可能有社會主義的
傾向）的，反對任何思想上的統制和清一色，沒有教條主義的信仰。中間派
在行動上的態度應當是和平的、改良的，不贊成暴力的革命的行動，因此，
中間派解決問題的方式是民主的，不贊成獨斷或獨裁。」〔註3〕從中我們可以
得出，所謂「中間派」這個群體在思想上、政治上、組織上和行動上均有其
特定的內涵，而其中最顯著的特點則是既反對國民黨的一黨專政，又不贊成
共產黨的暴力革命，而鼓吹憲政和法治，主張走和平的、改良的第三條道路。

關於第三勢力，學術界尙未有一個統一的界定，而其範疇大致沿用了毛
澤東和施復亮的界定，通常又稱其爲「中間勢力」或者「中間黨派」。對於「中
間勢力」，以汪朝光的界定代表著學術界的最新觀點：「所謂中間勢力，即介
於國共及其代表的階級之間的社會力量，主要是民族資產階級和自由主義知
識分子。他們企望中國以漸進與和平的方式走西方式民主與發展的道路，思
想來源是自由主義與改良主義。」〔註4〕關於「第三勢力」，僅有日本著名歷
史學家菊池貴晴作了比較嚴謹的界定：「所謂第三勢力，指的是 1927 年大革
命失敗到 1945 年 8 月抗日戰爭勝利這一時期，不屬於國民黨、共產黨任何一
方，以中立姿態進行活動的 40 餘個黨派。」〔註5〕這些概念所包含的範疇大
致相等或者相近，都指的是 1927 年間開始形成的，存在於國共兩黨之外的，
既不依附於執政的國民黨、也不苟同於在野的共產黨，具有一定的超黨派、
超意識形態傾向的，既積極提出建國主張又努力實踐其政治理念的若干性質
相同的政治派別、政治勢力以及自由知識分子、無黨派人士和愛國人士。本

〔註2〕施復亮：《再論中間派的政治路線》，載於蔡尚思主編：《中國現代思想史資料
簡編》（第 5 卷），浙江人民出版社，1983 年版，第 312 頁。
〔註3〕請參見施復亮：《何謂中間派》，載於蔡尚思主編：《中國現代思想史資料簡編》
（第 5 卷），浙江人民出版社，1983 年版，第 299～301 頁。
〔註4〕李新總編、汪朝光著：《中華民國史》（第 3 編第 5 卷），中華書局，2000 年版，
「序言」第 3 頁。
〔註5〕（日）菊池貴晴著、劉大孝譯：《中國第三勢力史論》，天津人民出版社，1991
年版，第 7 頁。

書所謂的第三勢力也基本上屬於這個範疇。故本書所說的第三勢力，大致上可以界定爲：1927 年大革命失敗到 1947 年國共兩黨徹底決裂民盟被迫解散期間，活躍在中國社會和政治舞臺上，既反對國民黨的一黨專政及其保守性，又批評共產黨的暴力革命及其激進政策，以眾多性質相近的政治黨派和社會團體爲依託，以民族資產階級、上層小資產階級以及自由知識分子爲主體，追求自由、民主、憲政並試圖走第三條道路的政治勢力。

　　本書爲什麼要使用「第三勢力」這個概念呢？首先，學術界目前使用的「中間黨派」或「中間勢力」是非常泛化的概念，既指中間勢力、中間黨派、第三方面等等，也指他們的社會基礎中間階層。正是在這個意義上，施復亮認爲，中國是一個落後的、農業手工業佔優勢的小生產製的社會，階級分化尚未達到尖銳的程度，這就決定了作爲中間黨派的社會基礎的中間階層，不僅具有量的優越性，即佔有全國人口的絕大多數，而且帶有質的複雜性，它包括民族工商業家、手工業者、小商人、工商業從業員、小地主、知識分子以及廣大的自耕農。〔註6〕而本書所說的第三勢力，大致相當於中間勢力的代表性群體和人物，主要是活躍在社會政治舞臺上並對時局和社會產生一定影響的政治勢力和人物。其次，也是最爲重要的是，中間勢力、中間黨派這些名詞，都是在特定的國共鬥爭環境下使用的政治概念，代表了傳統的中共黨史和革命史研究，特別是統一戰線研究的價值取向。鑒於本書的研究對象，其從事的憲政運動和進行的憲政設計，或者說其憲政理想在某種程度上超越了國共鬥爭的範疇，具有「全民政治」的性質，故而使用「第三勢力」這一特定概念更能凸顯這個群體自己的思想邏輯和特點。使用「第三勢力」這個概念，代表了中國現代史、中國現代政治史和中國現代政治思想史研究的一種新視角，即站在第三勢力的角度來重新認識中國現代史，這正是本書研究的理論目的和意義所在。

（二）研究的緣起與選題的意義

　　林毓生先生在爲《熱烈與冷靜》一書所作的序言中回憶了其治學的緣起，略述了他從自己的「個人關懷」（自由主義在中國的前途）出發，開始其在學術道路上的知性探究，肯定了「個人關懷」在其治學道路上的重要性。〔註7〕

〔註 6〕請參見施復亮：《再論中間派的政治路線》，載於蔡尚思主編：《中國現代思想史資料簡編》（第 5 卷），浙江人民出版社，1983 年版，第 313～314 頁。

〔註 7〕請參見林毓生：《試圖貫穿於熱烈與冷靜之間——略述我的治學緣起》，見朱學勤編：《熱烈與冷靜》，上海文藝出版社，1998 年版，序言第 15～19 頁。

受其影響和鼓舞，筆者在寫作碩士論文《張君勱憲政思想研究》的時候，也曾提到自己研究張君勱憲政思想和反思百年來中國憲政之路的最初緣起，即對梁治平先生「中國自有憲法已將近百年，然中國之憲政建設尚待完成」〔註8〕的論斷的觸動，以及由此產生的對中國的憲政建設的關注，而本選題的研究即是對《張君勱憲政思想研究》的繼續和擴展。〔註9〕所謂繼續是對張君勱憲政思想研究的繼續，擴展則是從對張君勱憲政思想的研究擴展到以張君勱爲代表的第三勢力這個群體的憲政設計的研究。那爲什麼要選擇第三勢力作爲博士論文的研究對象呢？這不僅僅是對以往研究的繼續和擴展，更重要的是第三勢力這個群體在中國現代史上的重要地位和作用，以及從第三勢力這個群體的角度全面認識中國現代史的積極意義。

胡繩先生在關於撰寫《從五四運動到人民共和國成立》一書的十個談話中反復指出：「現在講這段歷史的書，主要講國民黨和共產黨，講它們間的矛盾鬥爭；論階級，這是兩極，一個是大地主資產階級，一個是無產階級。其實，在這兩極中間，還有一大片。所以我想，除了國、共兩個角色外，還應有第三個角色，這就是中間勢力。喬木同志一次談過去的文學時曾說，國民黨的人只是一小撮，我們的人也很少，實際上是第三種人占大多數。政治也是如此。革命能勝利，是因爲我們黨把中間勢力拉過來了，如果中間勢力都倒向國民黨，共產黨就不可能勝利，中間勢力的作用很重要，我們黨內有些人還不懂這一點。」〔註10〕對此，毛澤東主席也曾經深刻地指出：「須知中國社會是一個兩頭小中間大的社會，共產黨如果不能爭取中間階級的群眾，並按其情況使之各得其所，是不能解決中國問題的」，〔註11〕「在中國，這種中間勢力有很大的力量，往往可以成爲我們同頑固派鬥爭時決定勝負的因素，因此，必須對他們採取十分愼重的態度」，〔註

〔註8〕梁治平、賀衛方主編：《憲政譯叢》，三聯書店，1997年版，總序第1頁。

〔註9〕請參見未刊拙文：《張君勱憲政思想研究》，吉林大學行政學院2000屆碩士研究生畢業論文，2003年6月答辯通過，第8頁。

〔註10〕胡繩：《關於中間勢力》，見「從五四運動到人民共和國成立」課題組：《胡繩論「從五四運動到人民共和國成立」》，社會科學文獻出版社，2001年版，第3頁。

〔註11〕毛澤東：《關於打退第二次反共高潮的總結》，見《毛澤東選集》（第2卷），人民出版社，1991年版，第783頁。

〔註12〕毛澤東：《目前抗日統一戰線中的策略問題》，見《毛澤東選集》（第2卷），人民出版社，1991年版，第748頁。

12）並將聯合中間勢力的統一戰線視爲與黨的建設和武裝鬥爭平列的取得革命勝利的三大法寶之一。所以，研究第三勢力在中國現代政治史的地位和作用，特別是站在第三勢力的角度來全面認識那個時代的中國的政治狀況，對於回顧和審視這段並不遙遠的歷史以及我們所選擇的道路，具有很大的理論價值和積極意義。

100 多年前，處於世紀之交的中國，以康有爲、梁啓超爲代表的維新派，從救亡圖存的動機出發，提出了一系列以建立君主立憲政體爲核心的變法主張，揭開了近代中國憲政運動的序幕。然戊戌變法雖然轟轟烈烈，卻只經歷的短暫的「百日維新」便以「戊戌六君子」淋漓的鮮血而告夭折，一次使中國在 19 世紀末走向憲政的機會就這樣擦肩而過。而頗爲荒唐的是，戊戌變法失敗後僅僅八年，曾經視立憲思想爲洪水猛獸的清政府卻宣佈預備立憲，從而奠定了 20 世紀中國追求立憲政治的基調。

100 多年來，基於「西方的強大富足蘊藏在西方的憲政及其文化中」〔註13〕這個強烈的信念，立憲政治成爲國人孜孜以求的政治模式，曾經在全國範圍內實施的具有法律效力的憲法更是不下數十種。從 1908 年欽定憲法大綱、1912 年中華民國臨時約法、1914 年中華民國約法、1923 年的「賄選憲法」、1931 年訓政時期約法、1946 年中華民國憲法，到解放後的 1949 年中國人民政治協商會議共同綱領，中華人民共和國 1954 年、1975 年、1978 年、1982 年憲法，特別是從民國建立到 1949 年民國政權在大陸終結這短短數十年，制憲頻仍。然縱觀近現代中國憲政史，憲法的制定和憲政國家的建立似乎變成了風馬牛不相及的事情。爲什麼一個明明有憲法的國家卻遲遲未能走上憲政的道路？爲什麼極具「現代性」和社會認同度的西方立憲政治在近現代中國卻最終以失敗而告終？中國憲政的誤區和困境究竟在哪裏？這正是本書所試圖要回答的問題。

100 多年後的 1999 年，站在 20 世紀末的中國對 1982 年制定的憲法進行了第三次修改，第一次將「法治」這個語詞寫入了憲法的文本中；〔註14〕2002 年，21 世紀初的中國共產黨的十六大明確提出了從「革命黨」到「執政黨」

〔註13〕 劉志剛、黃東婭：《試析張君勱憲政觀的文化關懷》，載於《寧夏社會科學》，2002 年第 2 期。

〔註14〕 《中華人民共和國憲法修正案》（1999 年 3 月 15 日第九屆全國人民代表大會第二次會議通過），載於《人民日報》，1999 年 3 月 17 日。

的轉變；〔註15〕2002 年，胡錦濤同志在就任新職後發表的第一次公開講話中就強調憲法的至上權威；〔註16〕2004 年，第四次修憲將國家尊重和保障人權、公民合法的私有財產不受侵犯寫入了憲法，〔註17〕從而使憲法對整個社會秩序與法律秩序的意義上昇到了一個新的高度，這一切也都預示著以人民主權和依法治國為基本方略的中國政治現代化正在邁向更高的發展階段。2014 年，中國共產黨第十八屆中央委員會第四次全體會議通過了《中共中央關於全面推進依法治國若干重大問題的決定》，決定指出，依法治國，是堅持和發展中國特色社會主義的本質要求和重要保障，是實現國家治理體系和治理能力現代化的必然要求，事關我們黨執政興國，事關人民幸福安康，事關黨和國家長治久安。全面建成小康社會、實現中華民族偉大復興的中國夢，全面深化改革、完善和發展中國特色社會主義制度，提高黨的執政能力和執政水平，必須全面推進依法治國。堅定不移走中國特色社會主義法治道路，堅決維護憲法法律權威，依法維護人民權益、維護社會公平正義、維護國家安全穩定，為實現「兩個一百年」奮鬥目標、實現中華民族偉大復興的中國夢提供有力法治保障。〔註18〕

現代中國的第三勢力這個群體，可謂成分複雜、思想迴異，但是他們絕大多數都抱有自由民主的憲政理念，以把中國改造成自由、民主的憲政國家為己任。第三勢力的憲政追求及其掀起的憲政運動，無疑是中國現代史的重要組成部分，也是中國現代化進程的重要組成部分；第三勢力的憲政設計及其憲政實踐中的經驗教訓與成敗得失，對於今天我們的法治和憲政建設具有重要的借鑒意義。

〔註15〕江澤民：《全面建設小康社會，開創中國特色社會主義事業新局面——在中國共產黨第十六次全國代表大會上的報告》，載於《人民日報》，2002 年 11 月 18 日。

〔註16〕胡錦濤：《在首都各界紀念中華人民共和國憲法公布施行二十週年大會上的講話》，載於《人民日報》，2002 年 12 月 5 日。

〔註17〕《中華人民共和國憲法修正案》（2004 年 3 月 14 日第十屆全國人民代表大會第二次會議通過），載於《人民日報》，2004 年 3 月 16 日。

〔註18〕《中共中央關於全面推進依法治國若干重大問題與決定》（二○一四年十月二十三日中國共產黨第十八屆中央委員會第四次全體會議通過），載於《人民日報》，2014 年 10 月 29 日。

二、學術史回顧與檢視

　　學術史回顧亦稱文獻綜述，是一個嚴謹的學術研究不可缺少的一部分，是學術研究者就具體研究選題的海量文獻進行的詳盡搜求、認眞閱讀、冷靜分析、科學歸納和客觀評述。研究成果不能憑空產生，幾乎都是在前人的基礎上完成並試圖超越的。本書在寫作過程中參閱了大量的文獻，作者試圖在學術史回顧中予以重現，但肯定有掛一漏萬的地方，尚乞學術前輩和同仁們海涵。

（一）本選題的革命史研究慣勢

　　受傳統革命史和中國共產黨黨史研究傾向的影響，國內學術界對現代中國第三勢力的研究，多集中於民主黨派及其主要人物的研究。

　　這裡首先要注意區分「民主黨派」和「第三勢力」的概念。民主黨派這一稱謂最早出現在 1945 年中國共產黨第七次全國代表大會期間毛澤東所做的《論聯合政府》的報告中，文中使用這一詞彙一共 11 次，考察其含義，是泛指 1927 年國共分裂以來介乎國共兩大黨之間的政黨和政治派別，〔註19〕而用來取代了以往對中間派別的稱謂。一般意義上的民主黨派，指的是「參加中國共產黨領導的愛國統一戰線的我國各民主黨派的總稱」，其包括中國國民黨革命委員會、中國民主同盟、中國民主建國會、中國民主促進會、中國農工民主黨、中國致公黨、九三學社和臺灣民主自治同盟。〔註20〕通常認爲民主黨派是中國現代史上民族資產階級、上層小資產階級的政治代表，是民族資產階級趨向中立、由中立趨向革命的特定時期的產物。可見，我們通常所謂的「民主黨派」較之本書的「第三勢力」，其內涵要小得多。而它們最爲關鍵的區別則在於，本書所說的第三勢力是一個歷史名詞，到 1946 年年底民社黨由於參加僞國大，被民盟勒令退盟，1947 年年底民盟被迫解散，作爲一個整體的第三勢力已經成爲歷史。在這前後兩年多的時間裏，第三條道路的政治路線徹底破產，中國現代史上的第三勢力，不得不做出自己非此即彼的艱難選擇。部分青年黨、民社黨成員和自由派人士先後倒向國民黨，而以重新建立的民盟爲代表的八個民主黨派在中國共產黨的領導下最終成爲新中國的參

〔註19〕請參見楊親華等主編：《中國民主黨派詞典》，中國政法大學出版社，1993 年版，第 464 頁。
〔註20〕請參見：《辭海》（1999 年版縮印本），上海辭書出版社，2002 年版，第 1175 頁。

政黨，一直活躍在中國的政治舞臺上直到今天，在中國的現代化進程中扮演著重要的角色。

關於民主黨派的研究，由於眾所周知的原因，從建國後到「文革」結束，基本上處於空白狀態。直到中共第十一屆三中全會確立改革開放的基本國策，人們的思想才逐漸解放，民主黨派史才真正作為一門專門史開始受到重視。20世紀70年代末到80年代末，有關民主黨派的史料、傳記、回憶錄、研究論文和專著陸續發表和出版。這個時期出版的著述其中屬於史料的主要有：周天度編，中國社會科學出版社1981年出版的《救國會》；李義彬編輯，中國社會科學出版社1982年出版的《中國青年黨》；中國民主同盟文史資料委員會編輯，文史出版社1983年出版的《中國民主同盟歷史文獻（1941～1949）》；陳竹筠、陳起城選編，華東師範大學出版社1985年出版的《中國民主黨派歷史資料選輯》（上、下冊）；邱錢牧等編，湖南人民出版社1986年出版的《民主革命時期的民主黨派》；民革中央宣傳部編輯，湖南人民出版社1987年出版的《中國國民黨革命委員會的歷史道路》；中國第二歷史檔案館編輯，檔案出版社1988年出版的《中國青年黨》；中國第二歷史檔案館編輯，檔案出版社1988年出版的《中國民主社會黨》等。屬於傳記、回憶錄的主要有：中國社會科學院近代史研究所民國史研究組選編，中華書局1979年出版的《黃炎培日記摘錄》；黃炎培撰寫，文史資料出版社1982年出版的《八十年來》；許漢三編著，文史資料出版社1985年出版的《黃炎培年譜》；梁漱溟撰寫，中國文史出版社1987年出版的《憶往談舊錄》；宋瑪利、鄭延澤主編，河南大學出版社1989年出版的《中國民主黨派創始人傳略》等。屬於專著的主要有：王金鋙主編，吉林文史出版社1985年出版的《中國現代資產階級民主運動史》；邱錢牧著，浙江教育出版社1987年出版的《中國民主黨派史》；姜平著，武漢大學出版社1987年出版的《中國民主黨派史》；王天文、王繼春主編，河南大學出版社1988出版的《中國民主黨派史綱（民主革命時期）》；胡邦寧等主編，華中師範大學出版社1988年出版的《中國民主黨派史》；李起民著，四川人民出版社1988年出版的《中國民主黨派史稿》；國防大學黨史黨建政工教研室編著，解放軍國防大學出版社1989年出版的《中國革命與民主黨派》；張軍民著，華夏出版社1989年出版的《中國民主黨派史（新民主主義時期）》；楊親華等主編，中國政法大學出版社1989年出版的《中國民主黨派詞典》；俞雲波等著，上海人民出版社1989年出版的《中共民主黨派史述略》等。

　　20 世紀 90 年代以後，有關民主黨派的研究在廣度和深度上都得到了進一步的擴展和加深，特別是對民主黨派史和民主黨派的主要人物的研究蓬勃開展。其中屬於民主黨派史研究的主要有：張羕著，華東師範大學出版社 1992 年出版的《中國民主黨派史綱》；泰國生、胡治安主編，山東人民出版社 1990 年出版的《中國民主黨派歷史・政綱・人物》；竇愛芝編著，南開大學出版社 1992 年出版的《中國民主黨派史》；蔣景源編，中國大百科全書出版社 1992 年出版的《中國民主黨派愛國奮鬥史》；中國第二歷史檔案館編輯，檔案出版社 1992 年出版的《國民黨統治時期的小黨派》；陳志遠主編，天津大學出版社 1993 年出版的《中國民主黨派史稿：1928～1988》；彥奇主編，中國人民大學出版社 1994 年出版的《中國國民黨革命委員會歷史研究》和《中國民主同盟歷史研究》；曹健民主編，中國人民大學出版社 1994 年出版的《中國民主黨派的歷史與現狀》；袁旭、黨德信著，燕山出版社 1997 年出版的《中國民主黨派與抗日戰爭》；任貴祥主編，陝西人民出版社 1997 年出版的《影響二十世紀中國的十個黨派》；崔珏著，花城出版社 1998 年出版的《中國民主黨派地位的歷史演變》；孫曉華主編，遼寧人民出版社 1999 年出版的《中國民主黨派史》；薛啓亮主編，河南人民出版社 2001 年出版的《中國民主黨派史叢書》（共八卷）；徐文生編著，西安交通大學出版社 2002 年出版的《中國民主黨派革命鬥爭史》；朱眞主編，華文出版社 2004 年出版的《中國民主黨派簡史》等。屬於民主黨派的主要人物研究的主要有：彥奇主編，華夏出版社 1991～1994 年出版的《中國民主黨派人物傳》（1～5 卷）；蔣景源主編，華東師範大學出版社 1991 年出版的《中國民主黨派人物錄》；李淵庭、閻秉華著，廣西師範大學出版社 1991 年出版的《梁漱溟先生年譜》；謝增壽等編輯，檔案出版社 1992 年出版的《張瀾傳略》；彭慶遐、劉維叔編著，燕山出版社 1992 年出版的《中國民主黨派歷史人物》；汪新主編，江蘇人民出版社 1993 年出版的《中國民主黨派名人錄》；姜平主編，廣東人民出版社 2004 年出版的《中國各民主黨派主要創始人傳記叢書》（共八冊）等。其它專著有：宋春、劉志超主編，遼寧大學出版社 1991 年出版的《民主黨派與中共合作史》；楚莊著，華文出版社 1996 年出版的《統一戰線與民主黨派》；李燕奇著，華文出版社 1996 年出版的《走向合作的歷程——中共與民主黨派關係的形成及演變》；屠鶴雲主編，花城出版社 1997 年出版的《中國民主黨派通論》；張憶軍主編，學林出版社 2001 年出版的《風雨同舟七十年——中國共產黨與民主黨

派關係史》，郭文明、路篤盛主編，華文出版社 2002 年出版的《中國民主黨派概論》等。

　　研讀這些論著，我們可以發現其研究角度多囿於民主黨派（中間黨派或中間勢力）與統一戰線的關係及其在新民主主義革命中的地位和作用，認爲民主黨派的政治理想是追求資產階級民主共和國方案在中國的實現，並對之持基本否定的態度。我認爲這種僅僅站在政治立場、僅僅根據階級分析的方法而得出的結論，需要得到重新的審視，我們應該多角度、多層面地展開對中國現代史上這個獨特而複雜的群體的研究和評判。譬如本書所研究的現代中國第三勢力的憲政設計，其所構想的「全民政治」和憲政模式，在當時的歷史條件下的確是海市蜃樓，但我們也不能因此而否認其所包含的合理性因素及其所昭示的未來價值。

（二）自由主義知識分子研究日趨受到關注

　　值得欣慰的是，近年來隨著學術環境的不斷改善和自由研究風氣的不斷滋長，研究第三勢力及所屬的自由主義知識分子的論著不斷面世。事實上，早在上個世紀的 80 年代末，中國社會科學院近代史研究所的聞黎明研究員就開始關注中國現代史上的「中間階層」或者「中間黨派」，並接受時任近代史所所長張海鵬先生的建議，以「第三種力量」這一新名詞涵蓋其計劃研究的範疇。隨後，聞黎明以「抗日戰爭時期的第三種力量」爲名的研究課題獲得了國家社科基金的資助，並於 1997 年順利結項。﹝註21﹞經過 8 年的修改之後，2004 年聞黎明研究員終於將書稿以《第三種力量與抗戰時期的中國政治》爲名付梓，這是國內第一部站在中間勢力或第三勢力的角度研究中國現代政治史的專著。聞黎明研究員在書中將「中間勢力」界定爲：「在國共兩極之間……一個非常廣泛的與國民黨和共產黨在思想觀念、意識形態、政治目標乃至國內外政策等方面都有所距離的集團、群體，以及爲數眾多的以個人身份從事政治活動的無黨派人士與自由知識分子，其中也包含國民黨內的一些開明分子。」﹝註22﹞至於爲何要將「中間勢力」重新命名爲「第三種力量」，聞研究員解釋：「對於這一部分社會力量，目前史學界習慣稱之爲『中間勢力』或『中

﹝註21﹞請參見聞黎明著：《第三種力量與抗戰時期的中國政治》，上海書店出版社，
　　　2004 年版，第 365 頁。
﹝註22﹞聞黎明著：《第三種力量與抗戰時期的中國政治》，上海書店出版社，2004 年
　　　版，緒論第 2 頁。

間力量』。不過，這些名詞都是在特定的國共鬥爭環境下使用的，但它們有些活動並非與國共鬥爭絕對相關，鑒於本書將這些對象納入研究範疇，故而使用了目前還未被正式引入史學用語卻具有政治屬性的『第三種力量』這一特定名詞」。〔註23〕其出發點或者意圖可謂「於我心有戚戚焉」，因此聞研究員的這本專著對本書的研究具有很大的啓示和借鑒意義。雖然我們共同的關注對象都是中國現代史上的第三勢力，所不同的是聞研究員是從政治史的角度研究抗日戰爭時期的第三種力量，通過再現其從分散到聚合的過程，其政治主張從溫和到激烈的過程，其政治傾向從「近國」到「近共」的過程，來全面認識那個時代的中國政治狀況。〔註24〕而本書則試圖從思想史的角度來研究現代中國第三勢力，通過描述其產生與形成、發展與整合、活躍與裂變的過程，來凸顯其對憲政理想的執著追求，分析其憲政設計的優劣得失，來詮釋其憲政理想的合理性與虛幻性，從而最終認識社會歷史的複雜性與多樣性。

　　這裡必須提及中國社會科學院近代史研究所的鄭大華先生，在其專著《張君勱傳》的後記中鄭大華老師這樣寫到：「我之所以選擇梁漱溟和張君勱作爲我的研究課題，主要基於以下三方面的考慮：第一，他們都是『徘徊於學術與政治之間』的人物，集學問家、思想家和社會活動家於一身……第二，他們都是現代中國中間勢力的代表人物……而面對中間勢力，正如耿雲志老師在爲本書所寫的『序』中指出的那樣，長期以來缺乏認眞、系統的研究。我有一個心願，就是想寫一本有關現代中國中間勢力的學術專著。要寫好這樣一本書，就必須研究梁漱溟、張君勱以及其他中間勢力的代表人物。第三，就梁漱溟和張君勱而言，無論其思想，還是社會活動，都研究的非常不夠，尤其是張君勱……而這兩個人在現代中國思想史和政治史上的地位都很重要……尤其是張君勱的文化思想和憲政思想都未及展開討論，更沒有與同時代其他人的思想進行系統比較。」〔註25〕鄭老師這種學術探究的邏輯對我影響巨大，尤其是鄭老師關於張君勱研究的眞知灼見深深的啓發了我，我也正是循著這個邏輯從作碩士論文《張君勱憲政思想研究》開始，並最終將博士論文選題定爲《現代中國第三勢力憲政設計研究》。鄭大華先生長期致力於第

〔註23〕聞黎明著：《第三種力量與抗戰時期的中國政治》，上海書店出版社，2004年版，緒論第 2 頁。

〔註24〕張海鵬：《〈第三種力量與抗戰時期的中國政治〉序》，見於聞黎明著：《第三種力量與抗戰時期的中國政治》，上海書店出版社，2004年版，第2～3頁。

〔註25〕請參見鄭大華著：《張君勱傳》，中華書局，1997年版，第661～662頁。

三勢力這個群體特別是其代表人物的研究，從翻譯《最後一個儒家：梁漱溟與現代中國的困境》（艾愷著，湖南人民出版社，1988 年出版），撰寫博士論文《梁漱溟與胡適：現代中國兩種文化思潮的比較》（北京師範大學博士學位論文，1990 年，並於 1994 年以《梁漱溟與胡適：文化保守主義與西化思潮的比較》為題名在中華書局出版），到出版《梁漱溟與現代新儒學》（臺北文津出版公司，1993 年出版）、《張君勱傳》（中華書局，1997 年出版）和《張君勱學術思想評傳》（北京圖書館出版社，1999 年版），《梁漱溟學術思想評傳》（北京圖書館出版社，1999 年出版）和《梁漱溟傳》（人民出版社，2000 年出版），以及《民國鄉村建設運動》（中國社會科學出版社，2001 年出版）、《張君勱》（群言出版社，2013 年出版），可謂成果斐然，其研究範圍也漸漸的從個案、人物擴展到群體。可以說，鄭大華先生的研究代表了對現代中國第三勢力代表人物研究的一個高度。在《張君勱傳》的後記中，鄭大華先生曾表示寫作一本《張君勱與中國第三勢力》，主要研究張君勱在中國第三勢力形成、發展和衰落過程中的地位、作用及其影響，並對他和黃炎培、張瀾、羅隆基、張東蓀、李璜、曾琦進行比較研究，〔註 26〕可以預期此書將是對以張君勱為代表的現代中國第三勢力的一個系統研究，讓我們期待鄭老師的大作早日問世。

2004 年，復旦大學章清教授的博士論文《「胡適派學人群」與現代中國自由主義》正式出版，該著作代表了第三勢力的最新成果。章清教授關注的是第三勢力自由知識分子的一個特殊群體，即其所謂的「胡適派學人群」，就這一群體在現代中國不同歷史時空格局中所扮演的角色，進行了整體性的梳理和分析，並力圖就現代中國知識分子拓展的「論述空間」與「權勢網絡」，尤其是構成二者之基礎的「學術社會」的建構作了相應的評述。〔註 27〕章清教授無意於對現代中國自由主義進行全面的史實重構，而僅僅、完全是站在第三勢力自由知識分子這一維度，對其在現代中國時空格局中所呈現的價值立場、政治理念以及在實際政治中所扮演的角色進行了深入的闡述，其研究思路對本書的撰寫無疑也具有積極的借鑒意義。

2007 年，中國政治思想史研究專家、中國人民大學教授閆潤魚著的《自

〔註 26〕鄭大華著：《張君勱傳》，中華書局，1997 年版，第 662 頁。
〔註 27〕請參見章清著：《「胡適派學人群」與現代中國自由主義‧引言——自由主義與現代中國：意義與淵源》，上海古籍出版社，2004 年版，第 4～5 頁。

由主義與近代中國》（新星出版社，2007 年出版）正式出版。該著作針對「中國的自由主義」研究領域中存在的問題，從自由主義的產生及其思想特徵、會通自由主義與中國文化、自由主義在近代中國的歷史進程、自由主義者的政黨思想與實踐、自由主義者的輿論陣地、中國特色的自由主義等六個方面展開研究。作者認為，中國的自由主義不僅具有該思潮最基本的品質屬性，更具有鮮明的中國特色；然與保守主義、激進主義相比，中國的自由主義有自己獨特的性格特徵，但就自身內部言，則又有性格迥異的不同派別；中國的自由主義雖然得到伸展的機會有限，但也絕非一無所成，在夾縫中生長的惡劣環境，不僅陶冶了它的性格，也培養了它頑強生存的能力，使其在總體上呈一種不斷發展壯大的態勢。自由主義政治運動的失敗，並不意味著自由主義的整體敗北，自由主義學說依然或隱或顯地影響著人們對民族國家的命運、對人類的終極目標的思考。自由主義，不論是作為一種學說，一種意識形態，還是一種社會政治運動，它的香火從未熄滅。另外，作者還提出，自由知識分子在闡發對現實社會政治問題的看法時，往往把關乎人類前途命運的終極問題納入自己的思考之中，其中不乏對當今的民主政治建設具有某種啟示和借鑒作用的成份。該著作對自由主義與近代中國的研究，不僅有拓寬和深化該研究領域的學術意義，也有一定的現實意義。

2009 年，中國礦業大學教授丁三青的博士論文《張君勱解讀：中國史境下的自由主義話語》（南京大學出版社，2009 年出版）正式出版，該書以現代性和「中國史境」為理論支撐，以張君勱為中心，以自由主義為主軸，以 1946 年的中國為時空經緯，搭建了一個「Ｔ」字形分析模型。以思辨的目光和實證的方法，拂去了掩壓在自由主義之上的厚塵。華東師範大學劉學照教授評價，這是一篇份量很重、議論深邃的優秀博士學位論文。南京大學張憲文教授也認為，該論文學理性強，解剖分析透徹，提出了個人的獨到見解，學術上有貢獻，是一篇優秀的博士論文。南京大學崔之清教授高度評價，這是近期有關中國自由主義和張君勱思想研究的力作，居於學界的前沿水平。

2010 年，又有多部有關中國現代史上自由主義知識分子的重量級著作出版。如南京大學副教授衛春回著的《理想與現實的抉擇：中國自由主義學人與中間道路研究（1945～1949）》（中國社會科學出版社，2010 年出版），該書超越了民主黨派史的立場，從中國自由主義的主體性角度，敘述 1940 年代後期這個歷史大轉折年代裏面，自由主義知識份子的思想理念和政治實踐，將思想史研究與政治史研究相結合，從思想觀念、公眾輿論和政治運動三個層

面，系統考察現代中國自由主義在政治、經濟、社會、文化的理論、主張和實踐；框架清晰，史料功夫紮實，論述公允平實，有明顯的學術突破價值，富有歷史的啓迪。

2012 年，遼寧師範大學林建華教授的專著《1940 年代的中國自由主義思潮》（中國社會科學出版社，2012 年出版）正式出版，林建華博士認爲，20 世紀 40 年代的自由主義思潮是中國現代史上最集中、最全面、最深刻的展示，一度左右了輿論界的走向。但自由主義在中國「先天不足、後天失調」，再加上「時運不濟，生不逢時」，雖然聲勢浩大，卻曇花一現。但思想不能以成敗論英雄，更不能以此來判斷眞理與謬誤。歷史沒有選擇自由主義並不意味著其所有主張都是毫無價值和意義的。思想史上很多有價值的思想和認識，要隔相當一段歷史歲月才會看得更清。半個多世紀後重新審視這一時期的自由主義思潮，也許我們能夠站在新的歷史起點上，對它作出更加客觀公正的認識和評價。

（三）本選題研究現狀的兩點補充

關於本課題的研究現狀，還有兩點需要補充一下：

一是國外以及港臺地區關於第三勢力的研究。國外和港臺地區關於第三勢力的研究，集中於第三勢力這個群體中的代表人物，特別是胡適、梁漱溟和張君勱等，其代表作國外有 *Hu Shih and the Chinese Renaissance: Liberalism in the Chinese Revolution: 1917～1937*（*Jerome B. Grieder, Harvard University Press, 1970*）；*Hu Shih and Intellectual Choice in Modern China*（*Min-chih Chou, University of Michigan Press, 1984*）； *The Last Confucian: Liang Shu-ming and the Chinese Dilemma of Modernity:*（*Guy S. Alitto, University of California Press, 1986*）; *Liang Shu-ming and the Populist Alternative in China*（*Catherine Lynch, UMI, 1989*）; *Democracy and Socialism in Republican China: the Politics of Zhang Jun-mai: 1906～1941*（Roger B.Jeans Jr, Rowman & Littlefield Publishers Inc, 1997）；港臺有《胡適與近代中國》（策縱著，臺北時報文化出版企業公司，1991 年出版）；《重尋胡適歷程：胡適生平與思想再認識》（余英時著，臺北聯經出版事業股份有限公司，2004 年出版）；《民主憲政與民族主義的辯證發展》（臺北稻禾出版社，1993 年出版）等，值得一提的是，臺灣學者非常注重張君勱特別是其憲政思想的研究，並普遍作了高度的評價。〔註 28〕

〔註 28〕 請參見未刊拙文：《張君勱憲政思想研究》，吉林大學行政學院 2000 屆碩士研究生畢業論文，2003 年 6 月答辯通過，第 5～6 頁。

　　但是對作爲一個整體的第三勢力的紹述或者研究，目前能夠看到的只有張君勱的《中國第三勢力》（The Third Force in China）和日本菊池貴晴的《中國第三勢力史論》。前者是本身作爲第三勢力這個群體一員的張君勱，站在第三勢力的立場，檢討了第三勢力的歷史，分析了共產黨之所以成功和國民黨之所以潰敗的原因，並對中國的現狀及其未來提出了自己的政治主張，〔註29〕但由於張君勱的政治立場，他對問題的看法難免受到其主觀因素和個人價值選擇的影響而有失公允。而後者，則是強調站在第三勢力的角度來重新認識中國的革命歷史的必要性。至於如何展開對第三勢力的研究，菊池貴晴在「緒」中提到，研究現代中國的第三勢力，「具體地講，第一個課題首先是總括地整理這些第三勢力，第一勢力的國民黨、第二勢力的共產黨通過什麼樣的客觀條件促使它們的成立和發展的？以考察它們的背景、發展和意義。第二，在掌握這些情況之際，特別要重視與工人與農民、小市民、民族資本家等人民大眾的關係。第三，通過各政黨、政團成立的過程來說明它們的主義、綱領、性質等，正確評價各自在革命中所起的作用、歷史地位，摸索中國現代化史的具體形象。」〔註30〕在我看來，這個研究理路是比較合理的，具有重要的借鑒意義。中共一大代表陳潭秋烈士之子、南開大學歷史系教授陳志遠在爲該書寫的「中文版序」中認爲：「本書史料翔實，內容豐富；對中國第三勢力的代表人物和重要事件做出了比較客觀的評價。對他們在中國革命中，特別是在抗日戰爭中所作的貢獻予以充分肯定，對他們的局限性也給予了評述。本書採用第三勢力的政黨、政團、政派的代表人物和所屬黨派的政治實踐相結合的表述方法，既論述了代表人物的主要經歷、思想觀點和政治主張，又論述了該黨派的主要活動，互相呼應，收到雙向深化的效果。……作者在追溯第三勢力各黨派的政治思想淵源的同時，並注意剖析第三勢力各黨派形成的經濟背景，這是本書的重要特點之一。它有利於把握第三勢力各黨派的社會基礎和利益要求及其政治取向的經濟根據。」〔註31〕這個評價是中肯的，但是我們要注意到，菊池貴晴先生也僅僅是對第三勢力具有代表性的數個黨

〔註29〕See Carsun Chang: *The Third Force in China. Foreword*, Bookman Associates, Inc, 1952, P.5～15。

〔註30〕（日）菊池貴晴著，劉大孝譯：《中國第三勢力史論》，天津人民出版社，1991年版，第1頁。

〔註31〕陳志遠：《〈中國第三勢力史論〉中文版序》，見（日）菊池貴晴著，劉大孝譯：《中國第三勢力史論》，天津人民出版社，1991年版，第1頁。

派作了比較細緻深入的探討，而對作爲一個整體的第三勢力的演變及其共性等缺乏足夠的研究，特別是對第三勢力所從事的憲政運動未加體察，這也爲本書的研究留下了空間。

二是學術界確實也涉及到了現代中國的第三勢力與憲政運動這一領域，這係現在兩個方面。一方面是對第三勢力的代表人物的憲政思想和憲政實踐的研究，雖然涉及的人物較少，但是比較系統和深入。譬如前文提到的對張君勱的研究，這方面的代表作還有陳水林、陳偉平著，當代中國出版社 2003年出版的《沈鈞儒與中國憲政民主》等。另一方面，也絕大多數，對於第三勢力這個群體的憲政訴求，一般都是將之作爲中國憲政史（立憲史、憲政運動史）的一小部分稍加考察。這方面的代表作中國大陸有：王永祥著，人民出版社 1996 年出版的《中國現代憲政運動史》；殷嘯虎著，上海人民出版社1997 年出版的《近代中國憲政史》；姜平著，甘肅人民出版社 1998 年出版的《中國百年民主憲政運動》；徐輝琪、傅建成著，社會科學文獻出版社 2000年出版的《憲政史話》；張學仁、陳寧生主編，武漢大學出版社 2002 年出版的《二十世紀之中國憲政》；陸德生主編，中國長安出版社 2004 年出版的《中國憲政史綱》等。臺灣有：劉振鎧編著，臺北文海出版社 1981 年出版的《中國憲政史話》；荊知仁著，臺北聯經出版事業公司 1984 年出版的《中國立憲史》等。從思想史的角度對第三勢力的憲政思潮進行探討的，目前見到的僅有石畢凡著，山東人民出版社 2004 年出版的《近代中國自由主義憲政思潮研究》。閱讀這些文獻，我們可以得出結論，這些著述中涉及的關於第三勢力和憲政運動的研究，基本上都還停留在歷史背景和事件本身上，特別是抗日戰爭前期的民主憲政運動，而對第三勢力的憲政理念和憲政設計進行的理論研究很不全面、很不系統，缺乏總體的把握和縱向橫向的比較研究。

三、本書研究的基本思路與預期目標

在前文的學術史回顧與檢視中，關於現代中國第三勢力的研究現狀，我們可以得出這樣一個結論：即對第三勢力的研究主要停留在中國黨史和革命史的視野，主要集中於對民主黨派及其代表人物的研究，而缺乏站在第三勢力的角度來審視作爲一個整體的第三勢力，特別是對其憲政理念和憲政設計缺乏足夠的關注。故本書研究的基本思路與預期目標的設計，將有針對性的爭取在這些方面有所突破。

（一）基本思路

　　本書研究的基本進路是，在緒論部分釐定第三勢力的概念、闡述本選題研究的緣起和意義、審視本選題的研究現狀和不足的基礎上，首先對本書的另一重要概念憲政設計的一般理論進行探討，緊接著對現代中國第三勢力的淵源流變進行耙疏，接著是對現代中國第三勢力從事的憲政運動史的回顧，然後對現代中國第三勢力的憲政設計作一個整體的分析，再輔以對第三勢力的代表性人物張君勱的憲政設計的個案分析，最後對現代中國第三勢力的憲政設計進行了評價，並揭示出近代中國憲政的困境以及第三勢力憲政設計對於當前我國憲政建設的啓示。

（二）研究方法

　　孔夫子云：「工欲善其事，必先利其器。」〔註32〕可見，做好一項研究，好的研究方法是其前提條件。蔡尚思先生在其代表作《中國思想研究法》開篇中指出：「研究學術，以方法爲首要。方法是研究者欲達到目的地、求得目的物的一個利器，利器亦可叫做手段或工具。……第一，有了方法便容易。……第二，有了方法便正確」。〔註33〕蔡尚思指出了研究方法的重要意義所在：研究方法不僅僅是一個善其事的工具，更重要的是它影響著結論的正確性。所以研究方法至關重要，圍繞本選題的研究思路與整體框架，本書將採用下列研究方法：

1、馬克思主義的研究方法

　　馬克思主義的研究方法，即辯證唯物主義和歷史唯物主義的研究方法。馬克思主義政治學的研究方法則要求辯證地、客觀地認識和分析政治現象，從一定的歷史條件出發考察政治現象，從社會經濟生活中去探究政治發展的動因，指出政治活動與社會物質之間的矛盾和內在聯繫。它要求透過現象看本質，眞正揭示政治現象的客觀性和規律性。〔註34〕馬克思主義對於政治現象的研究有四個基本的角度，即歷史的、經濟的、階級的和利益的角度。由此構成了馬克思主義政治學的歷史研究方法、經濟分析方法、階級分析方法和利益分析方法。〔註35〕本文所指的馬克思主義的研究方法主要是其歷史研

〔註32〕《論語・魏靈公》。
〔註33〕蔡尚思著：《中國思想研究法》，復旦大學出版社，2001年版，第1頁。
〔註34〕請參見王惠岩主編：《政治學原理》（第二版），高等教育出版社，2006年版，第21頁。
〔註35〕請參見王浦劬等著：《政治學基礎》（第二版），北京大學出版社，2006年版，第34頁。

究方法，即馬克思主義史觀的研究方法。所謂馬克思主義史觀的研究方法，是相對傳統的傳自前蘇聯的唯物史觀而言的，那種唯物史觀已經嚴重意識形態化和教條化了，這也導致了當前我國歷史研究的主要問題：「理論不足」。〔註36〕中國社會科學院近代史研究所蔣大椿先生撰文檢討了這種傳統唯物史觀的理論缺陷主要體現在「社會歷史視域的不夠全面」和「忽視作爲社會歷史主體的人」，並提出構建一種「唯物辯證的以實踐爲基礎的系統史觀」，的確獨具匠心和發人深省。〔註37〕法國人薩特曾經說過，馬克思主義是 20 世紀人類唯一無法超越的哲學，馬克思的歷史視域和歷史洞察力，是我們這個時代所無法超越的，但舊唯物史觀卻是應當超越、必須超越和可以超越的，我們應該回到馬克思，重新對馬克思經典作家的文本進行解讀。〔註38〕馬克思主義史觀即唯物史觀馬克思主義經典作家表述爲：「從直接生活的物質生產出發闡述現實的生產過程，把同這種生產方式相聯繫的、它所產生的交往形式即各個不同階段上的市民社會理解爲整個歷史的基礎，從市民社會作爲國家的活動描述市民社會，同時從市民社會出發闡明意識的所有各種不同理論的產物和形式，如宗教、哲學、道德等等，而且追溯它們產生的過程。……這種歷史觀和唯心主義歷史觀不同，它不是在每個時代中尋找某種範疇，而是始終站在現實歷史的基礎上，不是從觀念出發來解釋實踐，而是從物質實踐出發來解釋觀念的形成。」〔註39〕這種歷史觀強調事實是歷史研究的出發點，要大量佔有材料，把握事實的總和，闡明事物的內部聯繫；要透過對現象的分析，看到事物的本質，揭示歷史發展的規律；要考察複雜的歷史和社會經濟問題，要善於把握主體，抓住典型；特別是評價歷史人物，應當從歷史事實出發，注意考察個人活動背後的社會歷史條件，具體地、全面地評價歷史人

〔註36〕劉大年：《歷史學的變遷》，載於《北京大學學報》（哲學社會科學版），1998年第 4 期。

〔註37〕請參見蔣大椿：《當代中國史學思潮與馬克思主義歷史觀的發展》，載於《歷史研究》，2001 年第 4 期。

〔註38〕多年前學界興起了回到馬克思、重新解讀馬克思的思潮，這個思潮近年來得到了肯定。2004 年 1 月，《中共中央關於進一步繁榮發展哲學社會科學的意見》下發，決定斥鉅資實施「馬克思主義基礎研究和建設工程」，「對馬克思主義經典著作的重新翻譯闡釋」便是中央布置的五項任務之一。請參見《中央建構馬克思主義工程》，載於《瞭望東方周刊》，2005 年 10 月 31 日，總第 103期。

〔註39〕馬克思、恩格斯：《德意志意識形態》（節選），見《馬克思恩格斯選集》（第一卷），人民出版社，1995 年版，第 92 頁。

物。本文的寫作將全面貫徹馬克思主義史觀的原則，並將其作爲考察和評判本書涉及的現代中國歷史上憲政設計的事實以及憲政設計中靈魂人物的標準。

2、政治理論史的研究方法

本書力圖引入以著名政治思想史學者鄧寧（William A. Dunning）和薩拜因（George H. Sabine）爲代表的政治理論史的研究範式。政治理論史的研究方法，其特點在於「側重於對某一政治理論問題進行思想史角度的闡釋與反思，對不同的理論流派進行總體評價，並表明論文的研究價值傾向。」〔註40〕鄧寧認爲，政治理論不僅包括政治著作，而且包括反映在國家法律制度中的操作思想和一個社會具有的政治意識，對政治思想的研究是對政治現象的更深入的研究，它超越了形式主義的制度分析，抓住了社會活動的動力。〔註41〕薩拜因則反覆強調，政治理論隱藏在政治危機和社會危機的裂縫中間，盡可能地回顧產生理論的時間、地點和環境，始終是理解政治哲學的重要因素。政治理論包括事實方面、因果關係方面和價值觀念方面的三種因素：它包括對於產生它的事物態勢所作的事實方面的論述；它包括大體上可以被稱爲因果關係性質的論述，即意爲一種事情比另一種事情更可能出現，或更容易產生；它還包括對某事應當發生或者發生某事才是合情合理的論述。〔註42〕我們可以認爲，正如柏拉圖和亞里士多德的政治哲學是對城邦危機的回應，霍布斯和洛克的政治理論是對 17 世紀總危機的回應，美國聯邦的人的憲政設計是對美利堅聯邦分裂危機的回應，以張君勱爲代表的現代中國第三勢力的憲政訴求則是對中國近代以來民族危機的回應。美國作爲一個新興的移民國家，似乎一切都是那麼完美，但事實上，美國亦有其特殊的歷史包袱。歐洲殖民者從印第安人手中奪得土地的同時，也野蠻地摧毀了傳統的土著文明，從而製造了延續至今的種族仇恨；持續兩個多世紀的奴隸制爲美國的獨立創造了經濟資本，爲美國早期的工業化奠定了資本原始積累的基礎，但最終卻導致了國家的分裂。而現代中國的第三勢力，自近代中國海禁大開，面臨「三

〔註40〕 請參見郭曉東未刊博士論文：《重塑批判價值之維——西方政治合法性理論的
　　　　 規範主義回歸》，吉林大學 2004 年 6 月答辯通過，第 18 頁。
〔註41〕 應奇：《政治理論史研究的三種範式》，載於《浙江學刊》，2002 年第 2 期。
〔註42〕 請參見薩拜因：《什麼是政治理論》，載於（美）古爾德、瑟斯比編，楊淮生
　　　　 等譯：《現代政治思想：關於領域、價值和趨向的問題》，商務印書館，1985
　　　　 年版，第 9～25 頁。

千年未有之大變局」以來，傳統的治國之道已不足以應付新的世界形勢的挑戰，於是現代中國的自由知識分子面臨如何重構立國之道以回應這種挑戰和挽救民族危亡。本書正是在如此寬宏的歷史背景和思想脈絡中，來考察憲政設計的事實、因果關係和價值觀念。

3、經驗研究和規範研究相結合的研究方法

「政治學具體研究方法很多，根據不同的標準，可以對各種具體研究方法進行不同的分類。依據『事實、價值』這一標準可分為規範研究與經驗（實證）研究這兩種最基本的政治學研究方法。」〔註43〕政治學既要判斷「政治的價值」即「政治應該是什麼（to be）的問題」，也要描述「政治事實」即「政治是什麼（be）的問題」，故規範研究是一種應然分析，經驗研究是一種實然分析，並由此形成了政治學中政治哲學與政治科學的分野。政治學規範研究或者政治哲學研究，簡單地說，即將哲學思維引入政治學，它是對政治價值的追問，對政治本質的探索，具有抽象性和普適性。政治哲學的學理結構是從哲學的人學理念推演出倫理學的道德原則，進而再引伸出政治價值學說這一線索來展開邏輯的。這也就意味著，規定著政治活動的性質任務和目標的政治哲學之思想來源，是某個特定時代的人學理念和道德原則的政治學演繹和邏輯結論。〔註44〕而政治學經驗研究則偏重於運用科學的手段來對政治現象和政治行為進行經驗研究，注重實際政治狀況的描述和闡釋。政治學的經驗研究著眼於政治具體的演進，但由於其所達到的精確卻能夠使政治學研究顯得較為「科學」，並常常能得到直接的證明。故政治學的經驗研究為規範研究提供了材料，而每一次重大政治實踐都會促使人們思考更多的政治價值等政治哲學問題。從而不斷深化著人類的政治思維方式、政治價值觀念和審美意識，並引導人類不斷優化自己的政治生存狀態和生活方式。鑒於本書的主題憲政設計是一個「是」命題（「is」statement），亦即經驗命題（empirical statement），故本書在研究方法上，採用了政治學的經驗研究法。然按照柏拉圖和亞里士多德古典政治哲學的傳統，政治思想不能避開價值觀念，無價值判斷的政治科學是不存在的。故本書在運用政治學的經驗研究法的同時，結合政治學的規範研究法，本書認為，價值參與是不可避免的，但價值體現的前提是「事實」的存在。正如朱學勤在《道德理想國的覆滅》一書中所寫到

〔註43〕張銘、嚴強著：《政治學方法論》，蘇州大學出版社，2000年版，第13頁。
〔註44〕韓冬雪：《政治哲學論綱》，載於《政治學研究》，2000年第4期。

的「政治哲學從人性本善的高處入手，開闢社會、文化、政治的批判層面，從外界進入與政治學操作的解除層面，與之交鋒、交流；政治學從人性本惡的低調進入，開闢制度約束的規範層面，承擔政治操作的行爲功能」。〔註45〕政治學的規範研究法和經驗研究法既是政治學研究的不同內容，也是政治學研究的不同層面。本書對兩者的嘗試性結合，試圖表明筆者的觀點：既注重事實的研究，也關注人類政治的理想。

4、「外在研究」和「內在研究」相結合的研究方法

本書涉及的對現代中國第三勢力及其代表人物張君勱憲政設計的研究，事實上也是一個中國政治思想史的課題。臺灣有學者將中國政治思想史的研究方法歸納爲「外在研究法」和「內在研究法」，竊以爲很有借鑒意義。所謂「外在研究法」，特別重視思想家與歷史情境的互動，強調在政治思想史與社會經濟史的交光互影之處解讀政治思想的內涵。這種研究方法的理論基礎在於假定人是「歷史人」，存在於具體而特殊的現實情境之中。而所謂的「內在研究法」則強調在政治思想體系中政治理念之解析，著重分析政治理念的周延性和有效性。這種研究方法的理論基礎則在於假定思想或概念有其自主性，較少受到歷史環境變遷之支配。〔註46〕這個歸納可謂十分的精當。徐復觀言：「中國思想，雖有時帶有形上學的意味，但歸根到底，它是安住於現實世界，對現實世界負責；而不是安住於觀念世界，在觀念世界中觀想。」〔註47〕基於這個觀點，本書在研究現代中國第三勢力及其代表人物張君勱的憲政設計特別是對其展開評價時，將著重考察其進行憲政設計所處的歷史環境和語言情境，以及它們之間的互動關係。但是，「外在研究法」推至極致則容易將思想人物完全視爲歷史環境的產物，而使人的自主性爲之淪喪；「內在研究法」則對於思想的發生脈絡或歷程的掌握常顯得無力。故在本選題的研究過程中，力圖做到兩者的交互使用和有效結合，既把現代中國第三勢力及其代表人物張君勱的憲政追求和憲政設計放在近現代中國西學東漸和面臨民族危機這個歷史情境中加以考察，也注意推敲其憲政理念的周延性和有效性。

〔註45〕朱學勤著：《道德理想國的覆滅》，上海三聯書店，1994 年版，第 280 頁。
〔註46〕請參見黃俊傑、蔡明田：《中國政治思想史研究方法試論》，載於謝復生、盛杏湲主編：《政治學的範圍與方法》，臺灣五南圖書出版公司，2000 年版，第 5～36 頁。
〔註47〕徐復觀著：《兩漢思想史》，華東師範大學出版社，2001 年版，三版改名自序第 1 頁。

　　鑒於本書的研究是一個涉及政治學、歷史學、法學和社會學的交叉性選題，在本文的寫作過程中，還將充分運用各個學科的研究方法，從多學科的知識和視野來進行綜合性的研究。不僅要運用理論研究的方法，也要運用制度研究方法；不僅要做邏輯上的推導，也要做實證的分析。總之，本文將在力所能及的範圍之內，運用一切可能的學術手段和資源，以期得出科學的、客觀的結論。

（三）預期目標

　　本書的預期目標或者說突破點可以表述為：

1、強調站在第三勢力的角度認識和審視中國現代史。

2、從人的主體性出發，提出憲政設計這個概念和解釋體系。

3、對作為一個整體的現代中國第三勢力的淵源流變作較為細緻的耙疏。

4、對作為一個整體的現代中國第三勢力追求憲政的歷史進行梳理。

5、對作為一個整體的現代中國第三勢力的憲政設計作整體的分析，強調　　從設計者的角度來把握憲政理論。

6、對現代中國第三勢力代表人物張君勱的憲政設計作個案的研究。

7、對現代中國第三勢力和孫中山的三民主義憲政設計作比較分析。

8、從現代中國第三勢力憲政理論和實踐的本身審視和評價其憲政理想，　　並揭示出近代中國憲政的困境以及對我國當前憲政建設的啟示。

　　應該說，上述的研究思路、研究方法和預期目標，只是本書所企圖進行的一種嘗試，其科學性和合理性都有待進一步的論證。同時，作者本人在知識積累和分析能力方面的局限，也勢必影響論文所應達到的深度。懷著殷殷期盼，希望能得到學界前輩和同道中人的不吝指正。

上篇　憲政設計的一般理論

第一章　憲政及其中國境遇

中國自近代海禁大開，面臨所謂「三千年未有之變局」以來，傳統的治國之道已不足以應付新的世界形勢的挑戰。帝制的崩潰、資產階級共和國夢想的幻滅，使「中國向何處去？」這個鴉片戰爭以來就困擾著國人的問題進一步凸顯出來。近代中國從認識西方的那一刻起就把目光投到了「憲政」上，西方的強大富足蘊藏在西方的憲政及其文化中，這是他們體察西方所得到的最為牢固的信念。

一百年來，為挽救民族危亡，多少仁人志士捨身投入現實政治，為構建一個符合大道的近代國家進行了風格迥異的政治設計。一百年來，曾經在全國範圍內實施具有法律效力的憲法不下數十種，然「中國自有憲法已將近百年，然中國之憲政建設尚待完成」〔註1〕。為什麼一個在西方國家極具現代性的政治設計卻在近代中國遭遇了滑鐵盧，為什麼一個明明有憲法的國家卻遲遲未能走上憲政之路？是近代國人誤讀了西方的憲政而進行了錯誤的憲政設計，還是西方的憲政不適合東方中國而水土不服？要解答上述問題，一個必要的前提和較為可靠的途徑或許是對西方的憲政以及近代中國追求憲政的道路進行解讀和審視。

一、憲政的西方精義

《成文憲法的比較研究》的前言部分有段耐人尋味的話：「當一個剛剛升入天國的人詢問聖彼得，他是否可以得到一部當地的憲法時，他驚奇的被告

〔註1〕 梁治平、賀衛方主編：《憲政譯叢》，三聯書店，1997年版，總序，第1頁。

知這是不可能的，因爲根本就沒有這種東西，天國裏的居民是寧願不要憲法的。」〔註2〕人類不得不疑惑和反思：看來憲法純粹是世俗的制度，而不具有永恒的價值？那麼，人國裏爲什麼要有憲法呢？憲法究竟爲何物？憲政究竟爲何物？憲政是否具有某些永恒的價值或理念？

（一）憲法為何物

「憲法」一詞，中國古來有之。「憲」，古文寫作「憲」，其字從害省、從目、從心；故其義爲心目並用，是敏之意。這就是說，接於目，而怵於心，「憲」是凜然不可侵犯的，如是引申，「憲」也就有了法度的意思。《周禮》言憲令、言憲禁、言邦憲；《國語》言「賞善罰奸，國之憲法也」；管子言「故能出號令，明憲法矣」；漢書《蕭望之傳》言「作憲垂法，爲無窮之規」。這些都是說「憲」是法度，而將「憲」與「法」合而用之。張晉藩先生在其大作《中國憲法史》中將中國古代典籍中「憲法」一詞的含義概括爲以下三種情況：其一，一般性法律和法度。如「監於先王成憲，其永無愆」；「賞善罰奸，國之憲法也」；「有一體之治，故能出號令，明憲法矣」；「法者，憲令著於官府，刑罰必於民心」；等等。其二，優於一般法的君命大法。如「正月之朔，百吏在朝，君乃出令布憲於國。憲既布，有不行憲者，謂之不從令，罪死不赦」。其三，指法律的頒佈和實施。如「是故古之聖王，發憲出令，設以爲賞罰以勸賢沮暴」。〔註3〕所以古代所謂的憲法，不過是帝王君主的命令和個人意志的表達而已，其除了形式上包含了某種「根本法」的含義外，並不合於現代意義上的憲法。

作爲近代意義的制度和理念，憲法完全是舶來品：「皆出於西域而非生於本土，故中國之憲政理念源於傳播，中國之立憲始於模仿」。〔註4〕它源自西方政治文化傳統，中文的憲法二字不過是西文「constitution」或「constitutional law」的翻譯符號而已。日本最先使用中文「憲法」一詞，始見於聖德太子十七年憲法，亦非今日之含義，西洋觀念傳入日本後，始用「國憲」二字表達，到了明治十年才改用「憲法」二字。〔註5〕而中國的西學東漸始於轉道日本，

〔註2〕（荷）馬爾賽文著，陳文生譯：《成文憲法的比較研究》，華夏出版社，1987年版，前言。

〔註3〕張晉藩著：《中國憲法史》，吉林人民出版社，2004年版，第6～7頁。

〔註4〕見梁治平、賀衛方主編：《憲政譯叢》，三聯書店，1997年版，總序第1頁。

〔註5〕陳端洪：《憲政初論》，載於《比較法研究》，1992年第4期。

憲法或憲政傳入之情形如斯。因此，要解悟憲政之眞諦還須擺脫中文典籍造成的先入之見，深入到西方的政治文化傳統中去。

憲法英文「constitution」源自拉丁文「constiutio」，其最基本的含義是指事物的組成與構造，原爲組織與確立之意。在前述論文中，陳端洪先生認爲這個詞彙帶有心理學、生理學的色彩，譬如一個國家的構造（constitution）包括民族性格、愛好、習慣、行爲方式、家庭、教育、道德、宗教信仰，以及它的優點與缺陷等等。亞里士多德說憲法是一種「生活的模式」，而不是一種法律結構，就是基於這種廣義的理解。〔註6〕在古羅馬帝國，「constiutio」曾經被用來表示有關皇帝的各種建制和皇帝頒佈的「詔令」、「諭旨」之類的文件。有學者認爲，在古代西方，「憲法」一詞也是在多重意義上使用：一是指有關規定城邦組織與權限方面的法律。古希臘思想家亞里士多德在《政治學》一書中對 158 個城邦的政體進行了研究，並根據法律的調整範圍、作用及性質將城邦的法律分爲憲法和普通法律。他指出，政體《憲法》爲城邦一切組織的依據，其中尤其著重於政治所由以決定的「最高治權」組織。二是指皇帝的詔書、諭旨，以區別於市民會議制定的普通法規。在古羅馬的立法和法學著作中，經常出現憲法或憲令的詞語，古羅馬皇帝查士丁尼的《法學總論》一書，僅在序言中就多處使用「憲令」一詞。三是指有關確認教會、封建主以及城市行會勢力的特權以及他們與國王等的相互關係的法律。如 1164 年，英王亨利二世頒佈的規定英王與教士關係的《克拉倫敦憲法》，1215 年英王約翰頒佈的規定英王與英國貴族、諸侯與僧侶關係的《大憲章》等等。〔註7〕顯然，「憲法」一詞在古代西方的文獻中的含義，亦有別於近代意義上的憲法。至歐洲封建時代，「constitution」已類似於國家的組織法。英國中世紀以後，確立了國王未經國會同意不得征稅的立法原則和制度，並稱之爲本國特有的「constitution」。經過長期的演變，尤其是資產階級革命勝利以後，制憲運動在西方各國的廣泛開展，「constitution」的近代內涵才得以確立。〔註8〕

在政治層面，「constitution」指的是一個國家政府的構成或組織方式，尤其是指中央權力或最高權力的配置及其關係。簡言之，即爲政府的框架或權

〔註6〕（美）薩拜因著，盛葵陽、崔妙因譯：《政治學說史》（上冊），商務印書館，1986 年版，第 33 頁。
〔註7〕佚名：論現代憲法與救濟法特徵，中律網：www.148com.com/html/710/66545.html。
〔註8〕張晉藩著：《中國憲法史》，吉林人民出版社，2004 年版，第 1 頁。

力結構，人們設計成文憲法的目的就是為了依此構造國家。用亞里士多德的話來說，「政體（憲法）為城邦一切政治組織的依據，其中尤其著重於政治所由以決定的『最高治權』的組織」；〔註9〕「法律實際上是、也應該是根據政體（憲法）來制定的，當然不能叫政體來適應法律。政體可以說是一個城邦的職能組織，由以確定最高統治機構和政治的安排，也由以訂立城邦及其全體分子所乞求的目的。」〔註10〕這就是狹義的政治憲法。亞里士多德對憲法的雙重定義，形成了西方政治法律文化的一種傳統，後人多沿襲其說。

毋庸置疑，亞里士多德建構的關於憲政的範式在現代憲政理論的演進過程中起到過重要的作用。但是，亞里士多德的憲政範式沒有界定國家和市民社會的分野，或者說它沒有把代表公共權力的政府排斥在個人領域之外，它也沒有涉及人權，也沒有提及對公共權力的行使加以限制，因此，這種範式不足以成為現代憲政的樣板。其「善」的標準就是它的穩定性，或者更恰當的說是其持久性，亦即它維護其特定的價值觀和信仰不受損害的有效性。該政權的生存（而不是組成它的自由和尊嚴）是確定其價值的標準，其正義的達成是通過建構一條關係平衡且和諧的「中間道路」，而這種正義本身是依據該社會的價值觀和信仰來限定的，這種社會的價值觀和信仰，是一套精心構造的按比例和數量來確定平等的體系，所以我們說，亞里士多德的「Politeia」作為一種模範政治秩序的規範性概念時，缺乏其特定的現代涵義。〔註11〕

現代意義的憲法，指的是規定公共權力的淵源、目的、功用及其限制條件的成文和不成文的原則及規則的集合。〔註12〕現代政治學認為，一個合法的政治社會應基於人民的同意，這種同意應在人們為建立政府而達成的社會契約中反映出來。這種社會契約通常採取憲法的形式，而憲法又會確定政制構架（a framework of government）及其建制藍圖。通過立憲性契約（constitutional contract），人們同意受統治，即將成立的政府的官員們則需要

〔註9〕 （古希臘）亞里士多德著，吳壽彭譯：《政治學》，商務印書館，1997年版，第129頁。

〔註10〕 （古希臘）亞里士多德著，吳壽彭譯：《政治學》，商務印書館，1997年版，第178頁。

〔註11〕 請參見（美）弗里德里希著，周勇、王麗芝譯：《超驗正義——憲政的宗教之維》，三聯書店，1997年版，第5～6頁。

〔註12〕 （英）戴維·米勒、韋農·波格丹諾編，中譯本鄧正來主編：《布萊克維爾政治學百科全書》，中國政法大學出版社，1992年版，第165頁。

作出承諾，尊重憲法藍圖及其對他們的限制。〔註 13〕故一如柏林布魯克（Bolingbroke）所言：「關於憲法，恰當而確切地講，我們意指的是那些源出於某些固定的理性原則和爲了達到某些確定的公益目標而制定的法律條文、制度和慣例的總和。」〔註 14〕從政治的和職能的觀點看，憲法既是一部政治宣言，又是一份組織機構圖表或叫「權力圖」。每一部憲法都是政治或意識形態信仰的宣言和一個用法律術語表達、受各種約束力制約、規範化地包容在一個權利法案中的行動藍圖的結合。

　　但一如路易斯‧亨金所指出的，每一部憲法都提出一種政治架構，但是與人們的一般認識相反，一部憲法並不一定代表一種與共和原則或民主原則、尊重人權或其他獨特價值原則相吻合的構架。許多憲法僅僅是對政府形式的描述，亦就是一種宣言或是對未來的一種希望或設計。有些憲法甚至不具有法律意義，當然更談不上是最高法律了。有些自稱是最高法律的憲法，事實上並非如此：它們或是未受到重視，或是未得到執行，甚或政治當局可以隨時修改它們。〔註 15〕故有憲法未必有憲政，但對立憲者而言，憲法還意指憲政，從觀念上說，憲政是對憲法內涵的界定，它要回答的是「究竟要什麼樣的憲法」的問題。在西方憲政史上，英國雖號稱「憲政的母國」，但憲政這一術語是遲至美國革命後的制憲活動才正式貢獻出來的一個概念。〔註 16〕憲政概念作爲立憲結果的憲法概念，它們的內涵是和諧統一的，當人們討論憲法時，人們也就是在討論憲政或憲政的制度設計：在過去幾個世紀中，普

〔註 13〕（美）路易斯‧亨金著，鄧正來譯：《憲政‧民主‧對外事務》，三聯書店，1996 年版，第 7 頁。

〔註 14〕Lord Bolingbroke, A Dissertation upon Parties（1733～1734）, in *The Works of Lord Bolingbroke*（1841）, 2.引自 C.H. McIlwain, *Constitutionalism: Ancient and Modern*, Ithaca: Cornell University Press, 1947. 3.又見 Aristotle Book III, c. vi §1, of The Politics，在該書中，亞里士多德把憲法定義爲「一個城邦的組織，通常主要是指該城邦的機構，但特別是指那個對一切問題都具有主權地位的特殊機構。」後來他在 Book IV, c. I, §9 中，更爲詳盡地把它定義爲「一個國家組織機構的形式，根據這種組織形式，人們確立了配置這些機構的方法，確定了主權者的權力，而且也規定了該共同體及其所有成員都追求的目標的性質。」E. Barker, ed., *The Politics of Aristotle*, Oxford: Clarendon Press, 1946, pp, 110, 156.

〔註15〕請參見（美）路易斯‧亨金著，鄧正來譯：《憲政‧民主‧對外事務》，三聯書店，1996 年版，第 9 頁。

〔註16〕（美）哈羅德‧J‧伯爾曼著，賀衛方等譯：《法律與革命——西方法律傳統的形成》，中國大百科全書出版社，2002 年版，第 183 頁。

通民眾、憲法學家、甚至政治學家都傾向於把憲法及其權利法案看作即便不是「到烏托邦去的通行證」，也是反對專制的重要保證。然而，今天的事實卻已不再如此。現在對憲法中公民權及參與權法案的侵犯（而不是遵守），在大多數國家中已是司空見慣的事情。民主主義的、看上去完美無缺的魏瑪憲法在納粹德國的命運，以及當代一些國家的一黨體制、法西斯獨裁者和各式各樣的軍政府對新憲法的頒佈和宣傳，在實質上使人們放棄了以往那種把憲法視為政治體系的核心的看法。〔註17〕

（二）憲政為何物

現代憲政，即立憲政體，它通常被看作是受到常規性法律和政治約束，並對公民負責的政體。〔註18〕憲政，大致包含了以下幾層內涵：第一，在立憲政體下，公共權力機關和公民一樣，都必須服從法律和憲法。政府要受到憲法的制約，而且只能根據憲法的有關條款進行統治並受制於其限制。這種統治必須局限於人民同意授予它的權力和為了人民同意的目標，這是政府存在的唯一理由；第二，憲政意味著對有限政府的崇奉，簡言之，憲政就是有限政府，如前所述，政府的一切行為是以被授予的權力和被許可的程序為範圍和依據的，是被公民權利和意志所限制的。有限政府意即自由式國家的最小的政府，自由民同意建立政府並同意受其統治，僅僅是為了保障其生命權、自由權、財產權和其他權利。個人可以保有這些權利，甚至可以據此對抗政府中的人民代表。〔註19〕第三，憲政指向一套確立與維持對政治行為和政府

〔註17〕（英）戴維・米勒、韋農・波格丹諾編，中譯本鄧正來主編：《布萊克維爾政治學百科全書》，中國政法大學出版社，1992年版，第167頁

〔註18〕（英）戴維・米勒、韋農・波格丹諾編，中譯本鄧正來主編：《布萊克維爾政治學百科全書》，中國政法大學出版社，1992年版，第168頁。

〔註19〕就這點而言，立憲者的意識形態明顯與處於支配地位的歐洲思想及英國憲政原則不盡相同。在盧梭（Rousseau）的社會契約論中，個人集合起來構成國家（nation），因而主權在國家。據此，個人並不保有權利；個人自由和財產的保障，是通過該國家的公意（general will）來實現的，因為在該民族中，每個個人都得到了充分且平等的代表。與盧梭不同，洛克所提出的社會契約論主張個人保有權利，但是英國的憲法性文獻意即英國的憲政實踐一般都是稱「人民」的權利，而非個人的權利。人民的權利基於議會與國王之間的契約，並通過法律而得到保障。盧梭的理論要比洛克的理論更傾向於認為，個體的英國公民必須從人民代表所頒佈的法律中尋求保護。保守主義者如伯克（Buerke）、改良主義者如邊沁（Bentham），都不相信天賦人權，也不接受所謂可以對抗議會亦即人民代表的權利。請參見（美）路易斯・亨金著，鄧正來譯：《憲政・民主・對外事務》，三聯書店，1996年版，第10頁注釋。

活動的有效控制的技術，旨在保障人的權利與自由不受侵犯。憲政指向建立有限政府的一套制度設計，其核心在於建立分散政府權力的一套合理結構，及使得立法權、行政權和司法權之間的分立與制衡。

　　憲政牽涉到兩種關係：一是政府和公民之間的關係，換套概念來表達，即權力與自由（權利）的關係；二是政府尤其是中央政府各部門之間的關係，或者說政府各不同性質的權力及其運用。前一種關係是一對主要矛盾，對它的不同理解構成不同國家觀和憲法觀的基礎；後一對矛盾是加強前種關係的有效控制手段，兩對矛盾的對抗和平衡是憲法不朽的主題。傳統的憲政思想關注如何通過限制政府的權力來保護個人的自由（權利），以及如何通過規範社會政治生活來最大限度地保護社會成員彼此不受侵害。憲政主義意味著在政府和公民的關係中對政府進行法律限制，在被治者的權利與自由和政府的有效運作之間謀求微妙的平衡。具體來說，一是如何能夠既使政府權力的行使受到制約並將其限制在合理的範圍之內，同時又能夠確保政府擁有足夠的權力來提高管理效能和工作效率，以便為促進社會福利制定並執行科學、有效的政策；二是如何構建一種權威的社會秩序，一方面使得政府擁有足夠的權力有效行使政府職能，另一方面又能夠使得公民擁有足夠在自由以使公民的合法行動不受約束；三是如何能夠既能最大限度地保障個人權利與自由，同時又能夠有效地維持社會秩序與社會正義。總之，西方憲政思想的突出主題是要設計一些政治制度來限制政治權力的行使，關注最大限度地「保護社會成員彼此不受傷害……同時將政府侵害公民的機會降至最小程度」。〔註20〕

　　但是憲政不僅僅是一種限制政府權力的制度設計，它同時指向一套價值觀念，近代中國對西方憲政的誤讀正在於此。作為一種人文制度，它背後隱藏著深厚的人文精神和寬宏的文化背景，要真正理解有限政府的理想，必須透過其制度與技術層面深入到它的人文理念和政治文化傳統中去。

　　憲政主義是一種人文主義，立憲的歷史長河中流淌著綿綿不息的人文精神。人文主義一詞在公元前約 150 年產生於羅馬，與野蠻與野性相對立，表示教化的理性。在中世紀，人被視為神的創造物，人文主義有著與永恒相對立的悲壯的涵義。直到文藝復興時期人文主義才獲得了普遍的意義：人性再一次被看作是「人的高級狀態」。這種自由人格的發展標誌著一種新文化的誕

〔註20〕　（美）斯蒂芬·L·埃爾金、卡羅爾·愛德華·索烏坦編，周葉謙譯：《新憲政論——為美好的社會設計政治制度》，三聯書店，1997 年版，第 27 頁。

生，它們融合成一種傳統，這種傳統強調，一個獨立公民的道德品質乃是從事有益政治活動和為國家無私奉獻的先決條件。這種價值觀旨在建立一套推行「公眾事物」與「人民福利」的制度，其手段是：廢除帝制，建立一種經選舉產生的立憲政府。由此看來，只有當人性復蘇，人學會了客觀地觀察世界，內省自己，確立了自己的獨立人格之後，憲政才可能成為現實的政治主張。而在整個西方憲政史上一個始終不變的理念是：人類的個體具有最高的價值，他應當免受其統治者的干預，無論這一統治者為君王、政黨還是大多數公眾。〔註 21〕憲法和憲政的核心目標是保護作為政治人的政治社會中的每個成員，維護具有尊嚴和價值的自我。

現代憲政與西方宗教文明的浸淫與薰陶也具有十分重要的聯繫。一方面，憲政主義假定人的價值與尊嚴的至高性，即人的神聖性，這也是基督教的一個核心觀念。在基督看來，人之所以是神聖的，乃是由於人是神的兒子，在有限的生命內寓藏著不朽的靈魂，人參與著神的計劃。康德把人的神聖性解釋為源於人的理性與自主性，人的合理選擇能力成了後來憲法在世界遍地開花的共同信仰基礎。另一方面，人又有與始俱來的一種墮落趨勢和罪惡潛能，憲政對行使權力的人施加制度制約──政府分權、互相制衡──就是「正視人的罪惡性和墮落性，從而對人性的瞭解蘊有極深的幽暗意識」。〔註 22〕這種對人性的雙重理解奠定了現代憲政理論深厚的歷史文化基礎，正是在這個意義上，弗里德里希指出：憲政理論的起源是根植於西方基督教信仰體系及其表述世俗秩序意義的政治思想中。〔註 23〕古典憲政主義者都肯定人的價值。美國《獨立宣言》及法國《人權宣言》一致確認人的尊嚴和主動精神的價值都帶有希臘哲學和基督教歐洲思想打上的烙印，並接受上帝的保護。他們靠訴諸自然法思想獲得支持以反對絕對專制，這種認為在實在法之上存在一種更高的道德法的理念就如狄驥所說的，「人時常需要看不見的東西來說明看得見的東西……用作他們所證明的現象的支柱和動因」。〔註24〕

〔註21〕（美）弗里德里希著，周勇、王麗芝譯：《超驗正義──憲政的宗教之維》，三聯書店，1997 年版，第 15 頁。

〔註22〕張灝：《幽暗意識和民主傳統》，見劉軍寧主編：《市場邏輯和國家觀念》，三聯書店 1995 年版，第 81～85 頁。

〔註23〕（美）弗里德里希著，周勇、王麗芝譯：《超驗正義──憲政的宗教之維》，三聯書店，1997 年版，第 1 頁。

〔註24〕轉引自陳端洪：《憲政初論》，載於《比較法研究》，1992 年第 4 期。

　　大致說來，憲政在西歐有三個來源：一是古羅馬法律傳統所包含的「由法律而不是由專橫的權力來提供私人糾紛解決方案」的類似於法治語境。〔註25〕二是英國中世紀由《自由大憲章》提供的憲政框架以及由法學家所表達的法治思想。〔註26〕三是在中世紀由基督教教會和教會法提供的憲政架構。〔註27〕在另一層意義上，我們也可以說，近代西方的民主憲政和共和民主這樣的復合式政治結構是歷史「自生自發」形成的，而非嚴格意義上的設計與建構。與此相聯繫，近代西方所要解決的問題不是如何建構三種體制、達到三種目標，而是把已有的三種目標整合於一種復合式的政治結構中。這是近代西方憲政不同於近代中國憲政理念的最關緊要處。

二、憲政的中國境遇

（一）歷史背景：近代中國的憲政思潮

　　1840 年，大英帝國用一艘只有幾千人的炮艦，打敗了一個具有幾千年文明的古國，從而揭開了不堪回首的屈辱的中國近代史的序幕。對於鴉片戰爭以來中國歷史的變遷，學界常引述晚清地方大臣李鴻章言：「三千年未有之大變局」，〔註28〕而史學大家陳寅恪則稱之為：「數千年未有之巨劫奇變」。所謂

〔註25〕（英）F.A.哈耶克著、鄧正來譯：《自由秩序原理》（上），三聯書店，1997 年版，第 209 頁。

〔註26〕1187 年格蘭威爾（Glanvill）在《論英格蘭王國的法律與習慣》一書中，以令狀形式界定王室的司法管轄權並限制了這種管轄權，使「令狀統治」富有法治的意思。70 年後布萊克頓在《論英格蘭的法律與習慣》一書中提出了這樣的憲政論點：國王有義務服從法律，因為國王處在上帝和法律之下。不是國王創制法律而是法律造就了國王。請參見（美）伯爾曼著，賀衛方譯：《法律與革命——西方法律傳統的形成》，中國大百科全書出版社，1993 年版，第 554 頁。

〔註27〕請參見（美）伯爾曼著，賀衛方譯：《法律與革命——西方法律傳統的形成》，中國大百科全書出版社，1993 年版，第 259 頁。

〔註28〕請參見李鴻章光緒元年因臺灣事變籌畫海防折：「臣竊惟歐洲諸國，百十年來，由印度而南洋，由南洋而中國，闖入邊界腹地，凡前史所未載，亙古所未通，無不款關求互市。我皇上如天之度，概與立約通商，以牢籠之，合地球東西南朔九萬里之遙，胥聚於中國，此三千餘年一大變局也。」又見李鴻章同治十一年五月復議製造輪船未可裁撤折：「歷代備邊，多在西北。其強弱之勢、主客之形，皆適相埒，且猶有中外界限。今則東南海疆萬餘里，各國通商傳教，來往自如，麇集京師及各省腹地，陽託和好之名，陰懷吞噬之計，一國生事，數國構煽，實為數千年未有之變局。輪船電報之速，瞬息千里；軍器機械之精，功力百倍；炮彈所到，無堅不摧；水路關隘，不足限制，

「巨劫」，在陳寅恪看來，主要是中國傳統社會經濟制度和綱紀之說的淪喪：「近數十年來，自道光之季，迄乎今日，社會經濟之制度，以外族之侵迫，致劇疾之變遷；綱紀之說，無所憑依，不待外來學說之掊擊，而已銷沉淪喪於不知覺之間；雖有人焉，強聒而力持，亦終歸於不可救療之局。」〔註29〕而所謂「奇變」，用梁啓超描述清末國民智識之變化的一段話來說，則是：「二十年前，聞西學而駭者比比然也，及言變法者起，則不駭西學而駭變法矣。十年以前，聞變法而駭者比比然也，及言民權者起，則不駭變法而駭民權矣；一二年前，聞民權而駭者比比然也，及言革命者起，則不駭民權而駭革命矣。今日我國學界之思潮，大抵不駭革命者，千而得一焉；駭革命不駭民權者，百而得一焉；若駭變法、駭西學者，殆幾絕矣」。〔註30〕具體而言，這些奇變主要體現在：於技術器物層面上仿造堅船利炮，於典章制度層面上追求民主憲政，於思想文化層面上學習西方文化。而在我看來，所謂大變局之最要者則是傳統的立國之道已經不足以應對新的世界形勢的挑戰，於是爲中國重構立國之道成爲國人殫精竭慮的思想主題。在歐風美雨的蕩滌中，挽救民族危亡、重構立國之道，這就是近代中國人開始追求西方憲政的史境。近代中國從認識西方的那一刻起就把目光投到了「憲政」上，西方的強大富足蘊藏在西方的憲政及其文化中，這是他們體察西方所得到的最爲牢固的信念。

中國近代憲政思潮的萌芽，既源於救亡圖存的目標，又與西學東漸以及洋務運動的發展相關聯。從洋務派陣營中分化出來，以王韜、鄭觀應、陳虯、薛福成等爲代表的早期改良派是中國第一代追求西方立憲政治的知識分子。然他們一開始就擯棄了西方憲政本身所包含的內在價值，而強行把西方的憲政同實現中國的富強關聯在一起。譬如曾經批評西方「君民同治」是「立法

又爲數千年未有之強敵。」對此，梁啓超論曰：「由此觀之，則李鴻章固知今日爲三千年來一大變局，固知狃於目前之不可以苟安；固嘗有意於求後千百年安內制外之方；固知古方不以醫新症；固知非變法維新，則戰守皆不足恃。固知畛域不化，故習不除，則事無一可成。甚乃知日後乏才，且有甚於今日，以中國之大，而永無自強自立之時。其言沉痛，吾至今讀之，則淚涔涔其承睫焉。」轉引自梁啓超：《中國四十年來大事記》（又名《李鴻章》），見《梁啓超全集》，北京出版社，1999年版，第530～531頁。

〔註29〕陳寅恪：《王觀堂先生挽詞序》，見劉貴生、張步洲編：《陳寅恪學術文化隨筆》，中國青年出版社，1996年版，第5頁。

〔註30〕梁啓超：《敬告我同業諸君》，見《梁啓超全集》，北京出版社，1999年版，第970頁。

之大謬」的王韜，在遊歷了英、法、俄等國後，開始接受並宣傳西方議會制
度。王韜對西方議會的認識是：「朝廷有兵刑禮樂賞罰諸大政，必集眾於上議
院，君可而民否，不能行，民可而君否，亦不能行，必君民意見相同，而後
可頒之上下議院」，王韜把這種政治制度稱之爲「君民共主」。〔註 31〕他讚美
西方君民共主之國「上下相通，民隱得以上達，君惠得以下逮，都俞籲咈，
猶有中國三代以上之遺意焉。」〔註 32〕王韜認爲中國貧弱之源就在於上下之
情不通，所謂「揆其由來，即委窮原，參觀互證，蓋以爲上下之情不能相通
而已矣。」故「欲挽回而補救之，亦惟使上下之情有以相通而已矣。」〔註 33〕
而曾遠涉重洋，考察過西方國家的官商鄭觀應，在《盛世危言》的自序中亦
云：「乃知其治亂之源，富強之本，不盡在船堅炮利，而在議院，上下同心，
教養得法。」又云「議院興而民志和，民氣強」，「昏暴之君無所施其虐，跋
扈之臣無所擅其權，大小官司無所鍾其貴，草野小民無所積其怨。」故中國
要實現富強，僅僅模仿西方器械，而不革新政治，是「遺其體而求其用」，因
此「欲行公法，莫要於張國勢；欲張國勢，莫要於得民心；欲得民心，莫要
於通下情；預通下情，莫要於設議院。」〔註 34〕在這裡，鄭觀應更明顯地將
西方憲政與中國的民富、國強聯繫起來。其餘陳虯、薛福成等言論亦是如出
一轍，將「泰西」之富強之道，歸結於「有議院以通上下之情」。改良派不盡
主張在中國設立議院，實行君民共主的立憲政治，而且還嘗試性地設計了議
院的組成以及選舉辦法等。譬如何啓、胡禮垣力主「開議院以布公平」，他們
共同設計的方案是：縣、府、省三級都由選舉產生，各設議員 60 人。「縣議
員於秀才中選擇其人，公舉者平民主之」；「府議員於舉人中選擇其人，公舉
者秀才主之」；「省議員於進士中選擇其人，公舉者舉人主之」。「各省議員一
年一次會於都會，開院議事」，議員如有分歧則「以人多者爲定」。「省議員意
合，則詳於君，君意合，則書名頒行，意不合，則令其再議。」〔註 35〕然改
良派從富強強兵的目標出發，對西方憲政的解讀並沒有超越中國傳統政治體
系的框架，他們所提倡的君民共主的政治體制，只不過是期望在君主制下爲
地主士紳和資產階級爭取一點參政權與話語權，他們的政治理想不過是傳統

〔註31〕 王韜：《弢園文錄・重民下》。
〔註32〕 王韜：《弢園文錄外編・重民下》。
〔註33〕 王韜：《弢園文錄外編・達民情》。
〔註34〕 鄭觀應：《盛世危言》卷一，《議院》。
〔註35〕 何啓、胡禮垣：《新政眞詮》二編，《新政論議》。

的聖君賢相，最重要的是，他們沒有將其政治理想付諸實際政治的勇氣和行動。

甲午戰爭的失敗宣告了洋務新政的徹底破產，民族危機的加重促進了中華民族的覺醒，變法自強成為時代的最強音。對此，梁啓超嘗言：「喚起吾國四千年之大夢，實自甲午一役始也。」〔註36〕又云「自甲午東事敗後，朝野乃知舊法之不可恃，於是言變法者乃紛紛。……強學會、時務報大呼於天下，天下人士咸知變法，風氣大開矣。」〔註37〕如果說上述改良派對西方憲政制度的讚美與呼喚還僅僅停留在文字的層面，那麼，甲午一役之後，隨著國勢的惡化，以康有為、梁啓超、譚嗣同等為代表的維新派，不僅僅在更廣的範圍內掀起了以設議院、開國會、定憲法為核心內容的憲政思潮，更試圖將之付諸實踐。光緒十年，康有為痛感「事無寸效，而又境土日蹙，危亂將至」，遂以布衣身份作《上清帝第一書》，朝野震驚。康有為在該文中提出「變成法，通下情，慎左右」，其重點是「通下情」：「今天下非不稍變舊法也，洋差、商局、學堂之設，開礦公司之事，電線、機器、鐵艦之用，不睹其利，反以蔽奸。夫泰西行之而富強，中國行之而奸蠹，何哉？上體太尊而下情不達故也。」針對上述弊端，康有為建議仿周代和漢代設立「專主言議」之官，「增設訓議之官，召置天下耆賢，以抒下情」。〔註38〕此後，康有為又六次上書，闡述其君憲救國思想，康有為真誠地相信：「大開國會，以庶政與國民共之，……則中國之治強，可計日待也」。〔註39〕又如師從康有為的梁啓超，他認為「專制政體者，實數千年來破家亡國之總根源也」，〔註40〕必須予以廢除，而「強國以議院為本」：「問泰西各國何以強？曰：議院哉！議院哉！」，議院之所以為強國之道，在於「君權與民權合，則情易通。議法與行法分，則事易就。」〔註

〔註36〕梁啓超著：《戊戌政變記》，見《飲冰室合集·專集之一》，中華書局，1989年版，第113頁。

〔註37〕梁啓超著：《戊戌政變記》，見《飲冰室合集·專集之一》，中華書局，1989年版，第22頁。

〔註38〕康有為著：《上清帝第一書》，見見湯志鈞編：《康有為政論集》（上冊），中華書局，1981年版，第52～61頁。

〔註39〕康有為著：《請定立憲開國會摺》，見湯志鈞編：《康有為政論集》（上冊），中華書局，1981年版，第338頁。

〔註40〕梁啓超著：《論專制政體有百害於君主而無一利》，見《飲冰室合集·文集之九》，中華書局，1989年版，第90頁。

〔註41〕梁啓超著：《古議院考》，見《飲冰室合集·文集之一》，中華書局，1989年版，第94頁。

41〕不久，維新派在在清帝和部分開明大臣的支持下，強行推行以強國爲目標，以設議院、開國會、定憲法、實行三權分立爲基本內容的變法維新運動。

　　然而從王韜、鄭觀應到康有爲和梁啓超，由生存危機所引發的對國家富強和民族復興的深切關懷，使他們把對西方憲政文化的探究簡單化爲對憲政與富強之間探尋因果關係的實用性、功利性思考。俟百日維新立憲夢破碎、清末新政終結、王朝崩潰民國建立、《臨時約法》頒行，有憲法卻未嘗有憲政。五四新文化運動掀起的一股更爲強大的西學浪潮，一戰、二戰帶來的對西方價值的反省和日益深刻的民族危機爲隨後的憲政思潮提供了宏大的歷史背景。現代中國第三勢力，作爲大革命失敗後開始登上歷史舞臺、既反對國民黨的一黨專政及其保守性、又批評共產黨的暴力革命和激進政策的自由知識分子群體，爲實現其政治理想，積極投身於水深火熱的中國現實政治，提出了他們別具一格、色彩紛呈的憲政設計，張君勱即是他們當中的一個代表。

　　奧斯特羅姆認爲，制度設計是一個選擇的問題，即是人類運用已知的原則，以適當的形式設計滿足人類需要的結構。〔註42〕因此，憲政設計即是人工創制政治制度和憲法，這種設計「將體現兩類構想，一類是由特定的前提得出可能的結果；另一類是從可選擇的方案中作出選擇的標準。這些標準被用來評價各種可選擇的制度設計，並因此作出和執行選擇的結果，這些標準成爲將被實現的基本價值或目的。」而「任何人工製品的設計從來都不是價值怯除的。任何人工製品的創造，首先依賴於技術知識，其次依賴於作出的選擇，選擇的標準則適合於所作的選擇。技術知識的根基在於科學。選擇標準的根據在於與人類偏好和價值觀有關的道德判斷。既然任何人工製品都是兩種構想構成的產品，對其含義或意義的正確理解就要求涉及到人工製品的創造和使用所需要的技術知識和選擇標準。」故「對政治科學而嚴，這意味著，一個適當的起點就是考察那些承擔設計和創建政府制度根本任務的人的觀點。」〔註43〕本書研究的基本工作，就是試圖構架一關於憲政設計的解釋體系，並研究本書所限定的憲政設計的主體或者說個案——現代中國第三勢

〔註42〕　（美）文森特·奧斯特羅姆著，劉金山譯：《被遺忘的傳統：憲法層次的分析》，
　　　　　見（美）邁克爾·邁金尼斯主編，毛壽龍等譯：《多中心治道與發展》，上海
　　　　　三聯書店，2000年版，第193頁。
〔註43〕　（美）文森特·奧斯特羅姆著，劉金山譯：《被遺忘的傳統：憲法層次的分析》，
　　　　　見（美）邁克爾·邁金尼斯主編，毛壽龍等譯：《多中心治道與發展》，上海
　　　　　三聯書店，2000年版，第205～206頁。

力及其代表人物張君勱——是根據什麼樣的價值理念和選擇標準來進行具體的什麼樣的憲政設計，並企圖從他們的不同遭遇中收穫某些對於當代中國憲政建設有益的參考。

（二）理論背景：新制度主義政治學的復興

憲政設計的核心是政治制度設計，而 19 世紀英國著名的哲學家、政治思想家和經濟學家約翰‧斯圖加特‧密爾（John Stuart Mill）則在其名著《代議制政府》一書開篇中即提出：「一切有關政府形式的理論，都帶有有關政治制度的兩種互相衝突學說或多或少互相排斥的特徵」。〔註44〕第一種觀點認為，政治制度是可以選擇的，是可以根據人們的需要去設計的：「在有些人看來，政府嚴格地說是一種實際的藝術，除手段和目的問題外不發生其他問題。政府的形式和達到人類目的的其他手段一樣，它被完全看做是一種發明創造的事情。既然是人製作成的，當然人就有權選擇是否製作，以及怎樣製作或按照什麼模式去製作。」〔註45〕另一種觀點則認為，政治制度是不可以選擇和設計的，它是進化而非人為設計的產物：「和這些人相反，另一種政治理論家則遠遠不是把政府形式等同機器，而是把它看成一種自然產物，把政治科學看成（好比說）自然史的一個分支。照他們看來，政府的形式不是一個選擇問題。……政府不能靠預先的設計來建立。它們『不是做成的，而是長成的』。……在這學派看來，一國人民的根本的政治制度是從該國人民的特性和生活成長起來的一種有機的產物，是他們的習慣、本能和無意識的需要和願望的產物，而決不是故意的目的的產物。」〔註46〕密爾在這裡提出一個關於制度設計是否可能的問題，及政治制度的演進性和建構性的問題，這是要探討憲政設計首先要回答的問題，密爾認為這是一個「歷史性的悖論」。

政治制度一直是政治學理論的主要研究對象，在關於政治生活的最早的系統闡述中，我們可以發現先哲們首要關注的問題就是關於政治制度如何能夠把個體行為導向更美好的目標。學界流傳甚廣的《政治科學新手冊》裏邊也有這麼一段話：「古典政治理論討論的對象並不僅僅限於政治理想與個人責

〔註44〕（英）J.S.密爾著，汪瑄譯：《代議制政府》，商務印書館，1982 年版，第 5 頁。

〔註45〕（英）J.S.密爾著，汪瑄譯：《代議制政府》，商務印書館，1982 年版，第 5 頁。

〔註46〕（英）J.S.密爾著，汪瑄譯：《代議制政府》，商務印書館，1982 年版，第 6～7 頁。

任。對於柏拉圖和亞里士多德——還有馬基雅維利、洛克、盧梭、霍布斯和秉承了這一傳統的其他人，其中最主要的一個問題是確定哪種政治制度能造就最好的社會和社會成員。」〔註47〕可以說，政治制度的設計和運行是古典政治理論的核心內容。

但是，在 20 世紀 50、60 年代，受科學主義思潮和反理性思潮的影響，傳統政治學開始向現代政治學轉變，行為主義逐漸成為政治學的主流理論。行為主義政治學是一種更多的基於個人主義的理論方法，它認為，只有個人才是處於政治場景中的行為者，因此政治學研究唯一合適的目標就是個人及其行為。而個人不受正式或非正式制度的制約而做出自己的理性選擇，而特別是在許多主要的歷史事件中——譬如魏瑪共和國的衰落和納粹的崛起——面前，正式的政治制度好像亦是發揮不了任何作用。這個時期的政治理論在總體上忽視了政治制度分析。

行為主義政治學採取了實證主義的研究方法，他們大量採用自然科學的調查和計量的數據和結果，來驗證行為動機和結果之間的邏輯關係，這無疑具有其科學性。然而，這恰恰也是其最大的缺陷所在，因為自然科學對它的研究對象是不加任何價值評判的，而任何社會科學卻不能迴避價值判斷這一基本前提。這正如美國行為主義政治學的權威戴維·伊斯頓在他對行為主義政治學進行全面反省時所說的，面對具有是非價值標準的政治現象而採取所謂的價值中立態度，本身就是一種價值選擇。〔註48〕所以，行為主義政治學一味地強調價值中立和研究手段的科學化，使得政治學遠離了現實政治生活，而事實上，主流學者無法應用行為主義的方法來解釋世界紛繁複雜的變化。這就引起了越來越多的政治學家的反思和批判，上世紀 70 年代行為主義政治為開始走向衰落。

而過去的 25 年，人們目睹了社會科學尤其是政治學理論研究中制度理論的復興。1984 年，馬奇和奧爾森在《美國政治科學評論》上發表《新制度主義：政治生活中的組織因素》一文，成為反對行為主義方法論個人主義的起點。他們認為，由於行為主義的影響，作為政治生活基本因素的組織被忽

〔註47〕 （美）古丁、克林格曼主編，鍾開斌等譯：《政治科學新手冊》，三聯書店，2006 年版，第 201 頁。
〔註48〕 請參見王惠岩主編：《政治學原理》（第二版），高等教育出版社，2006 年版，第 16～17 頁。

略了，而實際上，組織和法律制度則是政治生活的主導者。個體「表現出來的」偏好與眞正的偏好是存在距離的，集體決策不是個體偏好聚集的結果，而是決策規則影響的產物，而且集體決策無法還原爲個體偏好。他們提出用「新制度主義」觀點來看待政治生活，重新復興制度分析的作用。〔註49〕這種新制度主義更多地把集體行爲視爲政治分析的中心，他們認爲，與經濟學家把集體行爲當成主要難題不同的是，集體行爲應當成爲理解政治生活的主要途徑。此外，政治共同體及其社會——經濟環境之間的關係應該是雙向的，政治會影響社會，社會也會影響政治。只有從這樣更爲制度化和多樣化的政治概念出發，政治學才能夠眞正開始理解和闡釋那些作爲研究對象的複雜現象。

自奧爾森以來，新制度主義政治學已經成爲歐美政治學界的主流話語和研究範式。〔註50〕現代憲政學家們，主張社會科學的關鍵任務是提高政治行動者設計制度以達到有價值的政治目標的能力，而現在是轉變研究方向的時候了，應將近來大部分政治和社會理論的主要關注及其對於揭示我們集體生活的潛在現實的關注，轉變到一個建設性的重點上——從設計者的觀點進行分析。他們提出了新憲政論，疾呼重建政治科學，強調人類社會必須進行憲政設計，以建設更爲美好的人類生活。新憲政論主要關注的是發展一系列關於制定有助於建立理想政治秩序的制度設計原則，其根本的目的是建立這樣一種實踐的政治科學，一種對那些希望從設計者的觀點看待政治事務的公民或其他任何人部有用的政治科學。〔註51〕新憲政論是以一種建設性的激情爲基礎的，它試圖回答這樣的一個問題，即憲政作爲改善政治生活努力不是一種空頭把戲，憲政理論的目的正是在於建設，憲政理論的使命是設計出良好

〔註49〕 薛曉源、陳家剛主編：《全球化與新制度主義》，社會科學文獻出版社，2004年版，前言第 3 頁。

〔註50〕 在中國大陸，雖然早在 1989 年就有學者對此文作了介紹，而系統地介紹新制度主義政治學還是上個世紀 90 年代中期以後、尤其是近兩年的事。應該說，我們對於新制度主義政治學的認識並不晚，系統地瞭解卻相對滯後，而運用性研究成果更是有限。但是，這種相對滯後的局面也恰恰是中國政治學發展的機會和空間，越來越多的學者正在認識它的價值，新制度主義的一些概念正在成爲流行話語。對於新制度政治學在中國的應用研究則集中於三個領域，即關於前蘇聯制度變遷的研究、關於中國經濟改革的政治學的研究以及對於中國的制度變遷與制度建設的研究。

〔註51〕 （美）斯蒂芬·L·埃爾金、卡羅爾·愛德華·索烏坦編，周葉謙譯：《新憲政論——爲美好的社會設計政治制度》，三聯書店，1997 年版，第 3 頁。

的政治制度和社會制度去面對這樣的事實，即政治很容易變成一種有組織的統制形式。至此，憲政設計的理念呼之欲出。

（三）現實背景：建設社會主義民主憲政國家

中華人民共和國建國以後，基本上照搬原蘇聯由列寧始創、後又經斯大林進一步強化的中央高度集權的領導體制，而且形成了一種思維定勢，似乎社會主義國家的政治體制就是高度的中央集權制，甚至認爲堅持社會主義制度就必然要堅持這種高度集權的政治體制。在這種傳統觀念的影響下，政治體制問題成爲難以觸動的禁區。十一屆三中全會以後，中國共產黨，特別是改革開放的總設計師鄧小平同志，認眞總結了歷史經驗，特別是「文化大革命」的沉痛教訓，深入地分析了中華人民共和國政治制度的內在結構，將社會主義政治制度區分爲基本政治制度和具體的領導制度、組織制度和管理制度，這就突破了將社會主義基本政治制度與具體的領導制度等混爲一談的傳統觀念，從而爲中國大陸政治體制改革提供了一個極其重要的理論前提。鄧小平認爲，社會主義的基本政治制度是好的，具有資本主義政治制度所無法比擬的優越性，我們必須始終堅持這些基本的政治制度。〔註 52〕如人民民主專政制度，共產黨領導的多黨合作制度，人民代表大會制度等。這些基本的政治制度符合我國的國情，不存在改革的問題，必須繼續堅持，這關係到我們國家的基本性質。與此同時，鄧小平指出：「社會主義制度並不等於建設社會主義的具體做法」〔註 53〕，「黨和國家現行的一些具體制度中，還存在不少弊端，妨礙甚至嚴重妨礙社會主義優越性的發揮」〔註 54〕。鄧小平這裡講的「具體做法」和「具體制度」就是指政治體制，也就是說政治體制可以改革而且必須要改革，否則會影響基本政治制度的實施和完善。

社會主義基本政治制度建立以後，必須有與之相適應的具體政治制度來保障和鞏固，這些具體制度是社會主義政治運行和發展的法定規範，它對於保證領導核心決策科學化和社會政治生活的有序發展具有極爲重要的作用。

〔註52〕 請參見鄧小平著：《鄧小平文選》（第二卷），人民出版社，1994 年版，第 337 頁。

〔註53〕 請參見鄧小平著：《鄧小平文選》（第二卷），人民出版社，1994 年版，第 250 頁。

〔註54〕 請參見鄧小平著：《鄧小平文選》（第二卷），人民出版社，1994 年版，第 327 頁。

但是我們黨在建國以後一段相當長的時間裏，對制度建設並沒有引起重視。十年動亂結束以後，鄧小平對制度建設進行了深入的思考。

鄧小平明確地肯定了制度建設對於黨和國家政治生活的決定性作用。譬如在總結「文化大革命」這一全局性嚴重錯誤的歷史經驗教訓時，許多人偏重從個人責任方面進行總結，有此人甚至否定毛澤東的歷史功績和毛澤東思想的科學體系，鄧小平則一針見血地指出：「單單講毛澤東同志本人的錯誤不能解決問題，最重要的是一個制度問題」〔註55〕，「我們過去發生的錯誤，固然與某些領導人的思想、作風有關，但是組織制度、工作制度方面的問題更為重要，這些方面的制度好可以使壞人無法任意橫行，制度不好可以使好人無法充分做好事，甚至會走向反面」〔註56〕，因此，制度總是「更帶有根本性、全局性、穩定性和長期性」〔註57〕。鄧小平把制度建設提到關係黨和國家前途命運的高度來認識，他創造性地指出黨和國家的制度建設更帶有根本性、全局性，並把制度建設納入改革開放系統工程的總體布局中來考慮。我們必須從制度方面解決問題，制度約束才是具有根本性的約束，由此制度建設成為中國政治體制改革的核心。

江澤民同志在十六大報告中，則全面、系統地闡述了下一步我國政治建設和政治制度改革的問題，理論上有創新，提法上有突破。過去在理論上很少提政治建設，在談到改革時，也是講政治體制，而不講政治制度。十六大報告明確提出從政治制度方面進行改革和建設，這不僅在提法上是一大突破，而且意義重大。這表明中國共產黨站在社會主義現代化建設全局的高度，決心從根本的、最基礎的方面著手，系統地推進我國政治制度的發展。發展的具體目標有二：一是發展社會主義民主政治；二是建設社會主義政治文明。江澤民同志在報告中反覆強調民主政治的重要性，從民主制度、民主形式和依法保障人民的民主權利方面，深刻地闡明了社會主義政治建設的根本目標。其次，建設社會主義政治文明也是江澤民同志提出的又一個目標。政治文明可以與物質文明、精神文明相併列，也是全面建設小康社會的重要目標。

〔註55〕請參見鄧小平著：《鄧小平文選》（第二卷），人民出版社，1994年版，第297頁。

〔註56〕請參見鄧小平著：《鄧小平文選》（第二卷），人民出版社，1994年版，第333頁。

〔註57〕請參見鄧小平著：《鄧小平文選》（第二卷），人民出版社，1994年版，第333頁。

政治文明包含的內容很多，是我們下一步政治建設和政治制度改革的指導。

在中共十七大報告中，胡錦濤總書記濃墨重彩地描繪了中國特色社會主義民主政治的宏偉藍圖和輝煌前景。胡錦濤同志明確指出：「發展社會主義民主政治是我們黨始終不渝的奮鬥目標。」並分別從 6 個方面對社會主義民主政治建設和執政黨建設進行了全面而具體的部署。十八大報告則從「制度自信」出發，以「制度建設」爲切入點，系統提出了中國民主政治建設的基本路徑。這條路徑包括三個基本內容：要堅持中國特色社會主義政治制度；要不斷完善中國特色社會主義政治制度；要更加有效地發揮中國特色社會主義政治制度的制度效力。這不僅爲本課題的研究提供了一個堅實的現實基礎，也使得本書的研究具有了強烈的時代感。改革開放以來，我國經濟體制改革與經濟建設取得了長足進步和重大成就，而政治體制改革則相對滯後，已經阻礙了社會主義和諧社會建設的進程。而改革我們政治體制中的一些弊端，特別是鄧小平提出的權力過分集中的現象，實現政治權力結構的合理化，更是政治體制改革的應有之義。

一言以蔽之，人們對制度的關注日益濃厚，特別是制度設計和制度建設的意識在這個具有幾千年歷史的國度裏，得到了前所未有的重視與關注。無論如何，這是值得慶幸的，因爲這起碼折射出人們看問題的方式有了很大的進步，他們能夠找到表層背後的東西——制度，制度學說的引進和制度意識的增強，給我們的改革帶來了解決的路徑和希望。當然，也毋庸諱言，過度的泛濫也帶來了負面的影響，譬如制度決定論，譬如遭遇了問題，我們第一反應便是我們的制度缺陷或者制度缺位。對制度泛濫的批判，不是本書的範疇，本書亦無意於此，畢竟尋求制度的解決方式，是人類文明特別是政治文明的一個進步。

現代民主政治，是一種立憲政治，我國的憲政建設，也正在如火如荼地進行，如何爲構建社會主義和諧社會設計一個良好的憲政體系，正是本書研究的現實意義所在。通過對憲政設計的多維研究，特別是通過對人類近代以來憲政設計的典型實踐的研究，我們可以歸納出憲政設計的基本預設和基本維度，探尋憲政設計作爲人類重要的社會實踐的成敗得失和歷史經驗與教訓，爲現階段政治發展尤其是憲政建設，提供某些理論參考。

第二章　憲政設計何以可能

　　現代的憲政學家們振臂高呼：「政治學的研究，既不應是一種脫離爲最基本的人類利益服務宗旨的單純的經驗式的活動，也不應是一種對於政治設計的限度漠不關心的規範空談。……（政治學研究）（應該）回到政治研究的最高境界——回到古希臘人對於劃分和創立良好政治制度的關注，回到洛克、孟德斯鳩和麥迪遜偉大的憲政學說傳統。」〔註1〕這些觀點強調政治學應該更多的關注人類社會的現實，更多的關注政治的實踐性和技術性，從而凸顯了人類社會進行憲政設計的必要性。

　　那麼，究竟什麼是憲政設計呢？憲政設計又何以可能呢？

一、何謂憲政設計

　　要給憲政設計下一個確切的定義恐怕並不那麼容易，因爲憲政設計「是一個『是』命題，亦即經驗命題」。所謂憲政設計是一個「是」命題，或經驗命題，指的是憲政設計是是一種社會歷史領域中的「事實」，而正如美國科學哲學家勞丹（Larry Laudan）所指出的：「經驗問題易於說明，但難於定義」。〔註2〕

（一）政治設計及其特徵

　　恩格斯在論及立法的產生時指出，「在社會發展某個很早的階段，產生了這樣的一種需要：把每天重複著的生產、分配和交換產品的行爲用一個共同

〔註 1〕　（美）斯蒂芬‧L‧埃爾金、卡羅爾‧愛德華‧索烏坦編，周葉謙譯：《新憲政論——爲美好的社會設計政治制度》，三聯書店，1997年版，前言第1頁。
〔註 2〕　（美）拉里‧勞丹著，方在慶譯：《進步及其問題——科學增長理論》，上海譯文出版社，1991年版，第7頁。

規則概括起來，設法使個人服從生產和交換的一般條件。這個規則首先表現爲習慣，後來便成了法律。隨著法律的產生，就必然產生出以維護法律爲職責的機關——公共權力，即國家。在社會進一步發展的進程中，法律便發展成或多或少廣泛的立法。」〔註3〕這種「共同規則」產生的過程，事實上就是進行制度設計的過程，是早期政治設計的一種雛形。因此，從邏輯上而言，人類社會的產生，政治生活的可能，都源自人類的這種理性的自覺，依賴於人類的制度的選擇和設計。所以政治設計是一種社會歷史的現象，是人類對於環境與生存挑戰所做出的積極回應，是一定的社會經濟關係的產物。

　　也正是在上述意義上，復旦大學政治學博士秦德君認爲，在歷史發展中，有一種重要的社會政治現象，就是人類對社會發展乃至歷史進程表現出一種參與意識和歷史主動精神，追求正義、合理、秩序和合乎人性要求，借助於已有的歷史經驗和政治傳統，以某種理想的政治目標爲依歸，以政治構想、政治方案、社會藍圖的種種方式對社會發展進行理性籌劃和安排，而這種政治行爲方式的實踐與理論，在積極意義上同時也在消極意義上不同程度地干預了社會歷史的發展。這種借助歷史經驗和政治傳統，以某種理想政治目標爲依歸，對社會展開以制度安排爲核心的構想、籌劃、創制的行爲及其理論形態，就是「政治設計」。〔註4〕

　　政治設計是以制度安排爲核心的社會設計，它廣泛地存在於人類的社會實踐當中。從公元前18世紀人類歷史上第一部完整法典《漢穆拉法典》的誕生，到公元18世紀人類第一部成文憲法的制定；從最初人類超越了叢林法則，從實際的生產、分配和交換產品的實踐中歸納出共同規則，到現代龐大的法律體系的形成；從古代「自然長成的民主制」，到今天精心設計的民主與法治；從原始簡單的公共機構，到今天複雜的科層制；從民族國家的政府體制，到國際社會的聯合組織；從古代社會的「問策」，到今天「資政」；從人類社會早期的契約與正義理念，到現代文明社會的憲政理念；從革命年代的鬥爭策略，到和平時期的社會發展綱要；從中國革命的先行者孫中山先生的「五權憲法」，到中國改革開放的總設計師鄧小平先生的「一國兩制」；從康有爲的大同社會，到馬克思的自由人聯合體，政治設計在不同的歷史時空、在豐富

〔註3〕恩格斯著：《論住宅問題》，見《馬克思恩格斯全集》（第十八卷），人民出版社，1964年版，第309頁。
〔註4〕秦德君著：《政治設計研究——對一種歷史政治現象之解讀》，上海社會科學出版社，2000年版，第1頁。

的社會生活層面，閃耀著風光萬象的歷史畫卷。政治設計是人類特定的文明行為，是人類的類本質的外化。政治設計是歷史主體在歷史規律的大框架下的理性化創制，從本質上說，政治設計乃是一種歷史選擇或社會選擇。政治設計具有以下若干特徵：〔註5〕

主體性。主體性是指人類以社會自主的自覺性向客體施加人類意志，政治設計的主體——人類——是作為社會歷史主體出現的：「人們醒悟過來，發現自己處於一個混沌的世界之中。於是，為了使生活變得能夠忍受，他們力圖吧秩序強加給這個混沌的世界」。〔註6〕

理想性。理想性是指這種設計超越現實的界限，而非是對現實的消極默認。〔註7〕人類具有一種嚮往美好的社會制度的天性，人之所以為人，就在於人具有理想的價值追求，人即處於現實又超越現實：「一切偉大的倫理哲學家們的顯著特點正是在於，他們並不是根據純粹的現實性來思考。如果不擴大甚至超越現實世界的界限，他們的思想就不能前進哪怕一步。除了具有偉大的理智和道德力量之外，人類的倫理導師們極富於想像力。」〔註8〕

批判性。批判性是對現實秩序進行否定性審視。批判性與理想性是一脈相承的，任何一項政治設計，都難免和必須以理想模式和價值去審視和批判現實制度。在政治設計者的眼中，「一種制度如果不受到批判，就無法得到改進；任何東西如果永遠不去找出毛病，那就永遠無法改正」。〔註9〕

負荷性。負荷性是指政治設計延承和負載前人智慧。人類很難完全逾越前人所設定的思想框架，一旦人們做了某種選擇，就好比走上了一條不歸之路，慣性的力量會使這一選擇不斷自我強化，並讓你不能輕易走出去。用美國經濟學家道格拉斯·諾思的話說即是路徑依賴，諾思認為，所謂路徑依賴類似於物理學中的「慣性」，一旦進入某一路徑（無論是「好」的還是「壞」

〔註5〕　請參見秦德君著：《政治設計研究——對一種歷史政治現象之解讀》，上海社會科學出版社，2000年版，第17～24頁。

〔註6〕　（英）湯因比、（英）厄本著，王少如、沈曉紅譯：《湯因比論湯因比——湯因比與厄本對話錄》，上海三聯書店，1989年版，第89頁。

〔註7〕　「烏托邦的偉大使命就在於，它為可能性開拓了地盤以反對對當前現實事態的消極默認。」請參見（德）恩斯特·卡希爾著，甘陽譯：《人論》，上海譯文出版社，1985年版，第78頁。

〔註8〕　（德）恩斯特·卡希爾著，甘陽譯：《人論》，上海譯文出版社，1985年版，第76頁。

〔註9〕　（英）邊沁著，沈叔平等譯：《政府片論》，商務印書館，1995年版，第99～100頁。

的）就可能對這種路徑產生依賴。政治設計，也總是既承襲前人，又試圖超越前人。

技術性。政治設計作為一種制度設計，具有一定的技巧，需要遵循一定的規則，因而具有一定的技術性。

風險性。人是具有有限理性的動物，不可能擁有全知全能的智慧，故人類的政治設計也具有對人類社會的正向和負向的結果。

（二）憲政設計的定義

憲政設計則是政治設計的一種典型形式，是近代以來人類進行政治探索和政治實踐的重要方式。奧斯特羅姆曾提出這樣三個假設：「一是政治科學是研究政府的；二是政府是由人類設計和選擇的；三是這種用來說明治理界限與條件的選擇層次是一種立憲選擇」。〔註10〕奧斯特羅姆在這裡事實上提出了這樣一個命題，即立憲選擇或者本文所說的憲政設計是現代政治科學的主題。奧斯特羅姆認為：「政治理論與憲法層次的分析密切相關。在辨別應用於政治博弈運作的各種結構性安排的設計方面，憲法層次的分析有一個根本性的作用。博弈規則決定著博弈的進行，這些確立治理界限與條件的博弈規則在本質上是立憲性的。立憲層次的分析指導著操作層次的分析，即何人得到何物，何時得到，怎樣得到。」憲政設計需要研究的基本政治理論問題是：「為什麼人類要求助於政治制度；什麼樣的選擇是有效的；還有各種可選擇的可能性方案的含義是什麼；在這些可能性方案中作出選擇的標準是什麼；為什麼要選擇。」〔註11〕

根據以上的理解，我們大致可以將憲政設計定義為：憲政設計是政治設計的一種典型形態，是在一定的社會歷史條件下，人類為實現其政治訴求，從一定的歷史經驗和政治原則出發，對社會政治所進行的以憲法為核心，以憲政價值、憲政制度和憲政模式為內容的立憲設計。

〔註10〕　（美）文森特‧奧斯特羅姆著，劉金山譯：《被遺忘的傳統：憲法層次的分析》，見（美）邁克爾‧邁金尼斯主編，毛壽龍等譯：《多中心治道與發展》，上海三聯書店，2000年版，第191頁。

〔註11〕　（美）文森特‧奧斯特羅姆著，劉金山譯：《被遺忘的傳統：憲法層次的分析》，見（美）邁克爾‧邁金尼斯主編，毛壽龍等譯：《多中心治道與發展》，上海三聯書店，2000年版，第191～192頁。

二、憲政設計何以可能

憲政設計是一種政治設計，其核心是有關政治制度的設計，故首先要考察的是制度設計是否可能。事實上，制度設計的問題一直是西方思想史上特別是當前政治理論界的焦點問題，關於這問題一直存在著曠日持久的爭論。

（一）西方理論界關於制度設計是否可能的辯難

對制度設計是否可能的認真思索，始於 200 多年前，美國立憲制度的奠基者之一漢密爾頓在《聯邦黨人文集》的開篇提出的問題：「人類社會是否真正能夠通過深思熟慮和自由選擇來建立一個良好的政府，還是他們永遠注定要靠機遇和強力來決定他們的政治組織」。從歷史上來看，政治制度的抉擇，的確是強力和偶然性決定的，人類似乎還沒有能夠根據深思熟慮和自由選擇來設計良好的政府制度。但是，美國的立憲實踐，卻是破天荒第一次以深思熟慮和自由選擇為基礎的。雖然政府的建立出於機遇和強力是大多數人類社會普遍的現象。但是美國立憲實踐表明，人們能夠通過理性的行為和榜樣，並基於深思熟慮和自由選擇，來建立並維持立憲政府體制。〔註 12〕聯邦黨人的制憲實踐，對制度設計是否可能的問題，做出了最具說服力的回答。

如前文所提及的，西方思想史上以及當代西方政治理論界對制度設計「YES OR NO」的辯難由來已久。制度設計是否可能，取決於政治制度本身的性質，究竟是演進的、長成的，還是建構的、創制的。這兩個問題事實上是一個問題，但在邏輯上卻有先後之分，西方思想家對這個問題的辯難可謂仁者見仁、智者見智，也充分展示了理論的魅力。他們的觀點或許並非涇渭分明，但大致上可以劃分為兩個陣營：以哈耶克為核心的演進論者和以布坎南為核心的建構論者。

1、哈耶克：制度設計是建構一種烏托邦

哈耶克被譽為締造了自由世界的經緯大師、當代新自由主義思潮的旗手，其思想的內核和主線是「自發社會秩序」（Spontaneous Order），是貫穿其整個社會理論的主線。正如 G.C.羅奇所指出的「在很大程度上我們要感謝哈耶克的洞見，是他使我們現在認識到了自由與社會組織的密切關係」，因為『自發社會秩序』概念是哈耶克最偉大的發現，亦是其法學和經濟學的根本原理。」

〔註12〕（美）文森特・奧斯特羅姆著，毛壽龍譯：《復合共和制的政治理論》，上海三聯書店，1999 年版，中文版前言。

〔註 13〕在哈耶克看來，社會理論就源於這樣一種發現，即人類社會中存在著種種有序的結構，但它們是許多人的行動的產物，而不是人之設計的結果。「自發社會秩序」所遵循的規則系統即制度是演進的而非人為設計和主觀建構的產物，這種演進過程乃是一種競爭和試錯的過程，這是制度演進的唯一方式。而任何人為的整體設計都最終會破壞這一秩序的「創造性」。〔註 14〕

哈耶克之所以認為制度是自發生成的，在於他所堅持的知識論和他關於人類理性的立場。

哈耶克將知識分為兩大類，一類知識稱為明確的知識（Conscious and Explicit Knowledge），即「即使我們陳述此事或他事為何的知識」；另一類知識則「包括了人們對於這些環境所做的一切調適所獲的成就」，即通常我們稱之為制度、規則、傳統、習慣等知識。哈耶克說：「此一意義上的知識並非都屬於我們的智識（明確知識），我們的智識亦非我們的知識之全部。我們的習慣及技術，我們的偏好和態度，我們的工具以及我們的制度，在這個意義上講，都是我們對過去經驗的調適，而這些調適水平的提升，乃是通過有選擇地擯棄較不適宜的調適行為而達致的。」〔註 15〕哈耶克認為，「知識只會作為個人的知識（The Knowledge of all the Individuals）而存在。所謂整個社會的知識只是一種比喻而已。所有個人的知識的總和，絕不是作為一種整合過的整體知識（An Integrated Whole）而存在的。」〔註 16〕由於沒有先驗的整體性的人類知識，個人不可能去把握這種知識，因此，個人明確的知識是有限的，每個人知識中的這類只能是個人的，故知識愈增長，人類就愈無知。總而言之，哈耶克的知識論最基本的預設是：沒有超驗存在的人類整體知識體系，而只有分立存在的個人知識，這種分立的個人知識是有限的，知識愈多而我們愈無知。

哈耶克稱自己屬於演進的理性主義（Evolutionary Rationalism），這種理性主義堅持人的理性能力是有限的，人無法完全認識未知的不確定的世界，那

〔註 13〕 G.C. RocheIII, The Relevance of Friedrich A. Hayek, in Essays on Hayek, ed., F. Machlup, Outledge& Kegan Paul, 1977. pp.10.

〔註 14〕 J.N. Gray, Hayek on Liberty, Oxford, 1984, pp.134～135.

〔註 15〕 （英）F.A.哈耶克著、鄧正來譯：《自由秩序原理》（上），三聯書店，1997 年版，第 24 頁。

〔註 16〕 （英）F.A.哈耶克著、鄧正來譯：《自由秩序原理》（上），三聯書店，1997 年版，第 22 頁。

種認爲憑藉理性就可以預知建構製度所需要的一切細節的想法，是一種「致命的自負」。〔註17〕哈耶克非常認同中世紀的思想家對於「理性」的理解：「對於中世紀的思想家來說，理性主要是一種認識眞理，特別是道德眞理的能力，而不是根據明確的前提進行演繹推理的能力。他們十分清楚，文明中的許多制度，並不是理性的發明，而是同所有的發明相反，是他人稱爲『自然』之物的產物，即自然而然出現的事情。」〔註18〕哈耶克認爲理性不是與生俱來的，更不是無限的，人們擁有的今天的理性不足以構建美好的明天。當然，哈耶克並不是純粹地擯棄理性，而是試圖揭示理性狂妄自負的危險：「毋庸置疑，理性乃是人類所擁有的最爲珍貴的稟賦。我們的論辨只是旨在表明理性並非萬能，而且那種認爲理性能夠成爲其自身的主宰並能控制其自身的發展的信念，卻有可能摧毀理性。我們所努力爲之的乃是對理性的捍衛，以防理性被那些並不知道理性得以有效發揮作用且得以持續發展的條件的人濫用。」〔註19〕因此，我們在力圖對社會進行明智地重塑之前，必須理解理性發揮作用的方式，並要對這種理解本身保持一種警惕。

正是基於以上兩點，哈耶克認爲人類的制度絕不可能是經由人類的設計而創造出來的，因爲人類自己並不擁有足夠的智識（Intellect）和理性去做這樣的創造。而那些號稱按照人的理性設計的所謂制度，不是對他人形成強制，就是力圖「建構一種烏托邦」。〔註20〕

哈耶克還以文明爲例論證了制度的演進只能是漸進試錯，而不是整體建構。哈耶克寫到：「某種意義上講，人確實創造了文明。文明是人的行動的產物，更準確地說，是數百代人的行動的產物。然而這並不意味著文明是人之設計（Design）的產物，甚至更不意味著人知道文明功用或其生生不息之存續所依憑的所有基礎性條件。」在哈耶克看來，人們要對文明的制度進行整體的建構，必須同時滿足兩個條件：一是人的完全自覺，即人能完全理解自己的所作所爲，並且能夠對事物進行全面地、理性地思考；二是人能夠明確地

〔註17〕（英）F.A.哈耶克著，馮克利、胡晉華譯：《致命的自負——社會主義的謬誤》，中國社會科學出版社，2000年版，第53頁。

〔註18〕（英）F.A.哈耶克著，馮克利譯：《經濟科學與政治——哈耶克論文演講集》，江蘇人民出版社，2000年版，第594頁。

〔註19〕（英）F.A.哈耶克著、鄧正來譯：《自由秩序原理》（上），三聯書店，1997年版，第80頁。

〔註20〕（英）F.A.哈耶克著、鄧正來譯：《自由秩序原理》（上），三聯書店，1997年版，第62頁。

知道文明是如何存續的。然這兩個條件在哈耶克看來，無一能夠實現。其一，世上根本不存在全知全能的人，因此人不可能完全達到自覺；其二，文明的形成過程本身是一個錯綜複雜、千變萬化的過程，這一過程是人的心智所無法確切把握的。所以，人們無法對文明的制度進行整體的建構，人們唯一能做的就是根據文明形成過程中出現的偏差不斷地修正自己的觀念和理想。需要指出的是，哈耶克否定的只是人的理性的整體建構，而不是人的理性對制度的部分調整，事實上，哈耶克認為在一定意義上，理性對制度的部分調整是必要的且具有進步意義。哈耶克崇尚的是對文明的制度或結構進行點滴的建設，而不是進行整體的建構，在他看來，與其說人創造了文明，不如說文明是自發的產物，是數百代人自發地通過不斷試錯和修正自己的觀念，並在與外部環境不斷調試的過程中逐漸形成的產物。〔註21〕因此，我們或許可以這樣理解，哈耶克反對對制度進行整體建構的目的，是為了指明理性發揮作用的界限和範圍，警示人們必須在理性發揮作用的界限範圍內合理地使用理性。文明及其制度和結構只能是漸進試錯、自發形成的結果，而不是人為設計和整體建構的結果。

　　哈耶克還進一步論證了人類社會的特殊規則或者說特殊制度法律制度（The Institutions of Law）的形成也只能是漸進試錯的過程。在哈耶克看來，法律制度是抽象的規則（Abstract Rules），人的社會生活，甚或社會動物的群體生活，之所以可能，乃是因為個體依照某些規則行事。隨著智識的增長，這些規則從無意識的習慣（Unconscious Habits）漸漸發展成為清楚明確的陳述，同時又漸漸發展成更為抽象而且更具一般性的陳述，這種以抽象的一般性的陳述形式存在的規則就是法律制度。但法律制度就如同社會生活賴以為基礎的語言、貨幣、或大多數習俗及慣例一樣，幾不可能是任何個人心智的發明所致。〔註22〕哈耶克通過將這種被稱之為嚴格意義上的「法律」抽象規則與具體而特定命令（Commands）進行比較，揭示了法律制度的性質。嚴格意義上的一般性法律與具體命令的最重要的區別在於：「指導一項特定行動的目標和知識，究竟是由權威者來把握，還是由該行動的實施者和權威者共同

〔註21〕　（英）F.A.哈耶克著、鄧正來譯：《自由秩序原理》（上），三聯書店，1997年版，第20～21頁。
〔註22〕　（英）F.A.哈耶克著、鄧正來譯：《自由秩序原理》（上），三聯書店，1997年版，第184頁。

來把握。」〔註23〕哈耶克繼續以原始部落的頭領調整其所轄範圍之成員活動的方式來論證法律制度和具體命令的區別和選擇，哈耶克認為，具體命令的主要特徵在於部落頭領的具體命令規定了命令的實施者行動的每一個細節，他們不僅沒有任何機會運用他們自己的知識和判斷，而且所追求的目標以及所運用的知識也都只是該頭領的知識和目標而已。然而，在大多數情形中，如果該頭領只對某些時候應予採取的行動種類和應予實現的目的種類發佈一般性的命令（General Instructions），並由不同的個人根據不同的情形（亦即根據他們的不同的知識）來填補這些一般性命令的具體細節，那麼我們可以說，這種情況反而能夠更好地服務於該頭領的目的。〔註24〕因為「在大多數情況下，任何人都不知道，也不曾知道致使某一規則具有特定形式的所有原因和所有因素」，〔註25〕所以行動的實施者必須在行動過程中不斷試錯、糾錯，並對行動的具體目標不斷進行修正，從而實現行動的最終目的。由此可見，「實質意義上的法律」（即抽象且一般意義上的規則）的形成也只能是自發演進、漸進試錯，不能人為設計。

哈耶克是抽象意義上的法律規則的堅定捍衛者，因為在哈耶克的眼裏，抽象的一般性的法律規則不僅在於為個人行動提供了一個自由的領域，而且它還體現了法律的普適性和公正性，即法律不針對特定的對象，它適用於任何人，也包括立法者。抽象意義上的法律雖然也具有一定的強制，但這種強制並不會侵犯自由，相反它會保護自由，因為抽象意義上的法律為人們獲取最大限度的自由提供了一個一般性規則的框架，而且它的形成是人們在行動的過程中通過互動和合作自發選擇的結果，因此，只有抽象意義上的法律才能真正體現法治。

哈耶克反對制度的整體建構，還在於他認為制度變遷的方向和結果是不確定的。由於世界的不確定性和人的知識的有限性，個體不能追求一個確定的最終目標，只能追求幫助他們實現最終目標的手段。事實上，由於「人類所能夠知道的只是整個社會中的極小部分，因此能給他們以激勵的，只是它

〔註23〕　（英）F.A.哈耶克著、鄧正來譯：《自由秩序原理》（上），三聯書店，1997年版，第186頁。

〔註24〕　（英）F.A.哈耶克著、鄧正來譯：《自由秩序原理》（上），三聯書店，1997年版，第186頁。

〔註25〕　（英）F.A.哈耶克著、鄧正來譯：《自由秩序原理》（上），三聯書店，1997年版，第196頁。

們在自己所瞭解的領域內活動的即期效應」，〔註26〕人們無法把握譬如市場經濟制度最終的發展方向和結果，制度只能在不斷的競爭和試錯過程中逐漸演進。

哈耶克在其代表作《法律、立法與自由》一書中，給出了他積四十年研究而得出的「最終結論」：「我們應當學到了足夠的東西，以避免用扼殺個人互動的自生自發秩序（置其於權威當局指導之下的方法）的方式去摧毀我們的文明。但要避免這一點，我們就必須否棄這樣一種幻想，即我們能夠經由審慎的思考而『創造人類的未來』……。這是我……現在對我就這些問題所做的四十年研究所下的最終結論。」而對於那些被長期證明對人類福利意義重大的社會制度，雖然都是人類行爲的產物，但絕對不是人類設計的產物，因而也就不能以演繹推理暗示出的任何方式來加以重新建構。〔註27〕哈耶克諄諄告誡我們：「我們不應該大規模的重建文明。」〔註28〕

2、布坎南：制度設計是一種道德上的責任

1986年經濟學諾貝爾獎得主、美國喬治‧梅森大學經濟學教授詹姆斯‧M‧布坎南（James M. Buchanan）在其代表作《自由、市場與國家──80年代的政治經濟學》一書中，對哈耶克的「自發社會秩序」展開了批駁。布坎南的基本觀點是，哈耶克不該將自由秩序原理延伸到制度和法律結構。〔註29〕布坎南在該書中如是寫到：「應該把文化進化形成的規則同制度嚴格區分開來。前者是指我們不能理解和不能（在結構上）明確加以構造的，始終作爲對我們的行動能力約束的各種規則；後者是指我們可以選擇的，對我們在文化進化形成的規則內的行爲實行約束的各種制度。文化進化形成的規則對制度是明顯地有約束的，但它們並不必然地只規定一個唯一的和特定的制度結構。」〔註30〕

布坎南批評哈耶克「與其說是一個天眞的進化論者，還不如說是一個世

〔註26〕　（奧）F.A.哈耶克著，賈湛、文躍然等譯：《個人主義與經濟秩序》，北京經濟
　　　　　學院出版社，1989年版，第14頁。

〔註27〕　（美）霍伊著，劉鋒譯：《自由主義政治哲學──哈耶克的政治思想》，三聯
　　　　　書店，1992年版，第6頁。

〔註28〕　（英）F.A.哈耶克著，王明毅等譯：《通往奴役之路》，中國社會科學出版社，
　　　　　1997年版，第222頁。

〔註29〕　（美）詹姆斯‧M‧布坎南著，平新喬、莫扶民譯：《自由、市場與國家──
　　　　　80年代的政治經濟學》，上海三聯書店，1989年版，第110頁。

〔註30〕　（美）詹姆斯‧M‧布坎南著，平新喬、莫扶民譯：《自由、市場與國家──
　　　　　80年代的政治經濟學》，上海三聯書店，1989年版，第116頁。

故的進化論者。」但哈耶克並沒有淪入按照嚴格的生物學基礎來構造社會制度進化的謬誤。因為他明確承認，從生物學意義上來說，人類有效地適應環境變化的時代是極短的，而整部有記載的歷史只不過是這個極短時代中的一部分。哈耶克是一個文化進化論者而不是一個生物學進化論者。在歷史可理解的時間即文明人時代所出現的人類行為模式，已經適應不斷變化的環境條件。在範圍更廣大的動物人範圍內，「人性」已經過了修改。文化進化已經形成或產生了非本能行為的抽象規則，我們一直依靠這些抽象規則生活，但並不理解這些規則。這些規則顯然反對人類本能傾向，但我們以同個人選擇密切相關的個人標準，是無法評價和理解這些規則的作用方式的。〔註31〕

　　所以布坎南是承認「自發社會秩序」可以作為經濟學的原則，或許可以在更廣大的社會領域中得到適用，但是這一原則不易擴張到制度和法律結構層面。在文化進化形成的框架內，並沒有形成制度的既定性。布坎南認為，如果按照哈耶克的理解，在市場經濟中，凡是所產生的制度結構，都必定是有效率的制度結構。這種結果便正確地意味著不干預政策戒律。沒有任何必要去評價（的確也沒有任何可能去評價）存在於過程之外的被觀察的結果的效率；不存在任何在客觀上測量效率大小的外部標準。如果這個邏輯被延伸到在某種歷史進化過程中產生的制度結構（包括法律）上，含義是清楚的：我們觀察到的那套制度結構，必然包含了制度上的或結構上的「效率」。如前面所指出的，這便指定了制度結構產生過程中的不干預政策。布坎南在這裡指責哈耶克的「自發社會秩序」沒有給經濟學家或其他尋求改革社會結構的人留下為保證總體效率增長而改革法律或規則的餘地。哈耶克認為任何設計、構造和改革制度的努力在這種嚴格解釋的邏輯內必定導向無效率。因此，要慎重地避免對「自然」過程進行任何「結構上的理性」干預。布坎南稱呼哈耶克上述觀點是「令人絕望的勸告」、「黑格爾哲學的神秘幽靈！」〔註32〕

　　在布坎南看來，作為生物的人類如果依賴變種式的更替，即使終於能生存下來，也注定停留在或接近於動物的生存水平。如果人類僅是一種能作出反應的生物而不是一種能作出選擇的生物，有什麼證據能證明他能夠在進化

〔註31〕　（美）詹姆斯·M·布坎南著，平新喬、莫扶民譯：《自由、市場與國家——80年代的政治經濟學》，上海三聯書店，1989年版，第115頁。
〔註32〕　（美）詹姆斯·M·布坎南著，平新喬、莫扶民譯：《自由、市場與國家——80年代的政治經濟學》，上海三聯書店，1989年版，第115頁。

鏈中生存下來？所以布坎南贊成人類可以實行「關於制度改革的維克塞爾準則」:「克努特・維克塞爾（Knut Wickcell）所提出的契約主義者的框架是有助於問題的解決的。政治經濟學家可以喚起他本人的特殊才能去分離出和識別出制度上的變化,在維克塞爾的術語中,這種制度變革是符合帕累托更高級的檢驗標準的。在個人具有某種既定的權力分配狀況後,政治經濟學家可以提出一種假設,在社會中的所有人都可以通過他們自己的推算與估價,通過一種提出來的關於制度秩序的變化來改進自己的狀況。這個假設可以接著接受檢驗;如果這種假設是可以制訂出方案的,以致於社會中的全體成員都會同意採取這種變革措施,則就通過了檢驗;從而,上述假設就得到了證實。如果檢驗的結果失敗了,則政治經濟學家們就重返他的製圖板上,尋求另一種變革社會的方案,或者到最後、他什麼也找不到,於是就得出結論:他所發現的方案是帕累托－維克塞爾意義上最佳的方案。」〔註33〕

布坎南對哈耶克「競爭與試錯」說也進行了批判,布坎南指出,如果根據哈耶克的觀點,在長期的人類生活中,通過競爭和試錯,某些制度存留了下來,而另一些則沒有存留下來。而問題的關鍵:存留下來的制度和有效率的制度,二者是否完全等同？布坎南認為,如果我們把社會制度（規則）的整個複雜結構作為一個單位,那麼僅僅是存留這個事實顯然不能告訴我們,這個作為一個整體的結構同各種可供選擇的結構相比,是有效率還是沒有效率。我們可能做到的一切,同我們生活在一個繼承下來的特定制度結構中所做的一切比較起來,可能好得多,也可能糟得多。況且,事實是我們沒有機會去試驗各種可供選擇的制度結構;在一個多種產品、多種勞務的競爭經濟中,無法對選擇過程進行任何近似的模擬。在這種經濟中,人們面對的是同時被觀察和評價的各種可相互替代的制度結構,選擇是通過以「較好」替代「較壞」進行的。〔註34〕所以在大多數的情況下,人類必須通過制度設計來選擇一個可能「較好」的規則。

所以,布坎南的結論是:「社會哲學的基本問題仍然是:我們應如何組織自己？如何把人與人組織起來,以便保持和平、自由和繁榮？如果我們把這個問題當作一個前提,那麼我們就可以在實際上改進我們的相互依賴的關係

〔註33〕（美）詹姆斯・M・布坎南著,平新喬、莫扶民譯:《自由、市場與國家——80年代的政治經濟學》,上海三聯書店,1989年版,第396～-397頁。

〔註34〕（美）詹姆斯・M・布坎南著,平新喬、莫扶民譯:《自由、市場與國家——80年代的政治經濟學》,上海三聯書店,1989年版,第112頁。

所由發生的社會結構。這個問題按其本意就否認了下列假設的有效性，即我們是被置於一種必然的歷史進程之中，我們以及我們的體制都是一種生物上的演進的產物，如果我們想打破這種歷史的必然性，其結果只能是自己遭殃。我們關於終極問題的提法卻否認了上述假定。社會哲學家有一種道德上的責任去相信，社會改革是可能的……」〔註35〕

3、對哈耶克和布坎南觀點的剖析

在當代的西方政治理論界，站在哈耶克陣營的譬如被譽爲「爲健康政治學所必須的理論提供了精神食糧」的 18 世紀英國保守主義政治理論家柏克，他堅持政治制度絕非是人爲可以設計，而是一個長成的產物。柏克對現存制度存在一種崇拜精神，因爲「建立在長期積累的傳統之上的政府體制要優於建立在推理原則上的體制，而且這種優越性恰恰在於歷代經驗的積累和考驗，各個時代的集體理智將初始正義的原則與人類無限眾多的關注結合了起來」。〔註36〕故柏克反對對制度進行人爲的設計和干預，而僅僅是進行一些「修繕工作」。

英籍奧地利哲學家、政治理論家卡爾‧波普（Karl Raimund Popper）則在其名著《歷史決定論的貧困》中提出了「漸進社會工程」的思想。波普認爲「只有少數的社會建構是人們有意識地設計出來的，而絕大多數的社會建構知識生長出來的，是人類活動的未經設計的結果」。〔註37〕波普反對對社會進行整體的設計，而只能度社會進行逐步的漸進的改造。

在制度學派理論家那裡，制度設計是否可能是毋庸證明的，因爲制度本身「是一個社會的遊戲規則，更規範地說它們是爲決定人們的相互關係而人爲設定的一些制約」。〔註38〕而現代的憲政學家們對制度設計也更有堅定的信念，他們認爲只有進行審慎的制度設計，並對制度進行理性的比較選擇，才能避免人類政治的無序。他們的基本觀點是：「政治學的研究，既不應是一種脫離爲最基本的人類利益服務宗旨的單純的經驗式的活動，也不應是一種對

〔註35〕　（美）詹姆斯‧M‧布坎南著，平新喬、莫扶民譯：《自由、市場與國家——80 年代的政治經濟學》，上海三聯書店，1989 年版，第 383 頁。

〔註36〕　轉引自（美）E‧希爾斯著，傅鏗、呂樂譯：《論傳統》，上海人民出版社，1991年版，第 271 頁。

〔註37〕　（英）卡爾‧波普著，杜汝楫、邱仁宗譯：《歷史決定論的貧困》，華夏出版社，1987 年版，第 51 頁。

〔註38〕　（美）道格拉斯‧C‧諾斯著，劉守英譯：《制度、制度變遷與經濟績效》，上海三聯書店，1994 年版，第 3 頁。

政治設計的限度漠不關心的規範空談。……主張回到政治研究的最高境界——回到古希臘人對於劃分和創立良好政治制度的關注，回到洛克、孟德斯鳩和麥迪遜偉大的憲政學說傳統。」〔註39〕

對於關於政治制度的變遷或者說關於制度設計是否可能的兩種互相衝突的觀點，或許那是一個歷史性的悖論，但正如密爾所指出的「我們必須努力認眞考慮兩者的根本立足點，並利用兩者中含有的全部眞理。」〔註40〕

應當說，哈耶克的思想中不乏許多具有合理性的因素，事實上，在西方理論界，他也不乏「與我心有戚戚焉」的同盟軍。譬如柏克，喬治・霍蘭・薩拜因（George H. Sabine）在其經典之作《政治學說史》中曾如是描繪柏克關於制度的理論：「制度不是發明或製造出來的：它們是活生生的並且是不斷發展的。因此必須以尊崇的態度對待它們，以審愼的態度提到它們。對於進行計劃和設計的政治家來說，想以冒險而空想的計劃搞什麼新制度，可能會輕易毀掉他一時心血來潮想要再建的東西。老制度之所以能順利運轉，是因爲已世代爲人們所習慣、所熟悉，並爲人們所尊崇。沒有哪個新創造的制度能夠通行，無論它多麼合乎邏輯，除非它累積了類似程度的習慣和感情。所以，那些革命分子自命能創造新政體和新政府，在柏克看來是既糊塗又可悲。一國政府可以改變和改進，但一次只能是小小的，而且總得遵照該國人民的習慣，符合本國歷史的精神。」〔註41〕在柏克看來，政治制度絕對不是一種人爲的制度，制度是在大自然的陽光雨露中自然成長起來的產物，人們所能做的只能是一種「修繕工作」，〔註42〕而冒失地想添加人類的智慧，那只能是拔苗助長。

但應該說，哈耶克的觀點也存在某些理論上的缺陷。爲了闡明制度的自發生成，哈耶克具體區分了演進的理性主義（Evolutionary Rationalism）與建構的理性主義（Constructive Rationalism），並指出了二者在理性問題上的主要區別，即演進的理性主義認爲理性具有一定的作用，但理性的作用是有限度

〔註39〕（美）斯蒂芬・L・埃爾金、卡羅爾・愛德華・索烏坦編，周葉謙譯：《新憲政論——爲美好的社會設計政治制度》，三聯書店，1997年版，前言第1頁。

〔註40〕（英）J.S.密爾著，汪瑄譯：《代議制政府》，商務印書館，1982年版，第7頁。

〔註41〕（美）喬治・霍蘭・薩拜因著，盛葵陽、崔妙因譯：《政治學說史》，商務印書館，1986年版，第687～688頁。

〔註42〕（英）休・塞西爾著，杜汝輯譯：《保守主義》，商務印書館，1986年版，第38頁。

的；建構的理性主義認為理性是人的一種天生秉賦，不承認理性具有一定的
限度。二者的這一差別表現在制度的生成上就是：演進的理性主義認為制度
是自生自發的，不能人為建構；建構的理性主義認為制度是人為建構的，不
能自發生成。〔註43〕哈耶克堅持演進的理性主義，主張制度的自發生成，反
對將理性當作人生來具有的秉賦，反對任何形式的對理性的濫用，反對對社
會制度進行理性建構。但問題的關鍵是，一方面哈耶克反對理性建構的立場
也是不徹底的，甚至在某種意義上，哈耶克自己也是一個建構理性者。正如
布坎南所言，「哈耶克本人是基本憲法改革的熱情倡導者，提出過十分具體的
建議。因此在實際上，哈耶克兼有進化論者和構成主義——憲法主義的觀點。」
〔註44〕而另一方面，哈耶克將理性的局限視為人類無法建構製度的理由是缺
乏說服力的，哈耶克在這裡將自發與自覺截然對立，而事實上，自覺和自發
並不衝突。自生自發只是制度生成的一種方式，制度還存在著另一種生成方
式，即自覺建構。因為人是有主體性的，自覺能動性才是人的根本特性，才
是人優於一般動物的本質所在，這一點在本章後文將展開詳述。

在這一點上，英籍奧利地政治思想家波普的「漸進社會工程」雖然也和
哈耶克的「自發社會秩序」一樣，反對對社會進行整體的設計：「漸進的技術
師或工程師認識到，只有少數的社會建構是人們有意識地設計出來的，而絕
大多數的社會建構只是『生長』出來的，是人類活動的未設計的結果。」〔註
45〕但波普比哈耶克更強調人為因素，波普並不反對進行制度設計，他反對的
只是整體的「烏托邦工程」。

布坎南是公共選擇理論和憲政經濟學理論的主要創立者和代表人物，公
共選擇理論和立憲經濟學理論都堅持方法論的個人主義、經濟人假設和交易
政治學範式（Politics as Exchange）。布坎南的貢獻就在於把經濟分析工具和分
析方法應用於政治領域，首先是將交易範例延伸至政治，把政治構造為一種
複雜交易過程；其次是將經濟人範式延伸至政治領域，把公共選擇者構造為
效用極大化者。布坎南認為，公共選擇的主要前提是「一致同意」原則，這

〔註43〕鄧正來著：《自由主義社會理論》，山東人民出版社，2003 年版，第 88-～90
　　　頁。
〔註44〕（美）詹姆斯・M・布坎南著，平新喬、莫扶民譯：《自由、市場與國家——
　　　80 年代的政治經濟學》，上海三聯書店，1989 年版，第 61 頁。
〔註45〕（英）卡爾・波普著，杜汝楫、邱仁宗譯：《歷史決定論的貧困》，華夏出版
　　　社，1987 年版，第 51 頁。

是因爲，在政治這種複雜交易過程中，公共選擇作爲追求私利的個人，其偏好、利益、評價各不相同，因此集體對於事物的決策必須取得一致同意，如果達不到一致同意，形不成協定，社會就會陷入一種人們相互對立的混亂的無秩序狀態。政治就是一種解決個人評價和個人利益衝突的過程的模式，而政治活動只有在規則內才能進行。而這個過程，就是制度設計的過程，所以在布坎南看來，制度設計是人類的史實，是毋庸論證的，而關鍵的問題如何進行合理的設計。

事實上，密爾也持相同的觀點，在密爾看來，問題不在於政治制度能否設計，而在於如何設計：「我們首先要記住，政治制度（不管這個命題是怎樣有時被忽視）是人的勞作；它的根源和全部存在均有賴於人的意志。……在它們存在的每一階段，它們的存在都是人的意志力作用的結果。所以，它們像一切由人做成的東西那樣，或者做得好，或者做得不好。在它們的製作過程中，可能運用了判斷和技能，也可能情況相反。另一方面，還須記住政治機器並不自行運轉。正如它最初是由人製成的，同樣還須由人，甚至由普通人去操作。它需要的不是人們單純的默從，而是人們積極的參加……」〔註46〕而在《代議制政府》第七章中，密爾甚至提出了「人類設計」的概念，密爾認爲，只有通過人類設計，才有可能達到最大程度上除去「代議團體以及控制該團體的民意在智力上偏低的危險和由同一階級的人構成的多數實行階級立法的危險」這兩大害處。〔註47〕

或許憲政學家，美國馬里蘭大學政府和政治學系教授斯蒂芬·L·埃爾金（Stephen L.Elkin）的一句話可以爲哈耶克和布坎南的辯難劃上一個句號：「人類是否能夠作出這樣大規模的設計？毫無疑問，任何個人在一個短時期內是不可能有，但更爲重要的是，很多人在一個長時期內是否可以做得到？人們可以反覆探討問題，修正錯誤，並在可能時增添新的內容。然而，即使如此，似乎也遠不是容易的事，而別的做法似乎更糟。正如漢密爾頓很早以前說過的那樣，如果不能『通過反應和選擇』建立『良好的政府』，而且人類的『政治體制注定永遠要依賴偶然事件和暴力』的話，那將是『人類普遍的不幸』。

〔註46〕 （英）J.S.密爾著，汪瑄譯：《代議制政府》，商務印書館，1982 年版，第 7 頁。

〔註47〕 （英）J.S.密爾著，汪瑄譯：《代議制政府》，商務印書館，1982 年版，第 101 頁。

即使那些懷疑人類能夠具有概括的合理性的人們也同意，大規模的設計是可能的，只要在設計過程中和在涉及那些操作制度者所需知識的數量方面考慮到人類合理性所受到的限制。」〔註48〕

如前所述，密爾對兩種關於制度設計是否可能的理論進行了理性的思考，並認為我們應當吸收兩個觀點中的合理部分。儘管密爾認為這是一個歷史性的悖論，然歸根到底密爾還是站在了制度設計是可能和必要的這一方。密爾認為，政治制度是人的勞作，它的根源和全部存在均有賴於人的意志。因此，問題不在於制度設計是否可能，而是在於如何進行有效的設計。〔註49〕

本書的觀點是，政治制度是可以建構的，人類進行制度設計是可能的，但制度變遷的路徑依賴其最初始的設計。這正如新制度學派的代表作家之一諾斯所提出的：制度的初始選擇是非常重要的，一旦人們選擇了一種制度形式，制度的發展就會有自身運行的慣性，而制度運行時各種制度相關因素都可能向有利於這種制度選擇的方向發展，從而強化這種制度選擇。基礎性制度得到確立之後，人們會逐漸對這種制度產生依賴，這種制度本身也具有發展的慣性，具有自我積累放大效應，從而不斷強化這種基礎制度的作用。〔註50〕

（二）憲政設計何以可能

研讀西方政治的學說史，我們可以得出一個大致的結論，西方政治思想史上的偉大思想家縱然沒有直接提及制度設計是否可能的論題，但傳統的政治學從未懷疑過制度設計的可能性，他們的理論，就是對理想政治的設計。在社會的發展中，從古希臘到今天，在人類的政治史上，制度的創制、設計一直是人類的基本政治實踐之一，是一個歷史事實，這也是政治或者政治學之所以可能與必要的初衷。這方面的文獻大家都耳熟能詳，茲舉幾例。柏拉圖的《理想國》、亞里士多德的《政治學》、莫爾的《烏托邦》、安帕內拉的《太陽城》、洛克的《政府論》、孟德斯鳩的《論法的精神》等等，都是進行社會設計和制度設計的典範。

〔註48〕　（美）斯蒂芬・L・埃爾金、卡羅爾・愛德華・索烏坦編，周葉謙譯：《新憲政論──為美好的社會設計政治制度》，三聯書店，1997年版，第40～41頁。

〔註49〕　（英）J.S.密爾著，汪瑄譯：《代議制政府》，商務印書館，1982年版，第7～12頁。

〔註50〕　轉引自章興鳴：《政治制度演進的路徑依賴探析》，載於《四川行政學院學報》，2007年第6期。

　　柏拉圖在其名著《理想國》中就設計了一套完善而影響深遠的社會制度，開人類進行大規模的制度設計之先河。

　　政治學的創始人、古希臘的思想家亞里士多德就將政治制度看作是「全體城邦居民由以分配政治權利的體系」，政治制度是人類「創始」的結果：「人類在歷史過程中自有許多機會——實際可說是無數的機會——一再創始各種制度。我們有充分的理由可憑以設想，『需要』本身就是各種迫切的發明的教師；而人類社會既因這些發明具備了日常生活的基礎，跟著也自然會繼續努力創造許多事物來裝點生活，使它臻於優雅。這個普遍原則，我們認爲對於政治制度以及其他各個方面應該一律適用。」〔註51〕

　　而現代西方所盛行的三權分立制度，更是人類政治文明的重要發明，是人類進行制度設計的重要成果。近代意義上的三權分立的制度設計，承襲古希臘和羅馬的分權學說，是隨著英國資本主義的不斷發展而形成的。1688 年的光榮革命，結果在英國建立了資產階級與封建勢力相妥協的君主立憲政體，資產階級掌握了立法權，但行政權仍控制在君主手裡。洛克正是以此爲依據，給資產階級權力的擴張和絕對控制議會提供了理論基礎。而孟德斯鳩深受洛克分權學說的影響，發展了洛克的學說。在孟德斯鳩看來，權力的集中，比如導致權力的濫用，就得分散和牽制權力，以權力約束權力，在此基礎上首創立法、行政、司法三權分立學說，即議會控制立法權，君主掌握行政權，法院行使司法權。同時他還認爲三權的分立必須輔之以三權的相互牽制以達到三權的均衡。洛克與孟德斯鳩所處的時代正好是資產階級大革命時期，資產階級客觀上需要在政治上取得地位，他們的學說正是爲資產階級掌握政權提供了理論基礎。同時，我們也應該認識到這是建立在自由平等的基礎上的，這也是啓蒙運動的核心思想。

　　美國著名政治學家文森特‧奧斯特羅姆教授以《聯邦黨人文集》爲基礎，著眼於美國立憲實驗的經驗對制度設計是否可能這個問題進行了思考。他認爲從歷史上看，政治制度的選擇，的確是由強力和偶然性決定的，人類似乎還沒有能夠根據深思熟慮和自由選擇來設計良好的政府制度。但是，美國的立憲實踐，卻是破天荒第一次以深思熟慮和自由選擇爲基礎的。雖然政府的建立處於機遇和強力是大多數人類社會普遍的現象，但是美國立憲實踐表

〔註51〕（古希臘）亞里士多德著，吳壽彭譯：《政治學》，商務印書館，1997 年版，第 371～372 頁。

明，人們能夠通過理性的行為和榜樣，並基於深思熟慮和自由選擇，來建立並維持立憲政府體制。〔註52〕

　　而如前文所述，現代的憲政學家們振臂高呼：「政治學的研究，（應該）回到政治研究的最高境界——回到古希臘人對於劃分和創立良好政治制度的關注，回到洛克、孟德斯鳩和麥迪遜偉大的憲政學說傳統。」〔註53〕這些觀點強調政治學應該更多的關注人類社會的現實，更多的關注政治的實踐性和技術性，從而凸顯了人類社會進行制度設計的必要性。

　　恩格斯在論及立法的產生時指出：「在社會發展某個很早的階段，產生了這樣的一種需要：把每天重複著的生產、分配和交換產品的行為用一個共同規則概括起來，設法使個人服從生產和交換的一般條件。這個規則首先表現為習慣，後來便成了法律。隨著法律的產生，就必然產生出以維護法律為職責的機關——公共權力，即國家。在社會進一步發展的進程中，法律便發展成或多或少廣泛的立法。」〔註54〕這種「共同規則」產生的過程，事實上就是人類進行制度設計的過程。因此，從邏輯上而言，人類社會的產生，政治生活的可能，都源自人類的這種理性的自覺，依賴於人類的制度的選擇和設計。

　　亞里士多德在《政治學》開篇就提出了一個流傳千古的論斷：「人類自然是趨向於城邦生活的動物（人類在本性上，也正是一個政治動物）」。亞里士多德的這個命題揭示了人類的社會本性，也揭示了人類組成政治社會的必然性。政治社會的產生，大致應該是這樣一個邏輯：個人的偏好是不同的，但是社會的資源卻是有限的，這樣就構成了利益需求與利益滿足之間永恆的矛盾。由於利益需求的多樣性，所以個人偏好的滿足只有在社會中，只有在人與人之間的交換中得以實現，所以個人必須在社會狀態，必須在相互交往中生活，而政治就是為了維持這種狀態而產生的。這種政治組織，其組織體系和組織規則的設計必然是應有之義。所以政治社會的產生，或者說，馬克思所說的「上層建築」的產生，與之相隨的是政治設計的行為。

〔註52〕（美）文森特・奧斯特羅姆著，毛壽龍譯：《復合共和制的政治理論》，上海三聯書店，1999年版，中譯本序第1～2頁。

〔註53〕（美）斯蒂芬・L・埃爾金、卡羅爾・愛德華・索烏坦編，周葉謙譯：《新憲政論——為美好的社會設計政治制度》，三聯書店，1997年版，前言第1頁。

〔註54〕恩格斯：《論住宅問題》，見《馬克思恩格斯全集》（第十八卷），人民出版社，1964年版，第309頁。

　　既然政治的產生是爲了人類利益的實現，所以政治應該有其正義性，政治應該有其向善性。事實上，亞里士多德在 2300 多年前就給政治學指引了爲人類謀幸福的學術取向：「政治學術本來是一切學術中最總要的學術，其終極（目的）正是爲大家所最重視的善德，也就是人間的至善。」〔註 55〕但是，人間的至善的實現不能靠個人的修養，而只能靠制度的完善。在這個意義上，制度設計是實現人間的至善、社會的至善的必要的有效的途徑。

　　馬克思在《關於費爾巴哈的提綱》一文中，一針見血地對舊唯物主義提出批評說：「從前的一切唯物主義——包括費爾巴哈的唯物主義——的主要缺點是：對對象、現象、感性，只是從**客體**的或者**直觀**的形式去理解，而不是把它當作人的感性活動，當作**實踐**去理解，不是從主體方面去理解。因此，結果竟是這樣，和唯物主義相反，唯心主義卻發展了**能動的**方面，但只是抽象地發展了，因爲唯心主義當然是不知道現實的、感性的活動本身的。費爾巴哈想要研究跟思想客體確實不同的感性客體，但是他沒有把人的活動本身理解爲**對象性**的活動。」〔註 56〕馬克思在《1844 年經濟學哲學手稿》中也指出：「說人是**肉體的**、有自然力的、有生命的、現實的、感性的、對象性的存在物，這就等於說，人有**現實的、感性的對象**作爲自己的本質即自己的生命表現的對象；或者說，人只有憑藉現實的、感性的對象才能**表現**自己的生命。」〔註 57〕馬克思主義的關於人的主體性的著名論斷，爲本書提出的憲政設計的概念提供了一個結實的客觀基礎，一定的社會歷史條件下的人的主體性對於社會歷史和政治選擇的自覺參與，使得人類這種憲政設計的政治活動成爲可能。

　　那麼，何謂人的主體性？人何以具有主體性呢？這必須從人的類本質中得到說明。馬克思認爲，我們不能孤立地從人的自身存在性來尋找人的主體性，只有在對象性活動中，人才能作爲主體與客體相聯繫，才顯示人的主體地位和主體性。因此，人的主體性是「是**對象性**的本質力量的主體性，因而這些本質力量的活動也必須是**對象性的活動**」。〔註 58〕人和動物的區別正在於

〔註55〕（古希臘）亞里士多德著，吳壽彭譯：《政治學》，商務印書館，1997 年版，第 148 頁。

〔註56〕恩格斯：《馬克思論費爾巴哈》，見《馬克思恩格斯選集》（第一卷），人民出版社，1995 年版，第 58 頁。

〔註57〕馬克思：《1844 年經濟學哲學手稿》，見《馬克思恩格斯全集》（第四十二卷），人民出版社，1979 年版，第 168 頁。

〔註58〕馬克思：《1844 年經濟學哲學手稿》，見《馬克思恩格斯全集》（第四十二卷），人民出版社，1979 年版，第 167 頁。

此，因爲「動物和它的生命活動是直接同一的。動物不把自己同自己的生命活動區別開來。它就是這種生命活動。人則使自己的生命活動本身變成自己的意志和意識的對象。他的生命活動是有意識的……而人的特性恰恰就是自由的有意識的活動」。〔註59〕故人的類本質就在於對象性活動，人的勞動、實踐是作爲主體主動發起的，是一種積極能動地改造客觀世界的活動。在勞動中，人依靠自己的智力和體力，製造和使用工具，把外部自然力變成改造自然的手段，從而創造出符合人類需要的文明世界。

在馬克思看來，人類社會的歷史，同樣是人類在不斷干預的歷史，人類不斷地向歷史施加自己的邏輯，人類不斷地改變和創造歷史。「無論歷史的結局如何，人們總是通過每一個人追求他自己的、自覺預期的目的來創造他們的歷史，而這許多按不同方向活動的願望及其對外部世界的各種各樣作用的合力，就是歷史。」〔註60〕所以在某種意義上，社會的演變，政治的發展，制度的變遷，是在人類社會歷史的框架下滲入了人類的設計和努力的過程。

憲政設計是一種理性的制度設計，而新制度經濟學家道格拉斯‧C‧諾斯認爲，制度「是一個社會的遊戲規則，更規範地說，它們是爲決定人們的相互關係而人爲設定的一些制約。制度構造了人們在政治、社會或經濟方面發生交換的激勵機制、制度變遷則決定了社會演進的方式，因此，它是理解歷史變遷的關鍵。」〔註61〕在諾斯看來，以哈耶克爲代表的「演進的理性主義」和以布坎南爲代表的「建構的理性主義」所爭執的制度的生長性和創制性〔註

〔註59〕馬克思：《1844年經濟學哲學手稿》，見《馬克思恩格斯全集》（第四十二卷），人民出版社，1979年版，第96頁。

〔註60〕恩格斯：《路德維希‧費爾巴哈和德國古典哲學的終結》，見《馬克思恩格斯選集》（第四卷），人民出版社，1995年版，第248頁。

〔註61〕（美）道格拉斯‧C‧諾斯著，劉守英譯：《制度、制度變遷與經濟績效》，上海三聯書店，1994年版，第3頁。

〔註62〕哈耶克認爲自發社會秩序所遵循的規則系統是進化的而非認爲設計的產物，這種進化過程乃是一種競爭和失措的過程，任何人爲的整體設計都最終會破壞這一秩序的的創造性，因爲人類自己並不擁有足夠的智識去做如斯的創造。請參見 J.N. Gray, Hayek on Liberty, Oxford, 1984, P.134～135 和 Hayek, Law, Legislation and Liberty: The Political Order of a Free People（III）, The University of Chicago Press, 1979, P.164. 而布坎南則人爲哈耶克的「自生自發秩序」只是經濟學的原則，不宜擴張用到制度和法律結構層面：「應該把文化進化形成的規則同制度區別開來。前者是指我們不能理解和不能（在結構上）明確加以

62〕是可以統一的：「制度是人類的一種創造。它們是演進的，並爲人類所改變」。〔註63〕所以在社會中的所有人都可以通過他們自己的推算與估價，通過設計一種制度秩序來改進自己的狀況。人類也只有通過理性的憲政設計，才能實現政治生活的制度化與規範化。

現代憲政學家們對憲政設計更富有堅定的信念，他們認爲憲政這個術語本身就傾向於設計或建立整體政治秩序和對這種秩序的改革，而聯邦黨人的理論和實踐，也都已經證實了人類有強有力的政治依據和智識依據對制度進行深入的和建設性的思考。他們相信，大規模的社會設計譬如憲政設計——只要在設計過程中和在涉及那些操作制度者所需知識的數量方面考慮到人類合理性所受到的限制——是可能的。〔註64〕

構造的，始終作爲對我們的行動能力約束的各種規則；後者是指我們可以選擇的，對我們在文化進化形成的規則內的行爲實行約束的各種制度。」所以布坎南認爲「社會哲學的終極問題仍然是：我們應如何組織自己？如何把人與人組織起來，以便抱持和平、自由和繁榮？……社會哲學家有一種道德上的責任去相信，社會改革是可能的。」請參見（美）詹姆斯・M・布坎南著，平新喬、莫扶民譯：《自由、市場與國家——80年代的政治經濟學》，上海三聯書店，1989年版，第11、383頁。

〔註63〕（美）道格拉斯・C・諾斯著，劉守英譯：《制度、制度變遷與經濟績效》，上海三聯書店，1994年版，第6頁。

〔註64〕請參見卡羅爾・愛德華・索烏坦：《什麼是新憲政論》和斯蒂芬・L・埃爾金：《新舊憲政論》，載於（美）斯蒂芬・L・埃爾金、卡羅爾・愛德華・索烏坦編，周葉謙譯：《新憲政論——爲美好的社會設計政治制度》，三聯書店，1997年版，第5～44頁。

第三章 憲政設計的理論框架

著名社會學家 A‧斯齊曼斯基在探討社會學的模式時，認為構成一項理論研究的模式存在七大要素，這七大要素是基本假定、概念、現象範圍、特定理論、問題、檢驗方法和價值觀念。〔註1〕而對於一項研究來說，基本假定是其邏輯前提和出發點，是整個理論的框架。譬如在經濟學中，「理性人」、「資源稀缺性」等基本假定，構成了為整個經濟學大廈的基點。

在我看來，所謂理論，就是人們認識和理解世界的一個視角，它是人們對這個世界的解釋性分析，其價值不在於提供某種終極性的真理，而是提供了別人沒有提供的某種解釋。本章的使命即是嘗試性地提出了關於憲政設計的幾個理論假定和分析框架。

一、憲政設計的理論預設

任何一項研究都包含著一定的理論預設，譬如經濟學中的「理性人」的假定，支撐著整個經濟學的理論大廈。所謂理論預設是指「為了一個正在進行的研究而假定為真實的事情」，「是尚未得到評價或檢驗的答案或結果，它是有待於證實或拒絕的對事實或事物之間關係的暫時性斷言。」〔註2〕對於一項研究來說，理論預設是其邏輯前提和出發點，關於憲政設計的理論預設，我試圖表明，制度設計或者說公共選擇是人類追求秩序的必由之路。

〔註1〕 （美）A‧斯齊曼斯基等：《社會學：階級、意識和矛盾》，載於《國外社會科學動態》，1981 年第 4 期。

〔註2〕 （美）唐‧埃思里奇著，朱鋼譯：《應用經濟學研究方法論》，經濟科學出版社，1998 年版，第 61 頁。

（一）關於人性的假定：幽暗意識

人性在人文社會科學的研究中有著舉足輕重的位置，對此，休謨曾有過精闢的論述：「一切科學對於人性總是或多或少地有些聯繫，任何學科不論似乎與人性離得多遠，它們總是會通過這樣或那樣的途徑回到人性。……人性本身一旦被掌握了之後，我們在其他各方面就有希望輕而易舉地取得勝利了。……因此，在試圖說明人性的原理的時候，我們實際上就是在提出一個建立在幾乎是全新的基礎上的完整的科學體系，而這個基礎也正是一切科學唯一穩固的基礎」。〔註 3〕人作為社會政治活動最基本的要素，政府則是治理社會的權威組織，所以政治制度的設計離不開對人性的認識。可以說憲政的設計及其創設很大程度上是建立在對人性的基本判斷上，是將對人性的認識轉化為憲政設計的基本前提。

政治學的創始人亞里士多德關於城邦制度的設計就是以人性論為基礎的，他從「人是天生的政治動物」出發，指出：「凡是屬於最多數人的公共事物常常是最少受人照顧的事物，人們關懷著自己的所有，而忽視公共的事物；對於公共的一切，他至多只留心到其中對它個人多少有些相關的事物」；〔註 4〕他又說：「大家聽到現世種種罪惡，比如違反契約而行使欺詐和偽證的財產訴訟，以及諂媚富豪等都被指斥為導源於私產製度……實際上，所有這些罪惡都是導源於人的罪惡本性」；〔註 5〕「人類的惡德就在於他那漫無止境的貪心，一時他很滿意於獲有兩個奧布爾的津貼，到了習以為常時，又希望有更多的津貼了，他就是這樣的永不知足」。〔註 6〕亞里士多德對於人性的認識，可以說是從經驗的觀察出發，他認為人性中充滿了自利、欺詐、貪心、嫉妒等惡習，正是從人性自愛的惡本性出發，亞里士多德為城邦設計了法治，議事、行政、審判三要素分離的制度，可謂是創設了憲政制度的雛形。

被認為在近代西方哲學史上起著承前啟後作用的英國著名哲學家休謨，其關於人性的精闢論述一直被作為憲政設計的一個理論基礎和邏輯前提，休

〔註 3〕 （英）休謨著，關之運譯：《人性論》（上），商務印書館，1997 年版，第 6～8 頁。

〔註 4〕 （古希臘）亞里士多德著，吳壽彭譯：《政治學》，商務印書館，1997 年版，第 48 頁。

〔註 5〕 （古希臘）亞里士多德著，吳壽彭譯：《政治學》，商務印書館，1997 年版，第 56 頁。

〔註 6〕 （古希臘）亞里士多德著，吳壽彭譯：《政治學》，商務印書館，1997 年版，第 73 頁。

謨認爲：「政治學家已經確立了這樣一條基本原則，即在設計任何政府體制和確定該體制中的若干制約和控制機構時，應當把每個人都視爲無賴——其全部行爲，除了謀求一己的私利之外，別無其它的目的」。〔註7〕休謨的這條關於制度設計的原則，即是著名的「無賴原則」，休謨認爲，把每個人都設想爲無賴之徒確實是條正確的政治格言。對此，何包鋼認爲，休謨的普遍無賴的假定對制度設計的意義在於：「既然一切政治行動者都可能是無賴，那麼就對任何人都不要相信。這樣，休謨的制度設計就造成一套合理的制度安排。通過巧妙的分權來迫使私利服務於公益。由於休謨在普遍無賴的假定中採納的是最壞情形的戰略，休謨的制度設計是受這一戰略指導的。即休謨的制度安排在面臨最壞的挑戰時也能平安度過，換句話說，一旦出現最壞的情形，休謨的制度設計仍然能夠確保制度平穩運作。」〔註8〕

休謨把最壞情形的策略用於制度設計是爲了對付最佳情形的預設，在後一種假定中，人人都被當天使，每個政治家都是毫無私心的聖賢之輩。最佳情形不能當作制度設計的基礎，這正如麥迪遜所言：「如果人都是天使，就不需要任何政府了。如果是天使統治人，就不需要對政府有任何外來的或內在的控制了。在組織一個人統治人的政府時，最大困難在於必須首先使政府能管理被統治者，然後再使政府管理自身。毫無疑問，依靠人民是對政府的主要控制；但是經驗教導人們，必須有輔助性的預防措施。」〔註9〕麥迪遜在這裡表達了兩層含義：人不是天使，所以需要政府；由人組成的政府也不是天使，所以需要控制。

一方面，人不是天使，人只是一種有局限性的存在。對此，孟德斯鳩指出：「人，作爲一個『物理的存在物』來說，是和一切物體一樣，受不變的規律的支配。作爲一個『智慧的存在物』來說，人是不斷地違背上帝所制定的規律的，並且更改自己所制定的規律。他應該自己處理自己的事，但是他是一個有局限性的存在物；他和一切『有局限性的智靈』一樣，不能免於無知與錯誤；他甚至於連自己微薄的知識也失掉了。作爲有感覺的動物，他受到

〔註7〕 Hume, David: On the Interdependency of Parliament. In Essays Moral, Political and Literary. Edited by T.H. Green and T.H. Grose. Longmans, 1882, P.117～118.

〔註8〕 何包鋼：《可能的世界與現實的世界》，見劉軍寧等編：《市場社會與公共秩序》，三聯書店，1996年版，第75頁。

〔註9〕 （美）漢密爾頓、傑伊、麥迪遜著，程逢如、在漢、舒遜譯：《聯邦黨人文集》，商務印書館，2004年版，第264頁。

千百種的情慾的支配。這樣的一個存在物，就能夠隨時把他的創造者忘掉：上帝通過宗教的規律讓他論起上帝來。這樣的一個存在物，就能夠隨時忘掉他自己；哲學家們通過道德的規律勸告了他。他生來就是要過社會生活的；但是他在社會裏卻可能把其他的人忘掉；立法者通過政治的和民事的法律使他們盡他們的責任。」〔註 10〕孟德斯鳩的論斷，不僅揭示出人是一種有局限性的存在這一事實，更重要的是據此我們可以推導出這樣一個邏輯結論：由於人類的這一缺陷，使得人類社會只有通過政治社會這種方式，才能使人在國家的引導下，通過不斷的道德踐履來追求美好的生活。

另一方面，由於人不是天使，所以由人組成的政府也不是天使，需要被控制，這就涉及了關於權力的特質的問題，下文將展開詳述。總之，一方面，「每個人，都是上帝所造，都有靈魂，故都有其不可侵犯的尊嚴。另一方面，人又有與始俱來的一種墮落趨勢和罪惡潛能，因爲人性這種雙面性，人變成一種可上可下的『居間性』的動物，但是所謂『可上』，卻有其限度，人可以得救，卻永遠不能變得像神那樣完美無缺。這也就是說，人永遠不能神化。而另一方面，人的墮落性卻是無限的，隨時可能的。」〔註 11〕張灝教授把這種對人性之「罪惡潛能」的自覺意識稱爲「幽暗意識」：「所謂幽暗意識是發自對人性中或宇宙中與始俱來的種種黑暗勢力的正視和省悟：因爲這些黑暗勢力根深蒂固，這個世界才有缺陷，才不能圓滿，而人的生命才有種種的醜惡，種種的遺憾。」〔註 12〕憲政設計的一個邏輯前提，正是來自對人性的缺陷的種種假定，或者說，正是來自人類的這種幽暗意識。

（二）關於權力的假定：必要的惡

我們已經確立了這樣一個憲政設計的邏輯，即人不是天使，人只是一種具有局限性的存在，所以需要政府；由人組成的政府也不是天使，它經常侵犯個人的自由權利，所以需要得到控制。對此，孟德斯鳩作了一個著名的論斷：「一切有權力的人都容易濫用權力，這是萬古不易的一條經驗。有權力的人們使用權力一直到遇到有界限的地方才休止。」基於這個判斷，孟德斯鳩

〔註 10〕 （法）孟德斯鳩著，張雁深譯：《論法的精神》（上冊），商務印書館，2004年版，第 3 頁。

〔註 11〕 張灝：《幽暗意識與民主傳統》，見劉軍寧等編：《市場邏輯與國家觀念》，三聯書店，1995 年版，第 81 頁。

〔註 12〕 張灝：《幽暗意識與民主傳統》，見劉軍寧等編：《市場邏輯與國家觀念》，三聯書店，1995 年版，第 80 頁。

給出了一個具有公理性的結論：「從事物的性質來說，要防止濫用權力，就必須以權力制約權力。」〔註13〕由此孟德斯鳩提出了三權分立的憲政設計，深刻影響了西方近代國家的政治與歷史進程。

在王惠岩先生的《政治學原理》一書中，對公共權力的產生及其必要性進行了充分的論證：公共權力的產生是由於社會成份的複雜化，社會關係的非均衡狀態，使得人們為了獲得利益和生存資源而引發的階級矛盾和衝突日益頻繁和激烈。原來的那種以血緣為紐帶，依靠「自然發生的共同體的權力」來維繫，並以習俗為主要調整手段的社會整合機制已不足以建立起正常的社會秩序了。為了防止社會由於內部矛盾和衝突的不斷激化而導致整個社會的毀滅，就需要一種特殊的社會力量。這種力量通過集中化的、常設的、專門的機構來行使，它的作用在於緩和社會衝突，把衝突控制在一定的「秩序」範圍之內。以國家為表現形式的公共權力正是適應這種需要應運而生的……公共權力的產生是人類社會由原始狀態進入文明狀態的必要條件，然而這畢竟是以一部分人對另一部分人的控制，是以某種人身強制的存在為代價的。公共權力本質上是一種異化的社會力量，因為它產生於社會反過來又凌駕於社會之上，公眾的權力變成了支配公眾的權力。從發生學的角度看，權力與人類社會存在著一種共生的關係。〔註14〕

對於這種以國家為表現形式的公共權力，英籍奧地利哲學家、政治思想家波普爾提出這樣一個觀點：「顯而易見，國家儘管是必要的，但卻必定是一種始終存在的危險或者（如我斗膽形容的）一種罪惡。因為，如果國家要履行它的職能，那它不管怎樣必定擁有比任何個別國民或公眾團體更大的力量；雖然我們可以設計各種制度，以使這些權力被濫用的危險減少到最低限度，但我們決不可能根絕這種危險。相反，似乎大多數人都將不得不為得到國家的保護而付出代價，不僅以納稅的形式，甚至還以蒙受恥辱的形式，例如在橫行不法官吏的手下。」〔註15〕波普爾這一觀點，同樣包含了兩層含義：一是國家是必要的；二是國家是一種始終存在的危險或者一種罪惡。波普爾

〔註13〕（法）孟德斯鳩著，張雁深譯：《論法的精神》（上冊），商務印書館，2004年版，第154頁。

〔註14〕請參見王惠岩主編：《政治學原理》（第二版），高等教育出版社，2006年版，第42～43頁。

〔註15〕（英）卡爾・波普爾著，周昌忠等譯：《猜想與反駁》，上海譯文出版社，2001年版，第500頁。

認爲，只要權力這種罪惡存在，權力無限擴張的可能性就存在。由此，波普爾認爲在人類的政治生活中，最關鍵的是通過合理的制度設計來控制國家的行爲。爲了防止國家對人類社會的威脅，波普爾提出了一個自由主義剃刀的原則：「國家是一種必要的罪惡：如無必要，它的權力不應增加。可以把這原則稱爲『自由主義剃刀』。（類似於奧卡姆剃刀，即那條著名的原則：如無必要，實體或本質不應增加。）」〔註16〕

如前文所述，公共權力的出現是爲了實現人的利益，建立社會的秩序，保障人的自由，故具有向善性；而這種組織和權威一旦形成之後，就成爲一種異化的社會力量，產生於社會卻又凌駕於社會之上，具有趨惡性。對於這一困境，托克維爾深有感受：「必然有一個高於其他一切權力的社會權力；但我又相信，當這個權力目前沒有任何障礙可以阻止它前進和使它延遲前進時，自由就要遭到破壞」。〔註17〕如何處理好國家與社會之間的關係，是近代以來政治科學的主題。

總之，預設人類具有幽暗的本性和國家權力具有「惡」的要素且永遠無法消解，並以此爲邏輯前提展開的政治安排和制度設計，雖顯保守和消極，但是，強調對公共生活特別是政治生活中的個人與組織採取「先小人後君子」的以人性要素之中的「惡」要素優先於「善」要素的人性預設，並依次對公共權力及其運作進行限制的思維邏輯對現實政治產生了更爲積極的影響。

二、憲政設計的核心維度

美國著名社會學家、結構功能主義的代表人物塔爾科特·帕森斯（Talcott Parsons）在其名著《現代社會的結構與過程》一書中將社會系統分爲三個結構層次：「用作社會系統參照的三個層次分別是價值、制度和集體。價值被表述爲規定系統成員取向的總領域，而獨立於系統結構、情境或目標的特殊內容。制度是規範模式，它規定了位於系統的不同地位、不同情境、掌握或服從不同制裁的局部個人被期望（指定的、允許的或禁止的）行動的範疇。另一方面，集體是從事角色活動的個人的群體或組織，這些群體或組織在它們

〔註16〕（英）卡爾·波普爾著，周昌忠等譯：《猜想與反駁》，上海譯文出版社，2001年版，第499頁。
〔註17〕（法）托克維爾著，董果良譯：《論美國的民主》（上卷），商務印書館，1997年版，第289頁。

作為局部所處的系統中有某些功能意義。」〔註 18〕帕森斯關於社會系統的三層次的理論，我認為具有很大的合理性和科學性。本書擬引入帕森斯的分析框架來構造憲政設計。

隨著人類政治文明的不斷進步，人類構造的政治體系越來越複雜、越來越精巧，特別是近代以來立憲政治的設計，要兼顧各方面的平衡和處理各種關係，可謂是人類政治文明大廈的傑作。理念是社會的價值標準，制度是社會的規則體系，組織是理念和制度的負載體，它既是理念與制度的產物，又是理念與制度再生的結構動因。〔註 19〕考察憲政設計的基本架構，則大致可以沿用帕森斯的三個層次理論，將憲政設計的基本框架拆分為價值系統、制度系統和集體系統三個層次，具體而言，則是憲政的價值（自由）、憲政的制度（憲法）和憲政的組織（政府模式）。

（一）憲政價值：自由

在帕森斯的社會系統結構三層次理論中，價值系統處於最高的層次。「價值」是個人奉行和支持集體系統的，因而派生出他自己在集體中角色的特定方向或類型行動的信仰，而「社會系統的成員共同堅持的價值取向系統可作為分析社會系統本身的結構與過程的主要參照基點，因而價值被審慎地規定在高於目標的一般層次上。它構成社會制度和集體層次的合法性基礎和依據。」〔註 20〕故從這個意義上說，憲政理念在憲政設計的解釋體系中要處於最高的位置，它是評價憲政設計的合理性的根本尺度。

憲政設計不僅僅要設計合理的法律形式和制度架構，而且要具有某種特殊的法律精神和價值理念，能夠適應社會主體對自由、權利、正義和幸福等價值的不懈追求。故憲政理念是要確立一種群體價值，為人類共同的政治生活確立一種公共的「意識形態」。儘管在不同的國家，由於社會經濟、政治結構和文化傳統等方面的深刻差異，從而形成了不同的憲政表現形式，但憲政卻又某些共同的內在結構和價值系統，因而憲政也具有某些共同的價值目標，譬如正義、自由、民主、法治等都是現代憲政不可或缺的價值元素。

〔註 18〕（美）塔爾科特・帕森斯著，梁向陽譯：《現代社會的結構與過程》，光明日報出版社，1988 年版，第 160 頁。
〔註 19〕秦德君著：《政治設計研究——對一種歷史政治現象之解讀》，上海社會科學出版社，2000 年版，第 40 頁。
〔註 20〕（美）塔爾科特・帕森斯著，梁向陽譯：《現代社會的結構與過程》，光明日報出版社，1988 年版，第 139～142 頁。

　　追溯西方憲政發展的歷史，我們可以得出一個大致的結論，近現代的西方憲政制度是建立在自由主義思想之上的政治制度，被稱爲「自由憲政」。哈耶克爲代表的自由主義憲政觀，他們認爲憲政的核心價值是國家權力的有限性，是保護個人自由，自由乃憲政的根本。對於中國，憲政雖是舶來之物，但近幾年已儼然成爲法學界和政治學界的研究主題之一，雖然對我們需要的是「自由憲政」還是「民主憲政」學界尚有爭議，甚至有人對「自由憲政」進行了某些批判〔註21〕，但毋庸置疑的是，大多數學者已經接受了「自由憲政觀」。中國社會科學院高全喜老師在其論文中寫到：「我們知道，憲政是一種自由立憲制度，它建立在自由主義基礎之上，或者更具體地說，建立在個人自由的基礎之上。憲政的根本目的是保障個人的權利，個人權利中最根本的是自由，或個人的自由權利。」〔註22〕

　　哈耶克在《通往奴役之路》一書的序言中明確指出，「撰寫這部政治著作的目的乃在於捍衛『某些終極價值』，而其中的核心價值便是自由。他甚至還徵引托克維爾的話說，『我相信，在任何時代我都一定會珍愛自由，但是在我們生活的這個時代，我卻準備崇拜自由』。哈耶克曾這樣描述自由，即『自由不只是諸多其他價值中的一個價值，而且還是所有其他個人價值的淵源和必要的條件』。〔註23〕那，何謂自由呢？是否存在一種自由主義所獨有的自由觀呢？肇始於貢斯當（Constant），由以賽亞‧伯林（Isaiah Berlin）所申明的積極自由（強自由）和消極自由（弱自由）的區分，給了我們審視自由的一個獨特的視角。人們大致達成了這樣的共識：古典自由主義持有的自由觀從總體上或主要是一種消極自由觀，而修正主義自由主義者和社會主義者則持一種更爲積極的自由觀。

　　在伯林看來，自由並不是一個單向度的概念，如何解說它涉及一個邏輯的內在取向，特別是在法權關係中，這種邏輯取向具有政治法律的意義。一般人看待自由，都是立足自由自身的肯定態勢上，往往把自由定義爲「去做（……）的自由」或「享有追求（……）的權利」，其中「去做」和「追求」的括號內可以填充上各項內容，這些內容分別是不同人所理解的各項不同的

〔註21〕請參見唐忠民：《自由主義憲政觀評析——兼論憲政的核心價值》，載於《現代法學》2008 年第 1 期。
〔註22〕請參見高金喜：憲政、自由與正義，中國法學網：http://www.iolaw.org.cn。
〔註23〕（英）F.A.哈耶克著、鄧正來譯：《法律、立法和自由》代譯序，中國大百科全書出版社，2000 年版，第 13 頁。

價值目標，人們把它們稱之爲平等、民主、幸福、功利、責任，甚至有人更把它們擴大爲大寫的人民、主權、共產主義、公有制、國家利益、民族至上等等。這種自由的定義法是一種肯定性的定義，這種肯定性定義即伯林所說的關於自由的強勢定義。強勢定義顯然具有主動的積極性和鮮明的理想性，但在這種定義中，自由成了目的、理想乃至烏托邦，而爲了爭取和追求這類自由的實現，自由的探尋者們就順勢變爲爲自由而戰的戰鬥者，爲自由而戰變成了政治革命的口號並導致了極其慘烈和可怕的後果。正如李普曼所說：「當令人痛心的結局在一些進行了全盤革命的國家中變得顯而易見時，我們更強烈地感受到了現代人所處的困境中令人絕望的一面：他們越是去建立一個人間天堂，結果卻只是使地球變得更像地獄。」〔註24〕看上去如此美好的自由卻成了人間罪惡的淵藪，成了最大的強制。

　　憲政難道就是建立在這樣的一種自由之上嗎？答案顯然是否定的。或許鑒於此，伯林提出了一種弱勢的消極自由的理論。在伯林看來，自由的本質不是建立在「去做……的自由」這一政治邏輯上的，而應該是建立在一種「免於（……）的自由」的政治邏輯之上。自由應是「消極的」（negative）自由，它不同於「積極的」（positive）自由，只關注「在什麼樣的限度以內，某一個主體（一個人或一群人），可以、或應當被容許，做他所能做的事，或成爲他所能成爲的角色，而不受到別人的干涉？」這樣，自由在「免於」之下的括號內便可以填上一些不應該受到限制或壓迫的內容和權利，例如，自由可以說成是一種「不被政治權力所束縛的生命權、人身自由權、財產權、言論自由權」，或者說，自由就是「個人的信仰、言論等不被政府的權力侵害」。所謂消極自由，其最簡單明瞭的形式就是，一方面是免於干涉和獨立，另一方面是有權參與集體決策。〔註25〕用伯林的話來說，就是「沒有人或人的群體干涉我的活動而言，我是自由的。在這個意義上，政治自由簡單地說，就是一個人能夠不被別人阻礙地的行動的領域。」〔註26〕故消極自由就意味著不被別人干涉，不受干涉的領域越大，人的自由也就越廣。古典政治哲學家們

〔註24〕（美）李普曼：《公共哲學的復興》，見劉軍寧等編：《市場邏輯與國家觀念》，三聯書店，1995年版，第43頁。

〔註25〕（英）約翰·格雷著，曹海軍、劉訓練譯：《自由主義》，吉林人民出版社，2005年版，第81頁。

〔註26〕（英）以賽亞·伯林著，胡傳勝譯：《自由論——〈自由四論〉擴充版》，譯林出版社，2003年版，第189頁。

使用「自由」這個詞的時候，指的大致就是這個含義，譬如霍布斯在《利維坦》中寫到，「自由……指的是沒有……外界障礙」，自由人就是「在其力量和智慧所能辦到的事物中，可以不受阻礙地做他所願意做的事情的人。」〔註27〕總之，這種對自由的定義是一種否定性的定義，它不在於指出自由應該是什麼，而在於指出政府權力或其他政治強權不應該限制什麼或剝奪什麼。

人類歷史的實踐表明，人的權利訴求中最根本的並不是積極自由所蘊涵的那些十分崇高的理念，而恰恰是那些關於人的最基本的權利，正是它們構成了憲政的基石。對此，美國思想家薩托利（G. Sartori）認為，憲政的關鍵是自由即政治自由，而所謂的政治自由就是擺脫外物的自由，而不是行動的自由，這種自由與其說是消極的，不如說是一種防衛性或保護性自由。他寫道：「如果要問，是否應當追求多種自由，我的回答是應當；但是要問除了自由主義性質的政治自由以外，是否還有另一種性質的政治自由，我的回答是：沒有。所謂社會自由與經濟自由，無不以馴化權力的自由主義技巧為前提。」〔註28〕而在哈耶克看來，近代以來的立憲政治所遵循的實質上乃是一種法治的原則，民主制度無論在技術上多麼完善，但終歸不能解決民主本身所產生的問題。因此，要解決無限民主可能導致的極權問題，就必須通過新的途徑，即通過一種以保障自由為核心的憲政模式來解決：「如果自由憲政的締造者們今天還活著，而且在依舊遵循著他們曾追求的目標的同時又掌握著我們業已積累起來的全部經驗，那麼他們可能會如何行事呢？從已經過去的兩百年的歷史中，我們應當學到東西，而這些東西乃是那些締造者們在當時即使殫精竭慮也不可能知道的。在我看來，他們的目標在今天仍是有效的，只是他們的手段已被證明為不再恰當，所以我們需要進行制度創新」。〔註29〕

故憲政依據的政治邏輯正是這種消極自由的政治邏輯，而積極自由的政治邏輯非但不能構架出完美的憲政體系，甚至反而導致了極權主義的專制。對此，伯林寫道：「如果自由涉及對任何強迫我──強迫我做我不願意或可能不願意做的事情──的人的權力的限制，那麼，不管以其名義對我實施強制

〔註27〕（英）霍布斯著，黎思復、黎廷弼譯：《利維坦》，商務印書館，1985 年版，第 162～163 頁。

〔註28〕（美）薩托利著，馮克利、閻克文譯：《民主新論》，東方出版社，1995 年版，第 337 頁。

〔註29〕（英）F.A.哈耶克著，鄧正來等譯：《法律、立法和自由》第一卷導論，中國大百科全書出版社，2000 年版，第 2 頁。

的理想是什麼，我都是不自由的；絕對主權的學說本身就是一種暴政的學說。如果我想保持我的自由，光說自由不容侵害，除非某人或別的什麼──絕對君主、全民大會、議會中的國王、法官、某些權威的聯合或者法律自身（因為法律也可能是壓迫性的）──准許這種侵害，是遠遠不夠的。我們必須建立這樣一個社會，其中必須存在著自由的某些疆界，這些疆界是任何人不得跨越的。確定這些疆界的規則有不同的名稱或本性：它們或許被稱作自然權利，或許被稱作神的聲音、自然法、功利的要求或人的永恆利益；我可能相信它們是先驗有效的，將其確定為我自己的終極目的，確定為我的社會或文化的終極目的。這些規則或命令的共同之處在於，它們得到了廣泛的就接受，深深地紮根於人的現實本質中，就像它們經歷了整個歷史的發展，如今已成為我們所說的正常人的基本組成部分一樣。對最先限度的個人自由不可侵犯性的真是信仰，必然要求這樣一種絕對的立場。因為很清楚，對多數派的統治不能抱有什麼希望；作為多數派同志的民主制邏輯上不承諾這個立場，從歷史上它常常並不保護這種立場，而只相信它自己的原則。正如人們所說的，很少有政府發現難以使其臣民產生政府所期望的意志。專制主義的勝利就在於強迫奴隸宣稱自己是自由的。它也許不需要強迫；奴隸也許會非常真誠的歡呼他們是自由的：但是畢竟還是奴隸。也許，對自由主義者來說，政治（積極的）權利和參與政府的權利的主要價值，是作為保護他們所認定的終極價值，即個人的（消極的）自由的手段。」〔註30〕

（二）憲政制度：憲法

　　政治制度是維繫一個國家合法存在和有序運行的基本條件，對於柏拉圖和亞里士多德，以及馬基雅維利、洛克、盧梭和霍布斯等傳統政治思想家來說，政治理論討論的對象並不僅僅局限於政治理想，其中最主要的一個問題就是探討什麼樣的政治制度能夠造就最美好的社會和最具德性的社會成員。故政治設計當以制度設計為核心，憲政設計也必須以政治制度設計為核心維度。

　　制度是制度分析方法的核心概念、理論基石和邏輯起點，那麼，何謂制度呢？

　　制度（institution）的核心含義是從拉丁文「instituere」派生而來的，

〔註30〕（英）以賽亞・伯林著，胡傳勝譯：《自由論──〈自由四論〉擴充版》，譯林出版社，2003年版，第238頁。

「instituere」的原義是指創立或建立，其表明一種已經確立的活動或結構的形式。在中國思想史上，制度一詞早已出現。譬如在《商君書》言：「凡將立國，制度不可不察也，治法不可不慎也，國務不可不謹也，事本不可不傳也，」〔註31〕；《禮記》中亦有關於制度的言論：「故天子有田以處其子孫，諸侯有國以處其子孫，大夫有采以處其子孫，是爲制度。」其含義是制度法度，可見和西方對制度的理解比較接近。在新制度主義者那裡，對制度的理解大致經歷了規則、觀念、資本和規制幾個階段。

對制度的最初的理解是將其視爲一系列的規則、組織或規範。新制度經濟學派的代表人物道格拉斯‧C‧諾斯在《制度、制度變遷與經濟績效》一書中，開宗明義指出：「制度是一個社會的遊戲規則，更規範地說它們是爲決定人們的相互關係而人爲設定的一些制約。制度構造了人們在政治、社會或經濟方面發生交換的激勵結構，制度變遷則決定了社會演進的方式，因此，它是理解歷史變遷的關鍵。」〔註32〕在《經濟史中結構與變遷》一書中，諾斯同樣指出：「制度是一系列被制定出來的規則、守法程序和行爲的道德規範，它旨在約束追求主體福利或效用最大化的個人行爲。」〔註33〕諾斯的制度定義強調制度是一種關係和一種約束，如約束婚姻的規則，約束權力的規則等等。

而隨著社會科學的發展特別是各個學科之間的相互滲透，制度的內涵亦逐漸展開，首先是觀念變成了一種制度的表現形式，觀念成爲影響政策發展和制度選擇的決定性變量。觀念是「政治合作的資源、政策行爲合法化的手段、政策選擇結構的認知框架、政策工具和制度變遷的催化劑」。〔註34〕而在社會學制度主義中，制度不僅包括正式的規則、程序或規範，而且還包括符號系統、認知系統和道德模板。它們把組織和文化兩者間的分裂融合起來，把文化理解成爲組織所擁有的一種共同價值觀和態度，理解成爲慣例、符號

〔註31〕 《商君書‧壹言》。

〔註32〕 （美）道格拉斯‧C‧諾斯著，劉守英譯：《制度、制度變遷與經濟績效》，上海三聯書店，1994年版，第3頁。

〔註33〕 （美）道格拉斯‧C‧諾斯著，陳郁等譯：《經濟史中的結構與變遷》，上海三聯書店，1994年版，第225頁。

〔註34〕 Klaus H Goetz, George Philip, Transferring「Good Governance」to Emerging Democracies: Ideas and Institutional Change, Paper presented at the 96th Annual Meetings of the American Political Science Association, Washington, 31 August 3 September 2000.

或認知的網絡，爲行動提供模板，提供一個「意義框架」來指導人類的行爲，故文化也是一種制度。同時，制度還表現爲一種資本形式，規範作爲資本，支持著人與人之間的信用和信任。在全球治理的層面上，制度則表現爲一種新的形式及規制。所謂規制是指覆蓋不同領域並具有不同程度效力的協定，是一系列明確或隱含的原則、模式、規則與決策程序，行爲者的期望因此而在特定領域內融合在一起。在全球治理體系中，全球規制處於核心思維，它是人類共同遵守、對全球公民都具有約束力的普遍規範。〔註35〕

蘇‧E.S. 克勞福德（Sue E.S. Craford）和埃里諾‧奧斯特羅姆（Elior Ostrom）認爲，制度包括三種基本內涵：首先，制度是一種均衡，制度是理性個人在相互理解偏好和選擇行爲基礎上的一種結果，呈現出穩定狀態，穩定的行爲方式就是制度。其次，制度是一種規範，它認爲許多觀察到的互動方式是建立在特定的形勢下，一組個體對「適宜」和「不適宜」共同認識基礎上的。這種認識往往超出當下手段──目的的分析，很大程度上來自一種規範性的義務。再次，制度是一種規則，它認爲互動是建立在共同理解的基礎上的，如果不遵守這些制度，將會受到懲處或帶來低效率。〔註36〕

總而言之，制度一種規則，是一種雙向互動的制約關係，這種規則可以是正式或非正式的。對此，諾斯也指出：「制度是爲人類設計的、構造著政治、經濟和社會相互關係的一系列約束。是人類設計出來的形塑人們互動行爲的一系列約束。制度可分爲正式制度與非正式制度：非正式制度包括行爲準則、倫理規範、風俗習慣和慣例等，它構成了一個社會文化遺產的一部分併具有強大的生命力。非正式制度是正式制度的延伸、闡釋或修正，它是得到社會認可的行爲規範和內心行爲標準。正式制度是指人們自覺發現並加以規範化和一系列帶有強制性的規則。」〔註37〕

關於政治制度，法國著名政治學家迪韋爾熱指出：「政治制度一方面是社會體制的總範疇，它們的各種不同因素在其中排列得順序有致。另一方

〔註35〕請參見薛曉源、陳家剛主編：《全球化與新制度主義》，社會科學文獻出版社，2004年版，第10～11頁。

〔註36〕Sue E.S. Crawford, Elior Ostrom, A Grammar of Institutions, American Political Science Review, Vol.89, No.3, Sepermber 1995, pp.582～599. 轉引自薛曉源、陳家剛主編：《全球化與新制度主義》，社會科學文獻出版社，2004年版，第11頁。

〔註37〕（美）道格拉斯‧C‧諾斯著，劉守英譯：《制度、制度變遷與經濟績效》，上海三聯書店，1994年版，第64頁。

面，政治制度又專指社會體制的某一類因素，如權力機構、國家機器及其實施手段，以及與之有關的一切成份。」〔註38〕從亞里士多德的《政治學》到羅爾斯的《正義論》，幾乎所有重要的政治思想家都對政治制度展開了深入的討論。亞里士多德的《政治學》中進行的討論圍繞著有關政治制度和良好社會：政府的理想形式是什麼樣的？在各種非理想的環境中，哪種制度（憲法）是最好的？這種制度有何特徵？什麼樣的制度適合大多數的情形等？亞里士多德還對政治制度下了一個經典的定義：「一個政治制度原來是全體城邦居民用以分配政治權利的體系。」〔註39〕羅爾斯的「初始狀態」事實上是一個散漫的政治制度，在這一制度下，持不同觀點的各個流派代表聚集在一起，試圖通過討論、協商和談判等手段，尋找社會所必須共同遵守的社會秩序和政治秩序的共同規則。羅爾斯主義的目標是要建立這樣一個社會：政治制度必須遵循以正義為基礎的共識，該共識不會因為不同的群體、不同的個人在文化、宗教和意識形態問題上存在嚴重分歧而遭到破壞。根據羅爾斯的觀點，是公正的政治制度產生公正的社會，而不是公正的社會產生公正的政治制度，這顯然與古典政治理論關於政治制度與良善社會的觀點是一致的：制度不僅是遊戲規則，更影響到一個社會應建立什麼樣的價值。〔註40〕

　　弗里格斯坦在論述制度時曾提出一個重要的觀點，即制度在一定程度上是反思的。反思導致處於制度中的人們對現存制度的批判，於是便派生出「制度化」的概念。對「制度化」有兩種不同的理解：以美國社會學家伯格為代表的一派，將之理解為借助於習慣演進而來的制度而實現的定型化；批判論學派則將「制度化」理解為，近現代社會中隨著理性化以及隨之而來的技術化、功利化進程的加劇而出現的科層化、集權化和物化等種種「異化」傾向，他們把制度化社會理解成一個由種種理性化、等級化制度牢牢地「捆綁」（hang together）而成的「鐵籠」（iron cage）。一般說來，制度化的過程，是一個從不穩定、不嚴謹、非結構的形式，發展到穩定的、有序的、有結構的形式的過

〔註38〕　（法）莫里斯・迪韋爾熱著，楊祖功等譯：《政治社會學——政治學要素》，華夏出版社，1987 年版，第 258 頁。

〔註39〕　（古希臘）亞里士多德著，吳壽彭譯：《政治學》，商務印書館，1997 年版，第 109 頁。

〔註40〕　請參見（美）古丁、克林格曼主編，鍾開斌等譯：《政治科學新手冊》，三聯書店，2006 年版，第 203～204 頁。

程；甚至可以說是從非正式的控制到正式的控制的過程。〔註41〕政府就是制度化了的政治，從實踐上說，憲政也可以理解爲一個「建立並推動某類政治制度」的歷程，也就是一個明確方向的立憲過程。〔註42〕

英國法學家弗雷德里克·波洛克（Frederick Pollock）爵士寫到：「法律之於政治制度，猶如骨髓之於身體」，〔註43〕而韋伯在分析政治制度時，則明確指出，制度由「慣例」和「法律」兩大要素組成：「制度應該稱之爲：a）慣例，如果在偏離它時，在可以標明的一定範圍內的人當中，會遇到某種比較普遍的和實際上可以感受到的指責，在外在方面，它的適用有這種機會保證的話；b）法律，如果在外在方面，它的適用能通過有形的和心理的強制機會保證的話，即通過一個專門爲此設立的人的班子採取行動強制遵守，或者在違反時加以懲罰，實現這種強制。」〔註44〕這不僅僅體現在憲法和公法的規則，以及法院對它們的解釋與應用，設定了政治實踐基本的和正式的規則，並爲政府的責任與約束提供了重要機制；另一方面，法律制定是國家權力的直接體現，法律是政策轉化爲行動的中介，法律亦是公共政策制定的重要淵源。

諾斯則指出：「正規規則包括政治（及司法）規則、經濟規則和合約。這些規則可以作如下排序：從憲法到成文法與普通法，再到明確的細則，最終那個到確定制約的單個合同，從一般規則到特定的說明書。」〔註45〕憲法顯然佔有至高無上的位置，諾斯在《經濟史中的結構與變遷》中進一步指出：「一個政治——經濟體制是由彼此間具有特殊聯繫的一套複雜的制度構成。憲法是這種體制最基本的組織約束」。〔註46〕故憲法是最高層次上的「政治競賽規則」〔註47〕，憲法對於人類政治來說，是至關重要的。

〔註41〕　請參見康拾才：《論制度化教育的合理性及局限性》，載於《教育研究與實驗》，2007 年第 2 期。

〔註42〕　（英）戴維·米勒、韋農·波格丹諾編，中譯本鄧正來主編：《布萊克維爾政治學百科全書》，中國政法大學出版社，1992 年版，第 183 頁。

〔註43〕　Pollock, *Essays in Jurisprudence and Ethics*, London: Macmillan, P.200～201.

〔註44〕　（德）馬克斯·韋伯著，林榮遠譯：《經濟與社會》（上卷），商務印書館，1997 年版，第 64 頁。

〔註45〕　（美）道格拉斯·C·諾斯著，劉守英譯：《制度、制度變遷與經濟績效》，上海三聯書店，1994 年版，第 64 頁。

〔註46〕　（美）道格拉斯·C·諾斯著，陳郁等譯：《經濟史中的結構與變遷》，上海三聯書店，1994 年版，第 229 頁。

〔註47〕　（美）加里·沃塞曼著，陸震綸等譯：《美國政治基礎》，中國社會科學出版社，1994 年版，第 15 頁。

雖然在憲政與法治的關係上學界尚有爭議，但大致形成了這樣一種共識，即一個憲政國家一定是法治國家。一個法治國家的根本性的標誌或許可以抽象爲以下兩個方面，即法律至上得以確立，法律面前人人平等；二是法律的根本目的是爲了保障人的基本權利與自由。而在現實政治中，判斷一個國家是否爲法治國家的最感性的標準就是是否確立了法律至上的原則。由於憲法是最高層次的規則，故法律至上又必須以憲法至上爲前提，憲法也理當成爲憲政設計中制度設計的核心。

（三）憲政組織：政府

人作爲一種社會性的存在，總是無法游離於組織之外的。正如美國著名學者斯格特（W. Richard Scott）在其《組織理論——理性、自然和開放系統》一書的前言中所說：「我們大多數人（並非只是管理人員）大部分時間都在各種組織中工作，我們無一例外地受其行爲的影響，所以組織研究已成爲一個對於大眾而不只是對於管理者而言非常重要的論題。」〔註48〕作爲理念和制度的承載體和最終實現，社會系統功能的實現最終要通過組織來執行。可以說，一部人類社會的發展史，也就是一部人類組織不斷變革與創新的歷史。

組織的產生是人們社會實踐的客觀要求，是當時社會生產力發展和人類自我意識的覺醒及人類生存需要的產物，而最終產生於人類社會化的協作活動。穆尼認爲：「組織對人類是必需的，是普遍存在的。當人們的目標和目的過於龐大、過於多樣化，單獨一人不能實現時，組織就出現了。」〔註49〕許多理論家都持這種觀點，譬如西蒙認爲：「那種由一個人自己籌劃、單獨完成任務的簡單情形，大家當然是熟悉的；不過，一旦任務變得複雜起來，變得需要幾個人去努力完成，那種簡單情形就不可能再維持下去了。在這種情形下，建立一個通過有組織的努力去完成集體任務的過程，便成爲必要的了。」〔註50〕西蒙還從人類認知的局限性及理性的有限性角度來解釋組織產生的必要性，西蒙寫到：「正因爲每個人的知識、洞察力、技能和時間都是有限的，

〔註48〕 （美）W.理查德·斯格特著，黃洋等譯：《組織理論——理性、自然和開放系統》（第四版），華夏出版社，2002年版，第3頁。

〔註49〕 轉引自孫耀君著：《西方管理思想史》，山西人民出版社，1987年版，第435頁。

〔註50〕 （美）西蒙著，楊礫等譯：《管理行爲——管理組織決策過程的研究》，北京經濟學院出版社，1991年版，第10頁。

所以組織就成了實現人類目的的有用手段。」〔註51〕「單獨一個人的行為，不可能達到任何較高程度的理性。……我們將會逐漸發現，正是組織，使個人得以合理地接近客觀理性。」〔註52〕

迪韋爾熱認為，當人們為了協調一個集團的活動以達到既定目標而確定出明確程序時，便產生了組織。但組織不同於自發形成的集團，只有按照正規程序建立起來的集團才算得上是組織。在此基礎上，迪韋爾熱對組織下了一個定義：「組織的定義可以概括為基於一定物質基礎（規章、設備、技術、辦公室等）之上的某類集體成員的角色構成。政黨、工會、社會運動、壓力集團、行政機構、公共企業和半私有企業等等都屬於這個範疇。」〔註53〕當然，像眾多的社會科學的概念一樣，不同的學者從不同的途徑和視角進行了不同的探討，提出了各自不同的觀點。有學者將之歸納為三個具有代表性的觀點：

其一，哈佛企業管理百科全書編者的觀點。該書的編者認為，雖然難以給予「組織是什麼」「一個簡單而明確的答覆」，「但毫無疑問的，組織是起源於個人無法使自己的欲望需要得到滿足。因為個人缺乏足夠的能力、時間、力量與持久性，必須依賴他人的幫助才能滿足他的需要，當數個人相互調和他們的力量時，就可以發現大家所做的比任何個人單獨做的多且有時效，組織的概念便由此產生了。」遁此思路，編者認為，可以將組織定義為「力求達成某種共同的目標，經由人員之分工及功能的分化，並利用不同的權力與職責而合理的協調一群人的活動」。

其二，蘇聯學者阿法納西耶夫的觀點。他在《社會管理中的人》一書中指出：「『組織』這一術語基本上是在三種意義上使用的。第一，它被理解成某種客體。具有複雜的內部結構的系統。第二，它被理解為各種對象和現象總和的有序狀態和次序，是系統的一種內部形式和結構。第三，它被理解為機構和人為建立有序狀態，建立完整系統而從事的一種活動，一種組織性的工作」。

其三，我國學者張尚仁的觀點。他在《管理、管理學與管理哲學》一書

〔註51〕 H, A. Simon, *Models of Man.* Newyork: Johnwileyandsons. 1957. P.199.
〔註52〕 （美）西蒙著，楊礫等譯：《管理行為——管理組織決策過程的研究》，北京經濟學院出版社，1991年版，第77～78頁。
〔註53〕 （法）莫里斯·迪韋爾熱著，楊祖功等譯：《政治社會學——政治學要素》，華夏出版社，1987年版，第158～159頁。

中，對形成管理哲學的組織範疇的基本含義和基本屬性進行研究之後指出：「組織的基本含義和基本屬性表明，管理中的組織既是管理的主體，又是管理的對象和職能。它是由若干個要素有序地聯繫起來的系統，並表現為通過協調使系統適應環境並在變動中生存和發展的過程。這就是管理哲學對『組織』範疇的規定。」〔註54〕

帕森斯根據建立組織的目標或者說功能將組織劃分為四種基本類型，一是經濟生產組織，譬如實業公司；二是政治目標組織，譬如政府機關；三是整合組織，譬如法庭和法律職業功能的實體部分；四是模式維持組織，譬如教會和學校。〔註55〕由此看來，政府是政治目標組織或政治組織。

政府從廣義上理解有國家、政權、權力、統治權、支配權等內涵，意思是掌握統治權力的機構，側重於「權力」和「支配」要素；從狹義上理解有政體、內閣、行政機關、中央機關等內涵，側重於「機構」、「組織」和「執行」要素。由此，人們對「政府」概念的界定也基本上游離在廣義和狹義之間，狹義的「政府」是指執行或實現國家意志的行政機關，其本質特徵從屬於「行政」或「執行」概念的內涵和外延，政府行為的主體是一個國家的中央和地方各級行政機關及其工作人員，它以官僚制為主要管理體制和方式，以中央、地方及其共同管理的行政事務為主要內容，以法律的、經濟的、行政的管理方法為主要手段；而廣義的「政府」在外延上可以延伸到管理整個國家事務及其機構，包括立法事務和立法機關、司法事務和司法機關、行政事務和行政機關。

政府與國家是兩個概念，國家雖然亦是一種政治組織，但國家更是一種政治概念，而政府則是一種組織概念。就其作為秩序化統治的一種條件而言，政府是國家的權威性表現形式。其正式功能包括制定法律，執行和貫徹法律，以及解釋和應用法律。〔註56〕而事實上，政府的活動範圍在不斷地擴大，關於政府的功能和存在的必要性，眾多思想家做過深刻的闡述。美國政治學家加里・沃塞曼認為只要社會上政治衝突——關於分配社會上有價值東西的爭

〔註54〕請參見崔緒治、徐厚德著：《現代管理哲學》，安徽人民出版社，1986年版，第277頁。

〔註55〕（美）塔爾科特・帕森斯著，梁向陽譯：《現代社會的結構與過程》，光明日報出版社，1988年版，第37～38頁。

〔註56〕（英）戴維・米勒、韋農・波格丹諾編，中譯本鄧正來主編：《布萊克維爾政治學百科全書》，中國政法大學出版社，1992年版，第295頁。

議是普遍存在，政府也普遍存在，政府的核心功能在於價值分配，政府是一個可以決定什麼人將得到社會上有價值的東西的一個最重要的組織。沃塞曼認爲政府作爲一種政治組織，它管理兩件事，一是制定決定什麼人可以獲得社會上有價值的東西的規則；二是獨自管理社會上合法權力的使用。〔註 57〕立憲主義者認爲，政府存在的唯一理由是促進人類的福祉。

　　在最廣泛的形式上，政府構成了統治制度。這些制度幫助確定統治者彼此之間以及統治者同政治反對派之間、同政府的最重要的運行部門——行政機構中的職業官員之間相互關係的方式。〔註 58〕但組織和制度是屬於不同範疇的兩個概念，制度類似於運動員的比賽規則，而組織則是運動員在該規則下爲贏得比賽勝利，把其策略和技能加以組織或模式化的方式。組織的創立和運行一方面既受制於制度，另一方面又推動著制度的變遷。故組織的設計和制度的設計是兩個層次的行爲，政府設計更是一種功能性的構造設計，而對於憲政設計來說，對作爲一種政治組織的政府的設計主要著眼於中央政府的設計。

〔註57〕　（美）加里‧沃塞曼著，陸震綸等譯：《美國政治基礎》，中國社會科學出版社，1994 年版，第 7～8 頁。

〔註58〕　（英）戴維‧米勒、韋農‧波格丹諾編，中譯本鄧正來主編：《布萊克維爾政治學百科全書》，中國政法大學出版社，1992 年版，第 296 頁。

中篇　作爲整體的現代中國第三勢力
　　　　憲政設計研究

第四章　現代中國第三勢力的淵源流變

在中國現代史上，爲什麼會產生第三勢力，即第三勢力產生的背景是什麼？第三勢力經歷了一個如何產生與形成、興起與整合、活躍和裂變的過程？其最終爲何在中國歷史上走向消亡？對這些問題的考察，對於我們把握現代中國第三勢力的來龍去脈無疑是必要的和有益的。

一、現代中國第三勢力的產生與形成

辛亥革命常常被認爲是「表面的」，它沒有引起社會的革命，〔註1〕因此，現代中國正如列寧所指出的，存在著由資產階級和無產階級分別領導的兩種民主運動。1912 年，同盟會擴大組成爲一個資產階級政黨國民黨；1921 年中國共產黨成立，中國無產階級開始登上了政治舞臺，中國社會至此出現了二元政治的格局。軍閥割據下的國民黨沿著兩條交叉的路線發展——一是作爲灌輸和控制的手段，一是作爲革命動員的工具。前者指向君主制政府的後繼者的政黨專政，而後者則指向政治和社會變革的工具，與共產黨具有共同的起點，再加上他們的民族主義和共同反對軍閥統治的態度，使得國共兩黨的早期合作成爲可能。〔註2〕1923 年至 1924 年之間，孫中山順應歷史潮流，改組了國民黨，制定了三大政策，促成了國共之間的第一次合作，迎來了國民革命的蓬勃發展。

〔註 1〕 許華茨著，張言譯：《思想史方面的論題：五四及其以後》，見（美）費正清、費維愷主編，楊品泉等譯：《劍橋中華民國史：1912～1949 年》（上），中國社會科學出版社，1998 年版，第 470 頁。

〔註 2〕 瑪麗‧B‧蘭金、費正清、費維愷著，劉敬坤譯：《導論：近代中國歷史的透視》，見（美）費正清、費維愷主編，楊品泉等譯：《劍橋中華民國史：1912～1949 年》（下），中國社會科學出版社，1998 年版，第 74～86 頁。

　　然而，國民黨的列寧主義的改組，對原已成堆的地方派系和個人派系又是一種新的增加，1927 年間，贊成社會暴力革命的國民黨左派和要麼贊成非暴力革命、要麼贊成維持社會現狀的國民黨右派之間在意識形態上的嚴重分歧又增加了舊有派系的活動。這樣，集中了大權的國民黨中央執委會和政治會議，很快為軍事領袖蔣介石所掌握。〔註3〕蔣介石背叛了革命，以軍令和鐵血，公然舉起了「清黨」、「分共」的大旗。俟國民黨在南京建立國民政府後，實行「黨外無黨」的專制統治，至此，中國政治的發展出現了徹底的逆轉，國共兩黨陷入了嚴重的對峙狀態。國民黨的一黨專政，激起了全國在野黨派、國民黨內部民主人士和文教界自由主義知識分子的嚴厲抨擊。但是，他們亦不贊成共產黨暴力革命的主張，企圖在國共兩黨之外尋找一條新的道路。這就是現代中國歷史上的第三勢力產生的背景。1927 年 7 月大革命失敗後國共兩黨政權對峙的十年內戰初期，是現代中國第三勢力的產生與形成時期，這一時期出現的第三勢力政治組織主要有以下幾種類型：

　　第一種是由國民黨「左派」以及從共產黨游離出來的部分人士發起成立的第三勢力組織，它們以「中國國民黨臨時行動委員會」和「中國國民黨改組同志會」為代表。

　　「中國國民黨臨時行動委員會」又稱「第三黨」，其前身是譚平山等人組織的中華革命黨。譚平山系中共第三、四、五屆中央委員，南昌起義失敗後，脫離共產黨，他既不甘心向國民黨投降妥協，又不願意跟著共產黨繼續革命，幻想在國共兩黨之外成立一個走第三條道路的政黨。1927 年底，譚平山在上海發起「國民黨左派聯合辦事處」，表示信奉孫中山的三民主義，準備恢復「二次革命」失敗後孫中山組織的中華革命黨。1928 年春，譚平山在上海主持召開了中華革命黨的成立大會，大會選舉當時尚在國外的鄧演達為黨的總負責人（鄧回國前由譚代理）。1930 年 5 月，鄧演達從歐洲回到上海後，著手改組「中華革民黨」，8 月，中國國民黨臨時行動委員會在上海召開了有 10 個省區 30 名代表參加的第一次中央幹部會議，會議通過了鄧演達起草的《中國國民黨臨時行動委員會政治主張》，闡明了當前中國的社會和中國革命的性質，提出了本黨當前鬥爭的基本綱領是建立「平民政權」，堅決反對國民黨反對派和

〔註 3〕瑪麗·B·蘭金、費正清、費維愷著，劉敬坤譯：《導論：近代中國歷史的透視》，見（美）費正清、費維愷主編，楊品泉等譯：《劍橋中華民國史：1912〜1949 年》（下），中國社會科學出版社，1998 年版，第 74〜86 頁。

改組派，同時批判共產黨的共產主義革命的主張，表示堅決走所謂的中間道路，完成孫中山三民主義革命的使命，實現社會主義建設。〔註4〕

「中國國民黨改組同志會」是國民黨統治集團內部分裂出來的又一個既反蔣又反共的政治集團，簡稱改組派，成立於1928年冬，其發起人爲汪精衛和陳公博。汪精衛和陳公博爲什麼要組織改組派，按陳公博的說法是由於：「國民革命已中墜了，國民黨快腐化了，我們要拯救國民革命……」，〔註5〕當然事實並非如此，改組派以及國民黨改組運動的出現，一方面是當時中國資產階級改良主義的反映，一方面是汪精衛集團和蔣介石爭權奪利的產物。改組派成員除了以汪精衛爲首的官僚政客失意軍人之外，還有迷失了革命方向、出於彷徨之中的民族資產階級和知識分子，他們一方面不肯投靠南京反動政權，一方面又認爲馬克思主義不適合中國國情，而被汪精衛等「左派」的姿態所迷惑，希望追隨改組派，改組國民黨，走英美式的第三條道路。改組派沒有一個統一的政治綱領，其政治主張主要反映在陳公博的一些文章和1929年發表的《中國國民黨改組同志會第一次全國代表大會宣言》中，不外乎是一隻手打倒蔣介石集團和帝國主義，另一隻手打倒中國共產黨和共產國際，在中國走第三條道路。〔註6〕

第二種是由地主資產階級或右翼知識分子發起成立的第三勢力組織，它們以「中國青年黨」和「中國國家社會黨」爲代表。

中國青年黨創建於1923年12月，原是一個秘密組織，長期以「中國國家主義青年團」的名義活動，故稱國家主義派。1929年9月，青年黨召開第四次全國代表大會，發表《公開黨名宣言》，始正式公開「中國青年黨」黨名，其主要骨幹有曾琦、李璜、左舜生等。青年黨號稱「反共不反國」，但蔣介石堅持「一個黨、一個主義、一個領袖」的反動政策，青年黨仍不爲蔣介石所容，反而有被合併的危險。爲保留「國家主義派」的標牌以標榜獨立，青年黨被迫決定「在夾攻中繼續奮鬥，一面反共，一面反對黨治」，〔註7〕這就使

〔註4〕鄧演達：《中國國民黨臨時行動委員會政治主張》，見曾憲林、萬雲選編：《鄧演達歷史資料》，華中理工大學出版社，1988年版，第191～220頁。

〔註5〕陳公博著：《苦笑錄》，東方出版社，2004年版，第132頁。

〔註6〕《中國國民黨改組同志會第一次全國代表大會宣言》，載於查建瑜選編：《國民黨改組派資料選輯》，湖南人民出版社，1986年版，第134～138頁。

〔註7〕魯廣錦未刊博士論文：《現代中國中間勢力論析》，東北師範大學，1998年答辯通過，第7頁。

得其在政治上有了一定的中間性。青年黨的理論基礎是資產階級的民族至上主義，第五次全國代表大會後提出「打倒一黨專政的國民黨，打倒禍國殃民的新軍閥，爲國家主義，全民政治而作戰」，並指出「全民政治爲近世政治實驗最良之方式……建國設政，當爲全民福利著想，自由、平等、博愛之三大精神，爲近世文明之母，革命之是否進步，當以其是否充分發揮次三大精神爲斷。」〔註8〕「九・一八」事變以後，青年黨逐漸同蔣介石國民黨合流，一步一步成爲蔣介石的幫兇。

中國國家社會黨有著較長的歷史淵源，其黨魁張君勱與清末康有爲、梁啓超的保皇黨、民初的進步黨以及研究系均有較深的淵源。張君勱受德國社會民主黨人的影響，自謂「國家社會主義者」，他不滿民國以來的政治，目睹民族危機和國民黨的昏庸，希望「有一個好政府，來改良一切政治」，欲求「一條新路」，以再造中華民國。〔註9〕組建一個新式政黨，是張君勱多年的夙願，早在 1921 年他就提出：「今後吾國應有著手改造運動的團體，盡人所同認矣。」〔註10〕1932 年 4 月 16 日，中國國家社會黨在北平秘密成立，1934 年 10 月，國家社會黨在天津召開第一次全國代表大會，會議通過了政綱、黨章，並選舉產生了中央領導機構，國家社會黨正式宣告成立。國家社會黨的基本主張主要體現在《再生》刊登的張君勱、張東蓀等起草的《我們要說的話》和《國家民主政治和國家社會主義》中，他們標榜國家社會主義，在政治上既反對一黨獨裁，也反對多黨紛爭，而主張建議一種在原則上完全合於民主政治的精神、在實施上必須使黨派的操縱作用不能有所憑藉的政治制度即「修正的民主政治」；在經濟上主張把國家社會主義的因素加入到中國的經濟中，使國家資本的經濟與私營的經濟與合作的經濟按一個相當的比例，在統一計劃之下得到發展。〔註11〕

第三種是由部分自由主義知識分子或士紳名流發起成立的第三勢力組織，它們以「新月派」和「鄉村建設派」爲代表。

「新月派」又稱「人權派」，因胡適等創辦「新月」書店，後又主辦《新

〔註8〕《中國青年黨盟國家主義青年團第五次全國代表大會宣言》，載於中國第二歷史檔案館編寫：《中國青年黨》，檔案出版社，1988 年版，第 112～121 頁。
〔註9〕王金鋙、陳瑞雲主編：《中國現代政治史：1919～1949》，黑龍江人民出版社，1990 年版，第 318 頁。
〔註10〕張君勱：《懸擬之社會改造同志會意見書》，載於《改造》，第 4 卷第 3 號。
〔註11〕張君勱：《我們要說的話》，載於《再生》，創刊號。

月》月刊，並主張「人權」而得名。新月派沒有正式的組織機構，也無正式的綱領和章程，它只是由胡適、羅隆基、徐志摩、梁實秋等自稱有「共同理想」，不滿國民黨獨裁統治的自由主義知識分子聯合起來的群體。胡適等大都受過歐美資產階級教育，崇拜英美式的民主政治，幻想把西方資產階級的議會制度移植到中國。他們極力鼓吹「人權」、「法治」和專家政治，在他們看來，人權破產，是目前中國不可掩飾的事實，保障人權，是維護人們起碼的生存權利。〔註12〕而保障人權，則必須確立法治基礎，所謂法治，是要政府的一切官吏，從國民政府主席到唐山的軍官都同樣不得逾越法律規定的權限。〔註13〕而確立法治的基礎，最重要的是制定憲法，胡適批評國民黨的訓政說，認為民主制度不是訓練出來的，人民參政本身就是最好的訓練。〔註14〕新月派堅持反對暴力革命的改良主義的老調：「中國今日需要的，不是那用暴力專制而製造革命的革命，也不是那用暴力推翻暴力的革命」，「真革命只有一條路，就是……一步一步的作自覺的改革，在自覺的指導之下一點一滴的收不斷的改革之全功」，〔註15〕從根本上反對中共的武裝革命理論，從而也受到了共產黨的批判。

　　20世紀20年代末和30年代初，中國社會曾出現過一次鄉村教育和鄉村建設的運動，河北有晏陽初的中華平民教育促進會；南京有陶行知創辦的曉莊師範；江蘇有黃炎培的中華職業社等，其中影響最大的就是梁漱溟領導的鄉村建設派。梁漱溟認為中國是倫理本位的社會，士、農、工、商只有職業分立，而無階級分野，也從未有階級鬥爭。這種倫理關係，是中國文化的基礎，隨著西方資本主義入侵，中國社會結構遭到破壞，造成文化失調。故中國的問題不在帝國主義，不在軍閥，而在文化失調。因此，在對中國社會道路的探索中，梁漱溟認為既不能走俄國人的道路，也不能走歐美的道路，只能恢復固有文化和倫理本位，而倫理本位的社會重心在鄉村，所以，梁漱溟積極提倡通過鄉村建設運動，以實現民族自救。〔註16〕梁漱溟主張通過組織

〔註12〕請參見羅隆基：《論人權》，見謝泳編：《羅隆基：我的被捕的經過與反感》，中國青年出版社，1999年版，第59～61頁。

〔註13〕請參見羅隆基：《什麼是法治》，見謝泳編：《羅隆基：我的被捕的經過與反感》，中國青年出版社，1999年版，第139～153頁。

〔註14〕請參見胡適：《我們什麼時候才有憲法——對於〈建國大綱〉的疑問》，見歐陽哲生編：《胡適文集》（第5卷），北京大學出版社，1998年版，第537頁。

〔註15〕胡適：《民權的保障》，載於《獨立評論》，第38號，1933年2月19日。

〔註16〕請參見梁漱溟：《鄉村建設理論》，見《梁漱溟全集》（第2卷），山東人民出版社，1994年版，第167～272頁。

「鄉農學校」來實行社會結構的改造和文化建設。1928 年春，梁漱溟在廣州主辦「鄉治人員訓練班」，提倡鄉村自治；1929 年末於輝縣百泉村舉辦河南村治學院，講授鄉治理論；1931 年春，在山東鄒平創辦山東鄉村建設研究院和試驗區，至此，梁漱溟的鄉村建設運動大規模的展開。梁漱溟的鄉村建設運動是著眼於整個中國，企圖通過鄉村社會結構以及倫理關係的改善、經濟的發展，以達到整個社會制度的改良。因此，鄉治為中國民族開出一條新的道路，是「一種建國運動」，是「立國之道」。〔註 17〕

二、現代中國第三勢力的興起與整合

從震驚中外的「九・一八」事變到華北事變，日帝對我國的侵略日甚一日，我國國土被分割、資源被掠奪、主權被侵犯、人民被屠殺、城鄉被清洗……中華民族面臨滅頂之災。至此，現代中國政治的發展出現新的轉折，民族矛盾上昇到中國社會的主要矛盾，國內矛盾則降至從屬地位，挽救民族危亡、戮力團結抗日，已經成為歷史發展的主題。就是在這樣一種歷史背景下，以民族資產階級為主體的第三勢力得以興起並走向了整合，他們反對蔣介石集團的不抵抗主義和獨裁統治，要求開放民主、對日宣戰和國共合作，建立抗日聯合戰線。

早在「九・一八」事變之前，上海工商界人士即組成「上海市各界反日援僑會」，開展抵制日貨活動，「九・一八」事變不久，上海市各界反日援僑會召開各界代表大會，正式成立「抗日救國會」，表示要「一方督促政府集中力量，整軍經武，保全領土，與暴日決最後之勝利……一方嚴密組織，積極宣傳，徹底排貨，切實抗日」。〔註 18〕與此同時，高崇民、閻寶航、王化一等在張學良的暗中支持下，也發起組織並於 9 月 27 日正式成立東北民眾抗日救國會，確定其宗旨為「抵抗日本侵略，共謀收復失地，保護主權」。〔註 19〕12 月，著名民主人士熊希齡、馬相伯、章炳麟、沈鈞儒等組織了「國難救濟會」，發起憲政運動，要求國民黨「立時解除黨禁，進行憲政」。「一・二八」淞滬會戰爆發後，上海工商界代表虞洽卿等發起成立了以史量才為會長的上海市

〔註 17〕梁漱溟：《中國民族自救運動之最後覺悟》，載於《村治》，創刊號。

〔註 18〕魯廣錦未刊博士論文：《現代中國中間勢力論析》，東北師範大學，1998 年答辯通過，第 14 頁。

〔註 19〕王駒、邵宇春主編：《東北民眾抗日救國會》，遼寧大學出版社，1991 年版，第 11 頁。

民地方維持會；8 月，以「消弭內戰，共禦外侮，早收永久和平之效」為宗旨的「廢止內戰大同盟」正式成立。這些組織的成立表明，在民族危亡關頭，第三勢力已經覺醒，並通過成立自己的組織在反蔣抗日的鬥爭中發揮作用。

　　「九‧一八」事變後第三勢力的興起可以「中國民權保障同盟」的成立為代表，「中國民權保障同盟」的建立，一定程度上可以說是第三黨的民主革命運動的延續。〔註 20〕民權保障同盟總幹事楊杏佛談到同盟成立的經過時說「本會最近在上海成立，發起人為宋慶齡女士及蔡元培先生。初不過營救幾個人⋯⋯後來經幾個人商量結果，集中全國力量擴大組織。」〔註 21〕楊杏佛提到「初不過營救幾個人」，主要就是指營救鄧演達的活動，鄧演達是宋慶齡、蔡元培和楊杏佛的親密戰友。關於同盟的性質，宋慶齡指出，「這個同盟不是一個政黨。它的目的不是領導中國人民大眾去作政治與經濟的鬥爭，因而它的目的不在領導奪取政權的鬥爭。雖然，一方面我們對於我們的工作是這樣去看的，但另一方面也必須瞭解，我們所要處理的問題卻是政治性的。」〔註 22〕關於同盟的宗旨和政治主張，《中國民權保障同盟章程》規定：「本同盟以喚起民眾努力於民權之保障為宗旨」，其政治目的是：「（1）為國內政治犯之釋放與一切酷刑及踐蹋民權之拘禁殺戮之廢除而奮鬥；（2）予國內政治犯以法律及其他之援助，並調查監獄狀況，刊布關於國內壓迫民權之事實，以喚起社會之公意；（3）協助為結社集會自由、言論自由、出版自由諸民權努力之一切奮鬥。」〔註 23〕中國民權保障同盟作為第二次國內革命戰爭時期產生的一個進步團體，堅決反對蔣介石的獨裁統治，主張停止內戰、一致抗日，為中國革命做出了獨特的貢獻。

　　1935 年華北事變之後，中國共產黨發表《為抗日救國告全體同胞書》，極大地鼓舞了全民族的救亡意識；而「一二‧九」的爆發，則進一步推動了全國的抗日救亡運動。1935 年 12 月 27 日，馬相伯、沈鈞儒、鄒韜奮等發起成立上海文化界救國會，提出「開放民眾組織，保護愛國運動，迅速建立民族

〔註 20〕　（日）菊池貴晴著，劉大孝譯：《中國第三勢力史論》，天津人民出版社，1991
　　　　　年版，第 621 頁。
〔註 21〕　請參見：《民權保障同盟北平分會成立》，載於《晨報》，1933 年 1 月 31 日。
〔註 22〕　宋慶齡：《中國民權保障同盟的任務》，見《宋慶齡選集》（上），人民出版社，
　　　　　1992 年版，第 103 頁。
〔註 23〕　請參見：《中國民權保障同盟章程》，載於陳淑渝、陶忻編：《中國民權保障同
　　　　　盟》，中國社會科學出版社，1979 年版，第 3～4 頁。

統一戰線，停止一切內戰，武裝全國民眾，保障人民自由共赴國難」等一系列政治主張，並號召全國文化界組成救亡的統一戰線，領導民族解放運動。〔註24〕在此前後，上海各界的救國會譬如婦女救國會、大學教授救國會、職業界救國會、新聞記者救國會等也紛紛成立，在此基礎上，1936 年 1 月 28 日，上海各界救國聯合會正式成立。與此同時，全國各地譬如北平、南京、武漢等城市也都紛紛成立的救國會。1936 年 5 月 31 日至 6 月 1 日，來自全國 20 多個省市 60 多個救亡團體的代表共 70 多人在上海集會，宣告全國各界救國聯合會正式成立。大會選舉宋慶齡、馬相伯、沈鈞儒等 15 人為常務委員，大會通過了《全國各界救國聯合會成立大會宣言》、《抗日救國初步政治綱領》等重要文件。大會認為全國救國陣線不久將有更偉大的開展，在這個開展當中，全國同志將要盡量採取公開的方式，一面爭取自身的勝利，一面樹立民族的生機。救國陣線目前的主要任務，是促成全國各黨各派徹底團結共同抗日。而民主制度的確立，是各黨各派徹底合作的基本條件，結社、集會、言論、出版的自由，是各國聯合戰線絲毫不能讓步的要求。〔註 25〕全國各界救國聯合會，是一個全國性的具有階級聯盟性質的群眾團體，它的出現，標誌著第三勢力組織開始走向整合。

第三勢力由分散到整合的實現，則以 20 世紀 30 年代末 40 年代初「統一建國同志會」和「中共民主政團同盟」的成立為標誌。1937 年 7 月全民抗戰爆發後，國難當頭，中國的各派政治勢力開始走向整合。特別是國共兩黨結束了長達 10 年的政治和軍事對峙，實現了第二次國共合作，但是國民黨頑固派不斷製造反共事端，使得抗日聯合戰線出現破裂的危機。鑒於此，代表第三勢力的梁漱溟認為：「國共兩黨關係惡化，影響抗戰前途甚大；兩黨之外，大家如果零零散散，就沒有力量說話，沒有力量進行調節團結。只有各小黨派先團結起來構成一個力量，才能牽制國共兩黨，不許他們打內戰，而要團結合作，一致抗敵。」〔註 26〕梁漱溟的主張得到了當時參加國民參政會的職

〔註24〕請參見：《上海文化界第二次救國運動宣言》，載於中共上海市委黨史資料征集委員會編：《「一二‧九」以後上海救國會史料選輯》，上海社會科學出版社，1987 年版，第 68～70 頁。

〔註25〕請參見：《抗日救國初步政治綱領》，載於周天度編：《救國會》，中國社會科學出版社，1981 年版，第 97～106 頁。

〔註26〕梁漱溟：《我參加國共和談的經過》，見《梁漱溟全集》（第 6 卷），山東人民出版社，1993 年版，第 893 頁。

教社黃炎培、青年黨李璜、國社黨羅隆基、救國會沈鈞儒、第三黨章伯鈞及無黨派人士張瀾等人的呼應，決定組織各黨派的聯合組織——統一建國同志會。1939 年 11 月 23 日，統一建國同志會在重慶正式召開成立大會，以第三者的立場明確提出：反對一切國內之暴力鬥爭；主張實施憲政，成立憲政政府；凡遵守憲法之組織，以平等地位公開存在，通過以聯繫之組織，以共同努力爲國是國策之決定與推行。〔註 27〕統一建國同志會是第三勢力的一個鬆散的政治聯合組織，但標誌著第三勢力在政治組織上實現了初步整合。統一建國同志會成立的前後，以國民參政會一屆四次會議爲發端，代表第三勢力的各黨派和無黨派參政員在重慶發起憲政座談會，深入地討論憲政運動和民眾運動、實施憲政與抗戰救國、實施憲政的條件等問題，並取得了廣發的共識。1939 年 11 月 19 日，各中間黨派人士決定成立「重慶各界憲政促進會」，以期推進憲政運動，從而在國統區掀起了一場轟轟烈烈的民主憲政運動，大家對中國政治的前途充滿了憧憬。

　　然而，國民黨當局對第三勢力的迫害，特別是第二屆國民參政會對中間黨派和無黨派人士的排擠，擊碎了大家的迷夢。他們認識到：「雖然有統一建國同志會，但是依然各自一攤，沒有力量。如果我們進一步把國共兩黨之外的黨派團體聯合起來，成立一個統一組織，團結起來，就有了力量了」。〔註28〕因此，當張君勱提出各中間黨派必須進一步聯合起來，另外成立一個統一的組織時，得到了大家的贊成，並決定籌建「中國民主政團同盟」。〔註29〕1941 年 3 月 19 日，中國民主政團同盟在重慶上清寺特園秘密召開成立大會，並成立了中央領導機構，選舉黃炎培、左舜生、張君勱、梁漱溟、章伯鈞爲中央執行委員，黃炎培爲主席。沈鈞儒本爲同盟的發起人之一，但因其和救國會與中共關係密切，有人認爲沈及救國會的加入容易引起國民黨的反對，故直到 1942 年初，沈及救國會方得加入，號稱「三黨三派（中國青年黨、國家社會黨、第三黨、中華職業教育社、鄉村建設派及救國會）」。中國民主政團同盟的政治主張，主要體現在其機關報《光明報》1941 年 10 月 10 日所發表的

〔註27〕請參見：《統一建國同志會信約》，載於中國民主同盟中央文史資料委員會編：《中國民主同盟歷史文獻（1941～1949）》，文史資料出版社，1983 年版，第 2～4 頁。

〔註28〕汪東林：《訪梁漱溟問答錄》，載於《人物》，1986 年第 6 期，第 62 頁。

〔註29〕梁漱溟：《記中國民主政團同盟》，見《梁漱溟全集》（第 6 卷），山東人民出版社，1993 年版，第 354 頁。

《中國民主政團同盟對時局主張綱領》，史稱「十大綱領」。綱領具有明顯的中間性，它既要求國民黨結束黨治，厲行法治，實現政治民主化，保障人民的種種自由；又主張軍隊國家化，要求共產黨將軍隊移交國民政府，反對以武力從事黨爭，〔註 30〕對國共兩黨都提出了批評和要求，體現了同盟的「第三者」立場。中國民主政團同盟的成立，是現代中國第三勢力的第二次政治整合，通過這次整合，使得第三勢力有了一個較爲穩定的政治組織。國民參政會第二屆第二次代表大會期間，民主政團同盟的活動由秘密轉爲公開，從此活躍於現代中國的政治舞臺，並發揮了舉足輕重的作用。

中國民主政團同盟成立後，以民主憲政爲訴求，積極投身於第二次民主憲政運動，大大擴大其政治影響，大批的無黨派人士紛紛要求入盟。但是被青年黨把持了盟務的民主政團同盟，只吸收「三黨三派」的成員，阻礙了同盟的發展，引起了同盟內外的普遍不滿，昆明支部早於 1943 年便提出改組中國民主政團同盟，使其成爲廣大民主分子個人的聯合體。〔註 31〕經過一年的醞釀，1944 年 9 月 19 日，中國民主政團同盟召開全國代表會議，最終將「中國民主政團同盟」改組爲「中國民主同盟」，決定取消同盟的團體會員制，以後盟員一律以個人名義加入。會議選舉了民盟的中央領導機構，通過了《中國民主同盟綱領草案》，把建立聯合政府、建設民主國家作爲同盟的奮鬥目標，綱領草案共 46 條，包括政治、經濟、軍事、外交、教育、社會等 6 個方面。〔註 32〕綱領草案是政團同盟「十大綱領」的進一步發展，強調政治和經濟的民主化，也是民盟和中共呼應，爲在中國建立聯合政府和民主國家，提倡民主制度的具體化和條文化。〔註 33〕

中國民主政團聯盟改組爲中國民主同盟，把「三黨三派」的聯盟改爲廣大民主人土的聯盟，擴大了同盟的社會基礎，從而使其成爲廣大第三勢力民

〔註 30〕 請參見：《中國民主政團同盟對時局主張綱領》，載於中國民主同盟中央文史資料委員會編：《中國民主同盟歷史文獻（1941～1949）》，文史資料出版社，1983 年版，第 8～9 頁。

〔註 31〕 請參見民盟中央文史委員會編：《中國民主同盟簡史（1941～1949）》，群言出版社，1991 年版，第 18～19 頁。

〔註 32〕 請參見：《中國民主同盟綱領草案》，載於中國民主同盟中央文史資料委員會編：《中國民主同盟歷史文獻（1941～1949）》，文史資料出版社，1983 年版，第 26～30 頁。

〔註 33〕 民盟中央文史委員會編：《中國民主同盟簡史（1941～1949）》，群言出版社，1991 年版，第 20 頁。

主力量的聯合陣線，是現代中國第三勢力的第三次政治整合，大批的愛國知識分子加入民盟，同時，民盟有計劃的在西南、西北、華南、華北等地建立地方組織，發展盟員，到 1945 年 10 月，全國約有盟員 3000 人，無黨派盟員占 70％以上。〔註34〕至此，現代中國的第三勢力已隱然整合成國共兩黨之外的第三大黨，第三勢力的整合基本得以實現。

三、現代中國第三勢力的活躍與裂變

抗日戰爭勝利之後，困擾中國百年之久的民族危機問題初告解決，擺在國人面前的現實政治問題是如何實現和平建國和民主政治。一方面，迫於國內外要求和平民主的潮流，國民黨當局假意宣佈將實施憲政，這爲戰後第三勢力的活動提供了合法性依據，使得戰後初期新興民主政黨紛紛湧現，大小政黨竟達 105 個之多。〔註35〕另一方面，國共兩黨以受降權之爭爲導火線，內戰危機一觸即發，在現實層面爲第三勢力投身於調停爭端、避免內戰和和平建國拓展了空間。這個時期成立的第三勢力政治組織，依據其成分和政治立場可以劃分爲以下幾種類型：

第一種是由國民黨民主派人士發起成立的第三勢力政治團體，它們以「三民主義同志聯合會」、「中國國民黨民主促進會」和「中國國民黨革命委員會」爲代表。

三民主義同志聯合會，簡稱「民聯」，其前身是 1943 年春由國民黨民主派人士發起組織的「民主同志座談會」，1945 年 10 月 28 日宣告正式成立，其主要發起人譚平山、陳銘樞、楊傑、柳亞子等任常務幹事。民聯以孫中山的三民主義及中國國民黨第一次全國代表大會宣言與決議案爲根本指導思想，其基本主張主要體現在大會所通過的《三民主義同志聯合會政治主張》，提出了政治上實行民主政治，經濟上「實行民主主義的計劃經濟」，軍事上實行軍隊國家化等十個方面的政治主張。〔註36〕

〔註34〕民盟中央文史委員會編：《中國民主同盟簡史（1941～1949）》，群言出版社，1991 年版，第 21 頁。

〔註35〕李新總編、汪朝光著：《中華民國史》（第 3 編第 5 卷），中華書局，2000 年版，第 98 頁。

〔註36〕請參見：《三民主義同志聯合會政治主張》，載於陳竹筠、陳起城編：《中國民主黨派歷史資料選輯》（上），華東師範大學出版社，1985 年版，第 93～100 頁。

中國國民黨民主促進會，簡稱「民促」，1946 年 4 月 14 日在廣州正式成立，共同推舉李濟深為主席，蔡廷鍇等為常務理事，並發表《中國民主促進會成立宣言》。民促宣告忠誠於孫中山先生的革命三民主義，反對蔣介石內戰獨裁，指出：「國民黨根據中山先生天下為公的精神，應自動結束黨治，建立舉同一致的民主聯合政府」，並主張「實行民生主義的計劃經濟」等。〔註 37〕民促的政治主張和民聯的可謂如出一轍，為日後這兩個組織的聯合奠定了基礎。

中國國民黨革命委員會，簡稱「民革」，成立於 1948 年 1 月 1 日，是國民黨民主派的政治聯合體，主要由民聯、民促和旅美聯盟（全稱為旅美中國和平民主聯盟，成立於 1947 年 11 月 9 日，馮玉祥為主席）組成。民革的政治主張，主要體現於《中國國民黨革命委員會成立宣言》和《中國國民黨革命委員會行動綱領》，民革以中國國民黨第一次全國代表大會決定的對外對內政策為基本原則，主張堅持孫中山的三大政策，進行實現耕者有其田的土地改革，反對蔣介石獨裁統治和美國干涉中國內政助長內戰的政策，呼籲建立有各民主黨派和各界人士代表參加的聯合政府，實現中國的獨立、民主和和平。〔註 38〕民革的建立，使得國民黨民主派實現了整合，使得第三勢力的左翼力量得到了加強。

第二種是科教界知識分子和工商界民主人士發起成立的第三勢力政治組織，它們以「中國民主建國會」、「中國民主促進會」和「九三學社」為代表。

中國民主建國會，簡省「民建」，成立於 1945 年 12 月 16 日，主要由以黃炎培為首的以職教社為核心的文教界知識分子和以胡厥文為代表的以遷川工廠聯合會的成員為核心的工商界人士聯合組成。在其成立宣言和政綱中，民建開宗明義地提出：「建國之最高理想，為民有、民治、民享」，「建國之途徑……採取孫中山先生所定三民主義」。〔註 39〕主張在政治上實行民

〔註 37〕 請參見：《中國民主促進會成立宣言》，載於陳竹筠、陳起城編：《中國民主黨派歷史資料選輯》（上），華東師範大學出版社，1985 年版，第 100～104 頁。

〔註 38〕 請參見：《中國國民黨革命委員會成立宣言》，載於陳竹筠、陳起城編：《中國民主黨派歷史資料選輯》（上），華東師範大學出版社，1985 年版，第 108～119 頁。

〔註 39〕 請參見：《民主建國會成立宣言》，載於陳竹筠、陳起城編：《中國民主黨派歷史資料選輯》（上），華東師範大學出版社，1985 年版，第 418～419 頁。

主政治，並達成軍隊的國家化；在經濟上主張民主的經濟建設計劃與在計劃指導下的充分企業自由；並就社會、文化等方面提出了 46 項主張。〔註40〕

中國民主促進會，簡稱「民進」，成立於 1945 年 12 月 30 日，主要以上海文教界知識分子和部分工商界人士爲主體，其宗旨是「以發揚民主精神推進中國民主政治之實踐」。〔註41〕次年 1 月 4 日，在第一屆理事會第一次會議上，推舉馬敘倫、陳己生、王紹鏊爲常務理事，並發表《中國民主促進會對於時局的宣言》，全面闡釋了民促對國是問題的政治主張，提出了改革政權實現民主、還政於民、停止內戰、制定憲法等八項主張。〔註42〕

九三學社，其前身是 1944 年底由重慶的以許德珩爲首的一部分科教界人士發起組織的「民主科學座談會」，爲紀念抗戰勝利，改名爲「九三座談會」，後又更名爲「九三學社」。1946 年 5 月 4 日，在重慶召開成立大會，公推潘菽、褚輔成、許德珩等 16 人爲理事，並發表《九三學社成立宣言》。成立宣言強調中國要實現「和平團結」和「民主憲政」，保障「人民基本自由」。在《基本政治主張》中，提出了「促進民主政治實現、爭取人民基本自由；從政治的民主化，謀軍隊的國家化；建立以民生爲主的經濟制度等八項主張。〔註43〕

第三種是由海外華僑、臺灣同胞及其他社會各界人士所發起組織的第三勢力政治組織，它們以「中國致公黨」和「臺灣民主自治聯盟」爲代表。

中國致公黨，簡稱「致公黨」，其成員以海外華僑、歸僑爲主，其前身爲美洲致公堂，於 1925 年 10 月在美國舊金山正式成立。抗戰期間投身抗日，太平洋戰爭爆發後宣佈停止活動，1947 年 5 月在香港舉行「三大」，進行改組，正式復會。大會選舉李濟深爲中央主席，陳其尤爲副主席，主持中央黨部工作。大會討論和修改了致公黨的《政綱》和《黨章》，發表了《中國致公黨第三次全國代表大會宣言》等文件，反對一黨專政，主張通過普選產生聯合政

〔註40〕 請參見：《民主建國會政綱》，載於陳竹筠、陳起城編：《中國民主黨派歷史資料選輯》（上），華東師範大學出版社，1985 年版，第 419〜427 頁。

〔註41〕 請參見：《中國民主促進會簡章》，載於陳竹筠、陳起城編：《中國民主黨派歷史資料選輯》（上），華東師範大學出版社，1985 年版，第 3〜4 頁。

〔註42〕 請參見：《中國民主促進會對於時局的宣言》，載於陳竹筠、陳起城編：《中國民主黨派歷史資料選輯》（上），華東師範大學出版社，1985 年版，第 4〜7 頁。

〔註43〕 請參見：《九三學社召開成立大會》，載於九三學社中央社史辦公室編：《九三學社歷史資料選輯》，學苑出版社，1991 年版，第 10〜13 頁。

府，實行軍隊國家化，實行計劃經濟和經濟民主，決意為中國政治的真正民主化而奮鬥到底。〔註44〕

臺灣民主自治同盟，簡稱臺盟，是由臺灣同胞及愛國人士組成的政治團體，成立於 1947 年 11 月 12 日，其宗旨是：反對帝國主義侵略中國，反對企圖把臺灣從中國分裂出去的——切陰謀活動，反對國民黨政府一黨專政，主張實行人民民主制度，實行耕者有其田，發展和保護民族工商業，並且要求實現臺灣省民主政治和地方自治。〔註45〕

抗戰勝利後，中國政壇上還湧現了一大批形形色色、背景不一的小黨派，譬如源於清末的光復會，源於 1920 年代的中國少年勞動黨，海外的中國洪門民治黨，宗教界的中國宗教徒和平建國大同盟，倡導農業建國的中國農民黨，還有幫會組織中國民生共進黨等。此外，原先的一些老黨，也進行了改組或恢復了活動。譬如 1935 年改名為中華民族解放行動委員會的第三黨，抗戰勝利後，再次易名為「中國農工民主黨」，強烈譴責國民黨反獨裁政治，提出代表農工平民大眾利益，徹底完成民族解放，實現民主政治達到社會主義。」〔註46〕又譬如青年黨在抗戰勝利後，於 10 月發表對於時局的主張，提出 10 條要求；12 月召開全國代表大會，重訂政綱修改黨章擴大組織刷新陣容探討戰後時局及對策，新政綱稱：「本黨本國家主義之精神，民主政治之原則內求統一與自由，外保安全與獨立，以建設全民福利的現代國家，並促進平等合作的和平世界為宗旨。」〔註47〕張君勱的國家社會黨和伍憲子的民主憲政黨，在 1946 年在上海宣告正式合併，主張奠定和平，擁護統一，要求民主，實現社會主義。

總之，抗戰勝利之後的政治現實和知識分子的社會責任感，使得介於國

〔註44〕請參見:《中國致公黨第三次全國代表大會宣言》，載於陳竹筠、陳起城編:《中國民主黨派歷史資料選輯》（上），華東師範大學出版社，1985 年版，第 406～410 頁。

〔註45〕請參見:《臺灣民主自治同盟綱領草案》，載於陳竹筠、陳起城編:《中國民主黨派歷史資料選輯》（上），華東師範大學出版社，1985 年版，第 478～479 頁。

〔註46〕請參見:《中國農工民主黨第四次全國幹部會議宣言》，載於見陳竹筠、陳起城編:《中國民主黨派歷史資料選輯》（上），華東師範大學出版社，1985 年版，第 229～231 頁。

〔註47〕請參見:《中國青年黨政綱》，載於中國第二歷史檔案館編:《中國青年黨》，檔案出版社，1988 年版，第 82～93 頁。

共兩黨之外第三勢力紛紛投身政治，組織政黨，以期爲建設自己的理想化的政治精思力踐，它們以民盟爲核心，爲調停國共爭端，實現和平建國而奔走呼號。1945 年 10 月，民盟召開臨時全國代表大會，系統地討論了建設一個什麼樣的中國的問題。大會政治報告將實現中國的民主認定爲其唯一的責任，而這種民主制度，不是全盤照抄英美或者蘇聯的模式，沒有偏左偏右的城建，沒有資本主義民主社會主義民主，而是依靠英、美、蘇的經驗，根據中國的國情，拿蘇聯的經濟民主來充實英美的政治民主，拿各種民主生活中最優良的傳統及其可能發展趨勢來創造一種中國型的民主。〔註 48〕民盟的政治主張，事實上在中國前途的問題上，代表第三勢力提出了走國共兩黨之外的第三條道路的主張，這就是所謂的第三路線。據此，民盟提出了具體的關於政治協商會議、關於民主的聯合政府、關於國民大會等 10 項主張。

全國人民熱望的重慶談判以失敗告終後，第三勢力認爲「僅有的希望就寄託在政治協商會議，除此以外，便很難有其他的方式了」，決意「抱必成的決心，生死以之」，〔註 49〕各黨各派各種組織以及個人紛紛發表對於時局的態度，提出解決國內糾紛的意見和方案。1946 年 1 月 10 日，政治協商會議在重慶開幕，參加會議的代表共 38 人，其中國民黨 8 人，共產黨 7 人，青年黨 5 人，民盟 9 人，無黨派人士 9 人，第三勢力的比例超過了國共兩黨，可以說第三勢力終於登堂入室，與國共兩黨共商國是，標誌著第三勢力的發展及其政治地位都達到了巔峰。

實現政治民主化與軍隊國家化是第三勢力期待政治協商會議解決的關鍵問題，經過第三勢力的協調推動和鬥爭，經過 9 輪會議的激烈討論，1 月 31 日，終於最終達成協議，隨即舉行第 10 次會議，討論和審議了五個分組委員會的報告，並一致通過了《政府組織案》、《和平建國綱領》、《軍事問題案》、《國民大會案》和《憲法草案案》五項決議案。政協五項決議案，打破了國民黨的一黨獨尊，也使共產黨做了讓步，放棄蘇維埃政治，承認英美式的民主政治，可以認爲，五項決議案基本上是代表了第三勢力的政治主張，正如

〔註 48〕　請參見：《中國民主同盟臨時全國代表大會政治報告》，載於中國民主同盟中央文史資料委員會編：《中國民主同盟歷史文獻（1941～1949）》，文史資料出版社，1983 年版，第 71～87 頁。

〔註 49〕　請參見：《民主建國會向政治協商會議提供初步意見》，載於陳竹筠、陳起城編：《中國民主黨派歷史資料選輯》（上），華東師範大學出版社，1985 年版，第 442～446 頁。

施復亮所指出的：「政協的路線，雖然曾經爲個黨派所一致同意，符合全國絕大多數人民的利益和要求，但在本質上，卻是一種中間性的或中間派的政治路線。」〔註50〕

　　然而，政治協商會議之後，五項決議案並未得到實施，武力解決的模式沒有改變，國民黨的一黨專政沒有改變，國共兩黨的衝突不斷升級，直至東北衝突爆發，美國和第三勢力調停失敗，內戰一觸即發。國民黨當局素來以中華民國的締造者自居，並以此作爲其政權合法性的依據，然抗戰勝利後，召開國民大會，制定憲法，結束訓政，實施憲政已經成爲大勢所趨。但是政協會議所確立的模式，無疑極大地傷害了國民黨的利益，給其維持政治統治帶來了困境，故國民黨不惜撕毀政治決議，轉而希望通國民大會獲得其統治合法性。因此，國民黨召開國民大會並非是爲了實現民主政治，而是爲了延續其一黨專政，國民黨力促第三勢力黨派與會，並非還政於民，而是拉攏和利用。而共產黨則堅決要求先改組政府，再召開國民大會，並希望和第三勢力一起抵制國民大會，這樣國民黨的國民大會就不具合法性。因此，第三勢力的與會與否，直接決定著兩大政治勢力的成敗，一時間，第三勢力一言一行舉足輕重。

　　正是處在這樣一種形勢下，第三勢力陷入了兩難的境地，他們一方面希望能夠通過國民大會實現民主憲政，另一方面又不希望由於國民大會問題使得國共兩黨徹底破裂。作爲游離於國共兩黨之外的第三勢力，儘管有其獨立的價值判斷和政治選擇，但是他們的主張在現實政治的夾縫中無法迴旋，歷史逼迫他們做出一個非此即彼的抉擇，他們的裂變也變得無可選擇。

　　力量弱小的社會賢達首先動搖，在蔣介石的軟硬兼施下，以胡霖爲首的社會賢達最終同意與會；素來於國民黨親近的青年黨不久明確表示參加國民大會，並發表聲明提交本黨代表名單；而一向與共產黨接近的民盟也舉棋不定，向主席張瀾請示後，始宣佈在政協決議得到貫徹前暫不參加；這樣一向獨立於國共兩黨的民社黨成爲各方的焦點所在，而梁漱溟調停國共爭端失敗負氣離職後，民社黨黨魁張君勱實際上負責民社黨事宜，掌握著民社黨的何去何從，張君勱承受了來自各方的巨大壓力。張君勱自己也認爲中共問題不解決，即使召開國民大會，也無補於國家統一與政治安定，但是張君勱一生

〔註50〕施復亮：《中間派的政治路線》，載於蔡尚思主編：《中國現代思想史資料簡編》（第5卷），浙江人民出版社，1983年版，第301頁。

迷信立憲政治，總認爲有法聊勝於無，他希望通過參加國民大會，促使國民黨通過一部民主憲法，從而結束國民黨的一黨專政，使中國走向民主憲政的道路。〔註51〕經過反覆權衡，張君勱最終和國民黨交換了文件，並向國民大會提交了名單。

張君勱參加國民大會似乎有其理由，是爲了使中國走向民主憲政，但事實上卻阻礙了民主政治的實現，不久，張君勱本人及民社黨被民盟勒令退盟，最終導致了第三勢力的裂變，俟1947年年底民盟被迫解散，第三勢力作爲一個整體從此成爲歷史。而國民大會的召開，「使中共及第三方面最近在商談中的協議成爲不可能，並且最後破壞了政協以來的一切決議、停戰協定與整軍方案，割斷了政協以來和平商談的道路」，〔註52〕不久國共兩黨徹底決裂，第三勢力的政治路線也宣告徹底破產。

現代中國的第三勢力，產生和形成於大革命失敗後國共兩黨政權嚴重對峙的十年內戰期間；在民族救亡運動和八年抗戰的烽火中得到了發展和整合；活躍和裂變於抗戰勝利後國共兩黨徹底分裂全面內戰爆發的前夕。現代中國第三勢力的命運和現代中國的命運可謂息息相關，和國共兩黨的離合息息相關，第三勢力強調其自身的獨立性，試圖通過組織「第三大黨」來調和國共爭端，引領中國走「第三條道路」，第三勢力所孜孜追求的和平、民主和憲政，固然有其普世的價值，然其政治主張和政治路線卻嚴重脫離中國的政治現實，歷史已經做出了結論：「在中國人民和人民敵人的生死鬥爭中間，沒有任何『第三條道路』存在」。〔註53〕

〔註51〕　羅隆基：《從參加舊政協到參加南京和談的一些回憶》，載於單兆恒編：《政治協商會議資料》，四川人民出版社，1981年版，第565頁。

〔註52〕　周恩來：《對國民黨召開「國大」的聲明》，見《周恩來選集》（上卷），人民出版社，1980年版，第244頁。

〔註53〕　新華社社論：《舊中國在滅亡新中國在前進》，載於《東北日報》，1948年5月25日。

第五章　現代中國第三勢力憲政運動簡史

　　關於近現代中國憲政運動的起點，學界大致有三種觀點。第一種觀點認為，發生於 1898 的戊戌維新運動「是一場要求以資產階級君主立憲製取代封建君主制的憲政運動」，是近現代中國立憲政治的首次嘗試。〔註 1〕第二種觀點則認為：「嚴格講，中國之有立憲運動始於 1904 年日俄戰爭後。小國日本戰勝龐大的俄國，國人驚醒，『日俄之勝負，立憲專制之勝負也』。知識階層認為這是日本『立憲的結果』，於是『群信專制整體國之不能自強』，『頒佈憲法，召集國會，成為社會熱烈的呼聲』」，乃有清末立憲運動。〔註 2〕第三種觀點則認為孫中山五權憲法理論的形成，是中國現代憲政運動的基本標誌。因為孫中山先生首創的五權憲法理論，是真正開始脫出西方式民主政治形態的基本模式並開始具有中國特色的憲政理論與實踐，是在現代中國歷史條件下所形成的一種既超出西方民主政治理論又帶有鮮明的中國特色的憲政理論。〔註 3〕

　　本書無意對這三種觀點的孰優孰劣展開評價，事實上這三種觀點的分歧僅僅源於各自側重點的不同。回顧歷史，我們可以認定，孫中山之前的近代

〔註 1〕　請參見張學仁、陳寧生主編：《二十世紀之中國憲政》，武漢大學出版社，2002年版，第 17 頁。

〔註 2〕　請參見石畢凡著：《近代中國自由主義憲政思潮研究》，山東人民出版社，2004年版，第 9 頁。

〔註 3〕　請參見王永祥著：《中國現代憲政運動史》，人民出版社，1996年版，第 4～5頁。

中國的立憲活動，基本上是對西方近代憲政的機械模仿和簡單移植，更由於近代中國的特殊國情，移植而來的西方的憲政制度，在中國卻完全變成了一種擺設，不僅沒有促進中國的政治進步，反而使得國家政治生活和社會秩序陷入混亂。孫中山對此是有其深刻認識的，他認爲歐美的憲政模式是不符合中國國情的，爲此他設計了一個既不同於歐美式的三權分立，又不同於蘇維埃體制而頗具中國特色的五權憲法理論。

在孫中山的「五權憲法」理論中，他將政治權力劃分爲「政權」和「治權」：「政是眾人之事，集合眾人之事的大力量，便叫做政權，政權可以說是民權。治是管理眾人之事，集合管理眾人之事的大力量，便叫做治權，治權可以說是政府權。所以政治之中，包含有兩個力量，一個是政權，一個是治權。這兩個力量，一個是管理政府的力量，一個是政府自身的力量。」〔註4〕因此，孫中山的「五權憲法」理論，包括兩個方面，一是五權分立，一是權能分立。通過五權憲法，孫中山試圖建立一個由人民自己支配的、爲人民謀幸福的「萬能政府」和「全民政治」。遺憾的是，孫中山未及在實踐中檢驗他的憲政設計，五權憲法理論限於憲政的主要原則，具體而微者未能落實。即便如此，孫中山先生的五權憲法理論仍對後來的憲政運動產生了深遠的影響。有人指出，「國民黨執政時期，憲政運動的發展一分爲三：一是中國共產黨追求的新民主主義憲政；二是國民黨的三民主義憲政；三是中間黨派追求的自由主義憲政。不過，民國時期憲政運動的三種走向，或多或少都被籠罩在孫中山三民主義、五權憲法的話語體系中。〔註5〕當然，孫中山權能分立論、一黨治國論和革命程序論等思想，也產生了消極的影響，特別是給其後的國民黨一黨專政提供了藉口。而事實上，中國現代史上第三勢力所主導的憲政運動，正源於對國民黨獨裁統治的反抗。

一、抗戰前第三勢力的憲政運動

（一）九・一八前「微弱」的憲政運動

蔣介石發動「四・一二」反革命政變後，於 1927 年 4 月 18 日正式建立南

〔註4〕 請參見孫中山著：《三民主義・民權主義》，見《孫中山選集》（下卷），人民出版社，1956 年版，第 754 頁。

〔註5〕 請參見石畢凡著：《近代中國自由主義憲政思潮研究》，山東人民出版社，2004年版，第 108 頁。

京國民政府。1928 年 2 月和 10 月先後公佈實施了《中華民國國民政府組織法》
和《中國國民黨訓政綱領》，基本上確立了國民黨一黨專政、蔣介石獨裁統治
的集權的訓政政治體系。1931 年 6 月，南京國民政府又公佈了《中華民國訓政
時期約法》，並宣佈即日起開始實行。《約法》規定國民在法律面前一律平等，
享有各項權利，然除信仰自由外，其餘各項權利自由均有「依法律」、「非依法
律不受限制」或者「在不妨礙公共利益之範圍內」的規定，這實際上爲以後政
府以「法律」的名義限制或剝奪人民的自由權利提供了憲法上的依據。《約法》
還明確規定：「訓政時期由中國國民黨全國代表大會代表國民大會行使中央統
治權。中國國民黨全國代表大會閉會時，其職權由中國國民黨中央執行委員會
行使之」，這實際上是以根本大法的形式確立了國民黨一黨專政的地位。

　　從《中華民國訓政時期約法》產生的背景和具體內容來看，它完全是爲
了適應國民黨一黨專政、蔣介石獨裁統治的需要而制定的，是《中國國民黨
訓政綱領》的具體化和憲法化。《約法》在表面上打著孫中山的「三民主義」
的旗號，實際上卻歪曲篡改了孫中山的學說，企圖爲國民黨的一黨專政和蔣
介石的個人獨裁尋求根本大法的合法性基礎。事實上，蔣介石對整個政體行
使最高權力，蔣介石的顧問何廉曾回憶：「委員長走到哪裏，政府的眞正權力
就行使到哪裏。就職權而言，他領導一切」。一位美國外交官也有這樣的體認：
「蔣介石的影子遍佈各個角落。（如果沒有來過南京）我將不願相信他控制政
府達到如此明顯的程度。他的利益觸及哪裏，哪裏就有政府的活動，而在別
的地方，如果不是癱瘓，至少是聽任政策放任自流」。〔註 6〕蔣介石一手把持
的國民黨一黨專政的政府可謂是十足的「無限政府」，但這個政權是虛弱的，
「因爲它在社會上缺乏穩固的基礎。所有強大的現代民族國家的一個特點
是，人口相當大的部分被動員起來支持政府的政治目標。而國民黨人在重視
政治控制和社會秩序的同時，不信任民衆運動和個人的首創精神；所以他們
不能創造出那類基礎廣泛的民衆擁護，在 20 世紀，民衆擁護才能導致眞正的
政治權力」。〔註 7〕國民政府假「訓政」之名，實行一黨專政、個人獨裁、侵

〔註 6〕　轉引自（美）易勞逸著，李寶鴻譯：《南京十年時期的國民黨中國：1927～1937
　　　　　年》，載於（美）費正清、費維愷主編，楊品泉等譯：《劍橋中華民國史：1912
　　　　　～1949 年》（上），中國社會科學出版社，1998 年版，第 154 頁。
〔註 7〕　（美）易勞逸著，李寶鴻譯：《南京十年時期的國民黨中國：1927～1937 年》，
　　　　　載於（美）費正清、費維愷主編，楊品泉等譯：《劍橋中華民國史：1912～1949
　　　　　年》（上），中國社會科學出版社，1998 年版，第 157～158 頁。

犯人權、壓制自由的政策，引起了各界人士特別是第三勢力知識分子的強烈不滿和反抗，他們紛紛要求國民政府改革內政，保障人權，實行民主政治。

早在 1928 年初，張君勱和主持青年黨黨務的李璜在上海秘密創辦《新路》雜誌，打響了反對國民黨一黨專政、要求實行憲政的第一槍。針對國民黨所鼓吹的「以黨治國」、「黨外無黨」，張君勱在《發刊辭》中明確指出：「立國原則，在乎兩黨或多黨政治；各出心思，以待判決於國民，則人人有所貢獻；彼此互相監督，立朝之黨，有所憚而不敢爲惡，在野之黨，有所待而展其懷抱，誠各方心思才力有所抒發之良制也。反是者，以一黨秉政，而他黨在排斥之列，則一部分之民意，郁郁不抒，一黨自居天上地下唯吾獨尊之地位，而國事之貽誤者不少矣。」〔註8〕在《新路》第 2 期上，張君勱發表了《一黨專政與吾國》，指出國民黨由於實行一黨專政，上臺一年來政績不外「失敗」兩字，因爲「凡施行專政者，未有不蹈此覆轍者也」。國民黨唯有「停止黨部獨佔的活動」和「廢止訓政」，同時「保障人民言論自由」和「結社集會自由」；「速議地方制，施行地方自治」；「速議國憲，施行政黨政治」才是不再失敗的出路。〔註9〕此爲現代中國第三勢力知識分子要求結束一黨專政、實行民主憲政的先聲，而第三勢力主導的所謂憲政運動則肇端於第三勢力知識分子成立的費邊式的議政組織——平社。〔註10〕

平社的成員多爲歐美留學回來的自由主義知識分子，主要成員有胡適、羅隆基、梁實秋、潘光旦、張君勱、王造時等，他們都服膺費邊社的主要人物拉斯基的民主社會主義學說和漸進的改良主義。平社的成員都十分關注現實政治，1929 年 4 月 20 日，南京國民政府發佈了一道《人權保障命令》：「世

〔註 8〕 立齋：《發刊辭》，載於《新路》（上海），第一卷第一期，1928 年。
〔註 9〕 立齋：《一黨專政與吾國》，載於《新路》（上海），第一卷第二期，1928 年。
〔註10〕 人們對平社似乎知之甚少，但人們都知道「新月派」或者「人權派」，平社的大部分成員均來自新月派，故人們混淆了他們，也未加區分習慣於將他們稱之爲新月派。其實他們是有區別的，新月派是一個文學組織，《新月》本也是一個文學刊物，是詩人徐志摩借印度詩人泰戈爾的詩集《新月集》之名，欲在中國當時黑暗的社會裏尋求一塊理想主義的文學天國。而新月派的主要成員胡適、羅隆基等對政治亦具有濃厚的興趣，但他們不想使《新月》染指政治而騷擾徐志摩的文藝自由女神，便合計創辦一個名位《平論》的周刊，同時傲仿英國「費邊社」的形式，組織一個專門議政的「平論社」，欲在平時之中，平心而論政治。後來《平論》流產，平社的活動卻開展起來，原定登載在《平論》的政論文章，便在《新月》增闢的議政專欄上發表，這也使得《新月》的第 2 卷第 2 期開始，一改純文學的形象，走上了議政的道路。

界各國人權均受法律之保障。當此訓政開始，法治基礎極宜確立。凡在中華民國法權管轄之內，無論個人或團體均不得以非法行爲侵害他人身體，自由，及財產。違者即依法嚴刑懲辦不貸。著行政司法各院通飭一體遵照。此令。」〔註11〕而就在這個命令頒佈前後，發生了安徽大學校長劉文典和唐山商人楊潤無端遭非法刑拘的事件，於圍繞這個命令和事件，平社成員以《新月》雜誌爲陣地，紛紛撰文揭露國民黨統治下中國「人權破產」之狀況，並向國民政府公開提出制定憲法、保障人權和實行憲政的要求，從而發動了一場影響深遠的人權運動。

胡適首先發表《人權與約法》一文，揭開了人權運動的序幕。是文中，胡適首先對前述保障人名的命令提出了質疑：「第一，這道命令認『人權』爲『身體、自由、財產』三項，但這三項都沒有明確規定。……第二，命令所禁止的只是『個人或團體』，而並不曾提及政府機關。個人或團體固然不得以非法行爲侵害他人身體自由及財產，但今日我們最感覺痛苦的是種種政府機關或假借政府與黨部的機關侵害人民的身體自由及財產。……第三，命令中說，『違者即依法嚴行懲辦不貸』，所謂『依法』是依什麼法？我們就不知道今日有何種法律可以保障人民的人權。中華民國刑法固然有『妨害自由罪』等章，但種種妨害若以政府黨部名義行之，人民便完全沒有保障了。」胡適在文中對國民政府在「訓政」的幌子下，借「黨治」之名肆意踐踏人權的行爲作了深刻的揭露，並呼籲制定憲法來規定政府的權限，來規定人民的「身體，自由，及財產」的保障。〔註12〕

胡適該文的發表，引起了輿論的廣泛關注。在胡適的倡導下，一些自由知識分子特別是平社同仁紛紛撰文響應，宣傳保障人權、實行憲政的主張。在《新月》發表的代表性政論有梁實秋的《論思想統一》，羅隆基的《論人權》、《什麼是法治》、《我們要什麼樣的政治制度》，胡適的《我們什麼時候才可有憲法》、《個人自由與社會進步》等。羅隆基指出「人權破產，是中國目前不可掩蓋的事實。國民政府四月二十日保障人權的命令，是承認中國人民人權已經破產的鐵證」，提出「三十五條必爭的人權」，並公開舉起人權運動的大

〔註11〕轉引自胡適：《人權與約法》，見歐陽哲生編：《胡適文集》（第5卷），北京大學出版社，1998年版，第524頁。

〔註12〕請參見胡適：《人權與約法》，見歐陽哲生編：《胡適文集》（第5卷），北京大學出版社，1998年版，第524～529頁。

旗，〔註13〕「人權派」亦因此而得名。1930年，新月書店將上述政論文章結集出版，名曰《人權論集》，較為集中地反映了平社同仁的人權思想和憲政理念。

1931年6月，維護國民黨一黨專政的《訓政時期約法》公佈後，羅隆基等人對之展開了尖銳的批評。羅隆基指出，「這次約法，只有『主權在民』的虛文，沒有人民行使主權的實質。人民不能行使的主權，本身就無主權的價值。約法上這種辦法，不知而為之，是政治理論上殘缺不全的錯誤；知而為之，是政治道德上欲蓋彌彰的手段」；「約法所規定的五權分立的國家政權體制，實際上完全是一個獨裁專制的政府，或成一個多頭專制的政府」。〔註14〕羅隆基等對《約法》的批評，徹底揭穿了國民黨所標榜的「主權在民」的虛偽實質，使得國民黨當局惱羞成怒，不僅《新月》被查封，張君勱、羅隆基更是先後遭綁票，胡適也多次受到警告。胡適在《人權論集》序言中言道：「今天正是大火的時候，我們骨頭燒成灰終究是中國人，實在不忍袖手旁觀。我們明知小小的翅膀上滴下的水點未必能救火，我們不過盡我們的一點微弱的力量，減少良心上的一點譴責而已」。〔註15〕平社同仁發起的「人權運動」是以要求保障人權、實行憲政為目標的進步運動，儘管是「微弱」的，卻是第一次公然打出反黨治反訓政的旗幟，無疑是第三勢力知識分子對國民黨專政統治的極具意義的抗爭，是中國現代史上憲政運動的肇始。

（二）九・一八後憲政運動的興起

九・一八事變的爆發，激發了國人空前的愛國熱情，而國民黨蔣介石卻採取不抵抗政策，致使東北淪陷，引起了各界人士的強烈憤慨。第三勢力中的有識之士更加認識到一黨專政之危害，為挽救民族危亡，他們要求當局取消一黨專政、開放政權、結束訓政、實行憲政，從而掀起了一場全國性的民主憲政運動。

九・一八事變爆發後，上海復旦大學的創始人馬相伯即發表《為日禍敬告國人書》，要求國民黨使真正民意徹底充分表現，立息內爭，共禦外侮。

〔註13〕請參見羅隆基：《論人權》，見謝泳編：《羅隆基：我的被捕的經過與反感》，中國青年出版社，1999年版，第59～78頁。

〔註14〕請參見羅隆基：《對訓政時期約法的批評》，見謝泳編：《羅隆基：我的被捕的經過與反感》，中國青年出版社，1999年版，第123～138頁。

〔註15〕胡適：《人權論集・序》，見歐陽哲生編：《胡適文集》（第5卷），北京大學出版社，1998年版，第523頁。

〔註 16〕十天後，羅隆基即出版了《瀋陽事件》的小冊子，指出「在目前內憂外患的環境下，具體的救急辦法，是根本改組現在的政府，我們希望容納全國各項人才，代表各項政見的政府來暫時負責國事，作政治上的應急的過渡辦法」。〔註 17〕第三勢力著名民主人士、上海光華大學文法學院院長王造時也發表長篇論文《救亡兩大政策》，要求停止內戰，特別是國民黨要取消一黨專政，實行民主憲政，集中全國人才，組織國防政府。〔註 18〕

　　第三勢力知識分子也自覺地組織起來，開展更有聲勢的愛國運動，從而把憲政運動推向全國。1931 年 12 月，著名人士熊希齡、馬相伯、沈鈞儒、左舜生、黃炎培等 60 多人在上海組成中華民國國難救濟會，發表宣言指出：「國內一部分人之集團，標榜黨治，掌握政權，自屬於統治階級，而無視大多數國民之國家主人地位」，要求國民黨立即解除黨禁，組織人民代表機關，召開憲法會議，制定憲法，實行憲政。〔註 19〕1932 年 1 月，老同盟會會員孫洪伊、章太炎和國民黨元老李烈鈞等在上海成立憲政促進會，要求國民黨結束訓政，實施憲政。2 月，黃炎培、王造時等在上海成立民主憲政協進會，旨在推動國民黨結束一黨專政，實行民主憲政。與此同時，北平民權大同盟、天津憲政期成會、中社等團體也接踵成立，全國各大報刊如《大公報》、《申報》也改變政治立場，紛紛發表政論，要求結束國民黨的一黨專政，呼籲實行民主憲政，從而推動了民主憲政運動的蓬勃發展。

　　對於社會各界的抗日民主要求，國民黨當局迫於壓力不得不擺出一種姿態。國民黨四屆一中全會決定召開國難會議，表示要提前實現憲政。沈鈞儒、黃炎培、李璜等利用這一機會，提出《救濟國難之具體主張》，要求國民黨政府在憲政未實現以前，立即確保人民言論、出版、集會和結社的自由，承認各政黨並得立即自由活動，集中全國人才組織有力政府，設立民選的國民參政會監督政府，籌備憲政，並於 8 個月內制定民主主義的憲法。1932 年 4 月，國難會議在洛陽召開。會議在汪精衛的控制下，禁止討論憲政問題，但在野的國難會議議員仍提出了結束訓政，實行憲政的提案，並與國民黨當局展開

〔註 16〕馬相伯：《爲日禍敬告國人書》，見朱維錚主編：《馬相伯集》，復旦大學出版社，1996 年版，第 902 頁。
〔註 17〕羅隆基著：《瀋陽事件》，上海良友圖書印刷公司，1931 年版，第 15 頁。
〔註 18〕請參見王造時：《救亡兩大政策》，見王造時著：《荒謬集》，自由言論社，1935 年版，第 26～32 頁。
〔註 19〕《申報》，1931 年 12 月 23 日。

了激烈的爭論。

國難會議當局對憲政的排斥，不僅使在野民主人士頗爲失望，連國民黨黨內民主人士也覺臉上無光。國難會議閉幕不久，國民政府立法院院長孫科在上海發表《抗日救國綱領草案》，呼籲「促進憲政，建立眞正的民主政治」，要求國民黨於最近期內開始「籌備憲政」，迅速起草憲法並召開國民大會決議憲法。〔註20〕孫科的主張得到了各界民主人士的歡迎，卻遭到了汪精衛和國民黨元老于右任的反對，于右任發表《放棄訓政與中國革命之危機》一文，揚言放棄訓政，必將危及國民黨的統治，實爲「毀總理之主張……毀黨毀政」，認爲實行憲政必須先完成訓政。〔註21〕孫科對汪、於等人的詭辯進行了還擊，指出實行憲政後，各黨派均可在自由競爭中得到進步，國民黨也將在競爭中「格外可以健全」，只要國民黨自己能夠代表人民的利益，「必然受全國人民的擁戴，國民黨的政權一定可以更加鞏固」。〔註22〕

在孫科反駁汪、於之後，王造時在《申報》、《新聞報》和《時事新報》上同時發表《對於訓政與憲政的意見——批評汪精衛、于右任二氏的言論》，逐條批駁了汪、於二人反對結束訓政的所謂四條理由，指出中國現在是否應該結束訓政、實行憲政是一回事，中國的人民、從前的官僚政客配談憲政與否又是一回事。如果中國應該實行憲政，那麼無論什麼人談，都是應該實行的，不能因人廢言，更不能因噎廢食。〔註23〕王造時對「訓政派」的犀利批判，引起了當時中國思想界的廣泛共鳴，剛剛在北平秘密成立的中國國家社會黨，也立即投身於憲政運動。在其創辦的雜誌《再生》創刊號上，發表了由張君勱、張東蓀和胡石青共同起草的《我們要說的話》，該文闡述了國家社會黨對於中國政治、經濟和教育的主張，並提出了98條綱領。張君勱等對國民黨的訓政理論提出了嚴厲的批評，他們指出，國民黨所以主張訓政的一個理由是「中國人民知識能力不夠實行憲政」，倘若這是事實，那必然是全國人民都是如此，決不能有一部分人民被訓，另一部分人民能訓。由此可見，訓政理論是不值一駁的，實際上，人民程度只能作爲實施民主時「酌量的根據」，

〔註20〕孫科：《抗日救國綱領草案》，載於《時事新報》，1932年4月27日。

〔註21〕于右任：《放棄訓政與中國革命之危機》，載於《中央日報》，1932年5月5日。

〔註22〕孫科：《孫哲生答于右任》，載於《時事新報》，1932年5月6日。

〔註23〕請參見王造時：《對於訓政與憲政的意見——批評汪精衛、于右任二氏的言論》，見王造時著：《荒謬集》，自由言論社，1935年版，第33～39頁。

而絕不能作爲「反對或延緩」民主政治的「口實」，因爲民主政治僅僅是一個原則，人民程度高，實施的可以多些；人民程度低，實施的可以少些。〔註24〕至此，以第三勢力知識分子王造時、張君勱、羅隆基爲代表的「憲政派」和以汪精衛、于右任爲代表的「訓政派」展開了激烈的交鋒。

　　針對「訓政派」所提出的反對憲政的諸多理由，譬如中國人民程度太低，不足以談憲政，故訓政不完成，無憲政之可能；內憂外患，無憲政之條件；過去憲政成績不好，故憲政已經沒落，憲政救不了中國等，「憲政派」進行了嚴正的批判，譬如胡適在《憲政問題》，王造時在《我爲什麼主張實行憲政》，張君勱在《國民黨黨正之新歧路》等等時論中充分論證了在中國當前，只有結束國民黨一黨專政，結束訓政，切實實行憲政才能動員全社會人民抗日救國，才能使中國政治走上民主憲政的道路，才能最終實現中國政治和社會的進步。「憲政派」的主張贏得了知識界和政界的廣泛認同，在國民黨內部孫科也得到了不少中上層黨政官員的支持。迫於輿論和現實政治的壓力，蔣介石也不得不做出某些讓步，同意著手起草憲法。

　　根據國民黨四屆三中全會的決議，將於 1935 年 3 月召開國民大會議決憲法，並責成國民政府立法院負責憲法草案的起草工作，會後旋即成立了由孫科兼任委員長，吳經熊、張知本爲副委員長，包括 40 多位立法委員的憲法起草委員會。1933 年 6 月，憲法草案初稿得以完成，並在報紙上公佈，以集思廣益，制定眞正符合民意之憲法。然蔣介石仍不願意放棄黨治和特權，於是要求對憲法草案再三審查和修改，致使六易其稿，先後共歷時 3 年零 5 個月時間，直至 1936 年 5 月 5 日，《中華民國憲法草案》由國民政府正式公佈，國人習慣稱之爲《五五憲草》。

　　在憲草公示和修改期間，國人紛紛就憲草的理論基礎、結構體系以及憲草各條款的妥當與否發表自己的見解，實際上形成了關於憲法和憲政問題的大爭鳴，也進一步推動了憲政運動的發展。然憲草從最初的具有一定的民主性，逐漸向總統個人和中央政府的高度集權轉變，直至《五五憲草》實際上確立了蔣介石個人獨裁統治的國家制度，激起了各界人民和在野黨派特別是第三勢力的抨擊。憲草公佈不久，剛剛在上海成立的全國各界救國聯合會就在宣言中嚴正指出：「中央最近頒佈憲法草案及國民大會組織法，不但絲毫沒

〔註24〕　請參見：《中國國家社會黨宣言》，載於方慶秋主編：《民國黨派社團檔案史料叢稿・中國民主社會黨》，檔案出版社，1988 年版，第 46 頁。

有表示在訓政期間久已屆滿之後放棄一黨的專政，反而想進一步一面在立法上鞏固一黨專政的基礎，一面加緊對異己勢力的壓迫。這種偏狹的、意氣用事的見解和帶有權術意味的手段，和精誠二字正是背道而馳。大會認爲在這國家存亡間不容髮的時候，任何黨派的一意孤行，不顧大局，結果都是徒然招人民的反感。」〔註25〕1932年底成立的中國民權保障同盟，以營救一切愛國的革命的政治犯，爭取人民的言論、集會、出版等各項民主權利爲宗旨。對《五五憲草》關於人民自由權利的條款，仍然使用法律保障主義的方法，同盟明確地表達了其態度：「本同盟對於現行法律是否非法，完全視其與保障民權有無牴觸。……凡與民權牴觸之一切法律，本同盟皆認爲非法，主張廢止。」〔註26〕同盟還主張以鬥爭的方式爭取民權，同盟領導人宋慶齡指出：「民主權利是不能與震撼世界和震撼中國的鬥爭分開的。相反地，它和這些鬥爭是結合在一起的，而且是這些鬥爭的一部分」，「我相信革命一定會建立自己的權利，建立中國的統一、獨立和完整，以及人民自治的權利。我以爲中國民權保障同盟就是推功我們達到這個目標的工具之一。」〔註27〕在宋慶齡和蔡元培等人的領導下，民權保障同盟投身於民權運動，繼平社之後，在中國的大地上舉起了又一面保障人權的旗幟。

第三勢力的知識精英們深知，有憲法未必有憲政，在中國當前的政治狀況下，如果執政的國民黨及其領導人沒有實施憲政的誠意，即使是有一部美侖美奐的憲法，也只是紙上談兵。因此他們對憲法草案展開批評的同時，更爲關注改革現實政治，更爲重視以實際的憲政運動向國民黨爭憲政。救國會領袖章乃器甚至公開表示沒有興趣去談《憲法》問題，因爲「目下的主要問題，就問人民有沒有力量使《憲法》能夠徹底實行。倘使沒有這個力量，憑你有怎樣好的《憲法》，也是枉然！因此，我們必須下這樣的一個結論：憲政運動是一件事，而《憲法》研究又是一件事；憲政運動可以包括《憲法》研究，而《憲法》研究不能包括憲政運動。憲政運動是大眾的事，是一個群眾運動；是要用群眾的力量做基礎的；而《憲法》研究卻是少數學者的事，是

〔註25〕 《全國各界救國聯合會成立大會宣言》，載於周天度編：《中華民國史資料叢稿・救國會》，中國社會科學出版社，1981年版，第88頁。

〔註26〕 《同盟執委會覆馬裕藻等人信》，載於陳淑渝、陶忻編：《中華民國史資料叢稿・中國民權保障同盟》，中國社會科學出版社，1979年版，第20頁。

〔註27〕 宋慶齡：《中國民權保障同盟的任務》，載於陳淑渝、陶忻編：《中華民國史資料叢稿・中國民權保障同盟》，中國社會科學出版社，1979年版，第7頁。

分屬於憲政運動的，是群衆力量的基礎上而的一個上層建築。」章乃器積極投身於鼓動人民群衆參與憲政運動，爭取自己的民主權利，因爲在他看來，「權利的爭取是踏進憲政時期的一塊階石」。〔註28〕國社黨的主要成員羅隆基也撰文指出，我們不談要什麼樣的憲法，卻談要什麼樣的憲政，因爲憲法與憲政是兩個不同的問題。憲法是法律條文，條文發生了實際效力，能夠見諸實行，才算憲政。因此，爭憲政比爭憲法更爲重要，今後中國的政治問題不是有沒有一份形式的憲法，而是實際政治能否實行憲政的基本原則。故羅隆基呼籲在憲法正式生效之前，國人應該謀事實上的政治改革，以實際行動投身於爭取民主、法治的憲政運動。〔註29〕

　　九・一八事變後憲政運動的興起，源於國民黨「訓政」實踐的破產和日益嚴重的民族危機。中國民權保障同盟、中國國家社會黨、全國各界救國會等第三勢力組織，直面國民黨的專政和壓制，領導和依靠各階層人民頑強鬥爭，投身於憲政運動，接受了考驗。在第三勢力和全國人民的爭取下，國民政府在《憲法》公佈後，開始籌備國民大會，並大張旗鼓地進行國大代表的選舉活動。然國民黨對結束訓政、實行憲政缺乏足夠的誠意，直到盧溝橋事變，國大代表尚未全部選定，旋即抗日戰爭全民爆發，國民大會無法召開，憲法草案旋被擱置。

二、抗戰時期第三勢力的憲政運動

（一）抗戰時期的第一次憲政運動

　　1937年7月，盧溝橋事變爆發，日本發動了全面的侵華戰爭，中華民族處在生死存亡的危急時刻。迫於全國人民抗日救國的熱情，國民黨當局也擺出團結各黨派各階層人民戮力抗日的民主姿態。「七七事變」前夕，國民黨中央邀請各在野黨派領導人和社會名流召開「盧山談話會」，共商國是，初步承認了各在野黨派的合法地位。在共產黨和其他在野黨派以及愛國人士的推動下，國民黨中央政治會議決定設立「國防最高會議」作爲全國國防最高決策機關，並在其下設咨詢機構「國防參議會」，由國防最高會

〔註28〕　請參見章乃器：《出獄前後・論憲政運動》，見章立凡選編：《章乃器文集・下卷・政論雜著編》，華夏出版社，1997年版，第363～366頁。
〔註29〕　請參見羅隆基：《我們要什麼樣的憲政》，載於《自由評論》，第1期，1935年。

議主席蔣介石聘請「在野黨派，社會人望，和具有專長的人」〔註30〕擔任國防參議會參議員。第一批被聘為參議員的有張耀曾、張君勱、梁漱溟、毛澤東等 16 人，後增至 25 人〔註31〕，多為中國共產黨、國家社會黨、青年黨、救國會、職教社、鄉村建設派等主要在野黨派的代表人物、社會名流及「不接近中樞」的國民黨元老。國防參政會為第三勢力的相互溝通和日後的走向聯合創造了條件，有學者指出，國防參議會實質上已具有了團結各黨各派的意義，是統一戰線初期的一種組織形式，是國民黨在抗戰初期對於政治制度的一種改革。〔註32〕

　　然國防參議會作為一個咨詢機關，由於其人數和職權有限，無法滿足在野黨派參政議政和現實政治的需要，因此成立後不久包括共產黨在內的在野黨派、各界人士紛紛要求國民黨成立民意機關。國民黨迫於輿論接受了建議，並於 1938 年 3 月國民黨臨時全國代表大會通過的《抗日建國綱領決議案》決定組織國民參政機關：國民參政會。是年 7 月，第一屆國民參政會在漢口隆重舉行，156 名參政員出席，氣氛熱烈。在全體 200 名參政員中，國民黨人占五分之二，無黨派人士占五分之二，其他黨派占五分之一，初步體現了「團結全國力量，集中全國之思慮與識見」的初衷。〔註33〕它還確立這樣一個事實，即第三勢力作為一種力量，正式登上了政治舞臺。

　　然隨著 1938 年 10 月武漢、廣州的失守，抗日戰爭進入相持階段，國民黨的政策隨之發生了急劇的變化，由積極抗日轉為消極抗日、積極反共，加強其一黨專政。特別是在 1939 年 1 月召開的五屆五中全會上，制定了「防共、限共、反共、溶共」的方針，後又頒佈《限制異黨活動辦法》以及《處理異

〔註30〕梁漱溟：《我努力的是什麼——抗戰以來自述》，見《梁漱溟全集》（第六卷），山東人民出版社，1991 年版，第 186 頁。

〔註31〕正式名單未曾公佈過，25 人係據曾琦在《五年來朝野協力之回顧》回憶：「予由滇黔返武漢，政府乃取消二十五名之國防參議會，而代以二百名之國民參政會」。請參見《青年黨與國民參政會》，載於李義彬編：《中華民國史資料叢稿‧中國青年黨》，中國社會科學出版社，1982 年版，第 272 頁。不過此說有爭議，據秦孝儀主編《中華民國政治發展史》：「聘請各在野黨領袖及若干獨立政治主張的人士共二十四人為成員」。請參見秦孝儀主編：《中華民國政治發展史》（第三冊），臺灣近代中國出版社，1985 年版，第 1175 頁。學界一般認為是增至 25 人。

〔註32〕請參見聞黎明：《國防參議會簡論》，載於《近代史研究》，1995 年第 1 期。

〔註33〕請參見《抗戰建國綱領決議案》，載於榮孟源、孫彩霞編：《中國國民黨歷次代表大會及中央全會資料》（下冊），光明日報出版社，1985 年版，第 485 頁。

黨實施方案》，完全剝奪了抗戰初期共產黨和第三勢力各黨派爭得的些許自由
權利。第三勢力各政治組織和其他民主人士對國民黨打擊異己的政策強烈不
滿，於是和共產黨一道展開了一場反對國民黨專制，要求結束黨治，實現民
主的憲政運動，是為抗戰時期的第一次憲政運動。而國民參政會的設立，則
為共產黨、第三勢力個黨派和無黨派人士提供了一個發表政見，督促國民黨
實行民主憲政的合法舞臺，客觀上推動了憲政運動的發展。

　　事實上，抗戰時期的第一次憲政運動實肇始於 1939 年 9 月在重慶召開的
國民參政會第一屆第四次會議。在開幕式上，各黨各派一共提出 7 個關於憲
政方面的提案，據統計，參加會議的參政員不過一百多人，而 7 個提案的聯
署人次達到 274 人次，充分反映了各黨各派對民主憲政的強烈呼聲。其中第
三勢力各黨派的提案就佔了 5 個，即青年黨左舜生、國社黨張君勱和第三黨
章伯鈞等提的《請結束黨治實施憲政以安定人心發揚民力而利抗戰案》和《改
革政治以應付非常局面案》，職教社江恒遠提的《為決定立國大計解除根本糾
紛謹提具五項意見建議政府請求採納施行案》，救國會張申府等提的《建議集
中人才辦法案》，以及救國會王造時、沈鈞儒等提的《為加緊精誠團結以增強
抗戰力量而保證最後勝利案》。這五個提案內容，大致可以歸納為四點，即：
「結束黨治，實行憲政」；「保障各抗日黨派合法權利」；「不分黨派，集中人
才參加抗戰建國工作」；「改革戰時行政機構」。〔註34〕

　　由於提案內容都涉及國民黨的既得利益，使國民黨的一些人感到威脅，
由是引發了一場激辯。15 日晚在擴大的第三審查委員會會議上，國民黨參政
員和非國民黨參政員，尤其是第三勢力參政員之間圍繞「抗日各黨派的合法
保障問題」和「結束黨治」的問題展開了激烈的舌戰。舌戰一直到次日凌晨
三點鐘由主席黃炎培強制結束，長達 6 個多小時的會議一直充滿火藥味，據
參加的鄒韜奮回憶：「你起我立，火拼似的舌戰，沒有一分一秒的停止。……
那熱烈的情況雖不敢說是絕後，恐怕總可說是空前的」。〔註35〕經過努力，16
日下午國民參政會第七次會議終於通過了《請政府定期召集國民大會實行憲
政決議案》，提出「甲、治本辦法：（一）請政府明令定期召集國民大會，制

〔註34〕　陳紹禹：《目前國內外形勢與參政員第四次大會的成績（1939 年 9 月 20 日在
　　　　新華日報社工作人員會議上的報告）》，載於《解放》，第 89 期，1939 年 11
　　　　月 7 日。

〔註35〕　請參見鄒韜奮：《關於憲政提案的一場舌戰》，載於孟廣涵主編：《國民參政會
　　　　紀實》（上卷），重慶出版社，1985 年版，第 594 頁。

定憲法，實行憲政；（二）由議長指定參政員若干人，組織國民參政會憲政期成會，協助政府，促成憲政。乙、治標辦法：（一）請政府明令宣佈全國人民除漢奸外，地位一律平等；（二）爲因應戰時需要，政府行政機構應加充實並改進，藉以集中全國各方人才，從事抗戰建國工作，爭取最後勝利。」〔註36〕不難看出，《決議案》是朝野雙方妥協的產物，雖對結束黨治沒有明確規定，但仍不失爲一個進步的決議，特別是決議實際上承認各黨派爭取憲政活動的合法性，受到了各個方面的歡迎。第三勢力參政員甚至樂觀的認爲，此屆參政會「各黨派代表爭論雖烈，而卒獲圓滿結果」，「是建國之根基，是民治的起點」。〔註37〕蔣介石也將《決議案》譽爲本次會議「最大之貢獻」，〔註38〕根據決議蔣介石指定黃炎培、張君勱、周覽等參政員組成國民參政會憲政期成會，以「協助政府促成憲政」。國民參政會一屆四次會議閉幕後，憲政期成會繼續工作，在黃炎培、張君勱的召集下在 9 月底就召開了第一次會議。隨後的國民黨五屆六中全會通過了《定期召集國民大會並限期辦竣選舉案》，決定 1940 年 11 月 12 日召開國民大會，制頒憲法。在頗感制憲工作日趨緊迫的情勢下，憲政期成會召開第二次會議，決定征集各方對《五五憲草》的修改意見。

然孜孜追求憲政的第三勢力，決不會僅僅滿足於憲政期成會的紙上談兵。他們認爲國民大會的召集，憲法的制定及頒佈等等，決不是實施憲政的唯一部分。實施憲政的工作可以分作三個階段：第一個是參政會通過決議案起至開始召集國民大會；第二個是從開始召集國民大會至憲法頒佈止；第三是在憲法頒佈以後的切實執行的階段。而如果希望憲政的實施眞能獲得實際的功效和眞正的成功，則必須在第一階段剛開始時，推動最大多數的民眾參加憲政運動。因爲中國在這個時代所迫切需要的憲政，是要能夠充分反映全國最大多數民眾的要求，由此使他們對於國家有更親切的感覺，增強他們對於抗戰建國的努力。因此在這準備的時期即須積極推動各方面參加憲政運動，希望每一個民眾團體及學術團體，每個茶館，每個民眾教育館，每個大

〔註36〕 《請政府定期召集國民大會實行憲政決議案》，載於孟廣涵主編：《國民參政會紀實》（上卷），重慶出版社，1985 年版，第 593 頁。

〔註37〕 請參見黃炎培：《黃炎培日記‧一九三九年九月十六日》，載於孟廣涵主編：《國民參政會紀實‧續編》，重慶出版社，1987 年版，第 541～542 頁。

〔註38〕 蔣介石：《議長蔣中正閉幕詞》，載於孟廣涵主編：《國民參政會紀實》（上卷），重慶出版社，1985 年版，第 570 頁。

大小小的事業機關，都能舉行憲政座談會，使一般民眾都能明白憲政究竟是什麼一回事，憲政和抗戰建國究竟有什麼關係，憲政和他們的切身利害究竟有什麼關係，他們所希望的憲政內容究竟怎樣。這樣深入民間的憲政運動，在直接方面可以充分反映全國民眾的要求，使將來的憲法能反映全國民眾實際上的需要；在間接方面也就是實際的政治教育，加強他們對於政治的認識與瞭解，為實施憲政前途建立鞏固的基礎。〔註39〕根據這個原則，基本由第三勢力發起各種憲政座談會、演講會不時舉行，各種憲政促進會、研究會紛紛成立，從而正式掀起了抗戰時期的第一次憲政運動。

　　1939 年 10 月 1 日，由張瀾、沈鈞儒、左舜生等 12 人召集的第一次憲政座談會在重慶銀行公會召開，與會者數百人。座談會認為，實施憲政不能單賴政府、國民參政會之努力，尤賴全國人士、社會各方面的負責者共同努力。而首要問題是推進憲政實施，引起全國人士的注意，形成社會的憲政運動，並將這運動普及到全國去。〔註40〕在第四次座談會上，決定成立憲政促進會，並選舉黃炎培、沈鈞儒、董必武等 85 人為籌備委員。不久，重慶各界憲政促進會正式成立，重慶的婦女界憲政座談會和憲政研究會、青年與憲政座談會也相繼成立，並迅速波及全國。成都、桂林、上海、昆明、廣東、山西、安徽等省的一些地方也先後組織了憲政座談會或憲政促進會；同時，一些民主人士也紛紛撰文宣傳憲政，一時間，什麼是憲政？中國為什麼需要憲政？中國需要什麼樣的憲政？我們怎樣來推進憲政？憲政與抗戰救國有什麼關係？等憲政問題成為國人議論和媒體關注的熱點，使得抗日時期的第一次憲政運動進入了高潮。在一片要求實行憲政的呼聲中，1940 年 3 月 30 日，憲政期成會在採納各方意見──主要是羅隆基、救國會和董必武提出的三個方案──的基礎上，也終於完成了對《五五憲草》的修改工作，是為「期成憲草」，全名為《國民參政會憲政期成會提：中華民國憲法草案（五五憲草）修正草案》。

　　面對「晴天霹靂的憲政運動」，國民黨當局驚恐萬狀，再一次採取了壓制和破壞的手段。同年 4 月 6 日，國民參政會一屆五次會議正式審議《憲草修正案》，會議由蔣介石親自主持。張君勱代表憲政期成會作《憲草修正案》的

〔註39〕請參見鄒韜奮：《第一屆國民參政會親歷記・苦命的憲政運動》，載於孟廣涵主編：《國民參政會紀實・續編》，重慶出版社，1987 年版，第 454 頁。
〔註40〕請參見沈鈞儒：《怎樣推進憲政運動》，載於周天度編：《沈鈞儒文集》，人民出版社，1994 年版，第 411～412 頁。

說明，儘管他用盡了渾身解數，力圖使國民黨和蔣介石相信，《憲草修正案》不僅不違背總理遺教，而且不會對政府尤其是總統權力造成損害，卻仍然遭到了國民黨人的強烈反對。全國人民頗爲期待的《憲草修正案》未經大會表決，甚至未經充分討論，就被蔣介石提議移送國民政府，被束之高閣。這在實質上已經宣佈了「苦命的憲政運動」的失敗。事態發展正如人們所料，1940年9月，國民黨五屆157次中常會以交通不變爲由，宣佈原定於11月12日召開的國民大會延期至戰後召開，具體日期另行通知，至此，抗戰時期的第一次憲政運動徹底失敗。這次憲政運動使第三勢力受到了深刻的教育，使他們認識到，不形成第三勢力自己的組織，不推翻國民黨的一黨專政，而欲在中國實現民主憲政是根本沒有出路的，這也爲抗戰時期的第二次憲政運動的重心轉移埋下了伏筆。

（二）抗戰時期的第二次憲政運動

國民黨扼殺第一次憲政運動之後，政治上日漸反動，不時掀起反共事件，並加緊了對第三勢力民主人士的排擠與迫害。第三勢力則汲取了第一次憲政運動的教訓，也加緊了第三勢力整合的進程。1941年3月，中國民主政團同盟在重慶上清寺秘密成立，作爲「國內在政治上一向抱民主思想各黨派一初步結合」，〔註41〕民主政團同盟的成立是對「抗戰時期我國民主運動的一個新的推動」，〔註42〕使得第三勢力有了一個較爲穩定的政治組織。而自太平洋戰爭爆發後，同盟國尤其是美國不斷地向蔣介石施加壓力，敦促其進行政治改革，推進民主政治，避免國共摩擦，以加強同盟國對軸心國的作戰力量。國民黨爲了擺脫外交困局，維護其統治地位，1943年9月國民黨五屆十一中全會通過了《關於實施憲政總報告之決議案》，宣佈國民政府將於戰爭結束後一年內，召集國民大會，頒佈憲法，實行憲政。在同年9月召開的國民參政會三屆二次會議開幕式上，蔣介石信誓旦旦地表示：「我們抗戰勝利之日，即是開始憲政之時」。〔註43〕大會根據蔣介石的講話精神，決議組織憲政實施籌備機構「憲政實施協進會」，以幫助政府推進憲政。

〔註41〕 《中國民主政團同盟成立宣言》，載於中國民主同盟中央文史資料委員會編：《中國民主同盟歷史文獻（1941～1949）》，第5頁。
〔註42〕 《中國民主運動的生力軍》，載於《解放日報》，1941年10月28日。
〔註43〕 蔣介石：《國民政府主席蔣中正訓詞》，載於孟廣涵主編：《國民參政會紀實》（下卷），重慶出版社，1985年版，第1211頁。

　　第三勢力各黨派決定利用這一機會，在國民黨統治區再一次掀起民主憲
政運動的高潮。在國民參政會三屆二次會議開幕當天，中國民主政團同盟主
席張瀾即發佈小冊子《我們需要眞正民主政治》，指出眞正的民主政治，就是：
「主權在民的政治，也就是國由民治。凡是管理眾人的事，要以主權在民的
眞精神和好方法來管理，才叫做眞正的民主政治。如其以一個人一群人一黨
人的意思，不依全民共立、全民共守的法律來管理眾人的事，把持政權，獨
裁專制，任意擴大統治者的權力，並不容許全國人民發表不同的意見，得到
各種的自由，不顧全國人民的主權，那就決不是民主政治，只可稱爲君主政
治，貴族政治，黨霸政治。」張瀾還批判那種認爲「民主政治，必須人民經
過若干時期的訓練，候其到達某種程度，然後實行，乃可望收到好效果」的
言論，「其言似是而非。試思實行民主政治，要經過一年又延一年的訓政時期，
與滿清末年的立憲要預備九年者何殊。」張瀾指出黨治即是以黨治國，一黨
專政，視國家爲一黨所私有，必將造成官吏公開貪污，法令皆成具文的不可
收拾之頹勢，因此黨治與民主政治是完全相反的東西，中國當前首先要做的
事就是結束黨治，從速實行眞正的民主政治。〔註44〕張瀾的這篇長文，在國
統區猶如一聲春雷，激起了很大的反響，給了第三勢力及廣大民主人士以極
大的鼓舞，同時也奠定了第二次憲政運動的基調，沉寂了三年的憲政運動由
此再次吹響了號角。

　　第三勢力對這次憲政運動依然寄予了很大的期望，雖然國民黨一開始就
力圖通過成立御用議憲機構——憲政實施促進會，企圖使憲政討論嚴格控制
在官方允許的範圍內，但第三勢力巧妙的利用了它的合法性，舉辦各種憲政
座談會，很快就突破了官方規定的範圍，使之成爲一次有廣大人民群眾參與
的憲政運動。

　　1943 年 11 月，民盟接辦左舜生創辦的《民憲》雜誌，由張瀾、沈鈞儒、
羅隆基、張君勱等組成編委會，使該刊成爲抗戰後期製造憲政輿論最有力的
刊物之一。進入 1944 年元旦後，憲政運動逐漸發展起來。元旦期間，大型政
論性雜誌《憲政月刊》正式發行，黃炎培在《憲政月刊志趣》中爲月刊確立
了宗旨，即協助政府從事關於提倡實施憲政之宣傳，以客觀態度，研究憲法

〔註44〕張瀾：《中國需要眞正民主政治》，見龍顯昭主編：《張瀾文集》，四川教育出
　　　　版社，1991 年版，第 185～196 頁。

和有關憲政之問題。〔註45〕1 月 3 日，各第三勢力黨派領袖黃炎培、沈鈞儒、張君勱、王造時等 16 人在重慶再次發起憲政座談會，鄧初民、董必武等 60 餘人出席，座談會激烈抨擊國民黨的寡頭政治，要求保障人權，實施憲政。而《憲政月刊》則從 1 月起，連續九次每月邀請重慶實業、教育、銀行、工商界人士舉行憲政座談會，就如何推進憲政運動，如何制定憲法，如何保障，如何刷新地方政權等問題進行了深入的討論。另外中華職業教育社所辦的《國訊》旬刊社，亦與重慶青年會聯合舉辦憲政講談會宣傳憲政。

除重慶外，第三勢力各黨派還在成都、昆明等地舉行了憲政座談會，抨擊國民黨的獨裁統治，要求實施憲政。譬如在昆明，民盟昆明支部組織了西南聯大「中國憲政問題學術講演會」，邀請政治學家張奚若教授作《中國憲政問題》的演講，對國民黨的憲政理論和憲政誠意進行了無情的抨擊。在地方當局的支持下，昆明還成立了憲政討論會，省政府主席龍雲親任常務理事，不久又成立了憲政討論會研究委員會，錢端升、張克誠等出任委員。1944 年 2 月 5 日，以潘光旦、李公僕等 9 人爲理事的昆明學術界憲政研究會宣告成立，發表《我們在實施憲政以前的要求》，指出國民今日要求的不是預備立憲，更不是一紙空文，一分行動比十分言語更爲重要，敦促國民黨政府首先要遵守訓政時期約法，以作爲憲政實施的初步準備。此外，昆明還成立了婦女憲政討論會、青年憲政討論會以及新聞學術界省憲研究會等，使得昆明的憲政運動格外活躍。

抗戰時期的第二次憲政運動的一個特徵是憲政座談會和創辦各種報刊雜誌以宣傳憲政並舉。除了上述的《民憲》、《憲政月刊》、《國訊》旬刊，聞一多、潘光旦、李公僕等還創辦了《自由論壇》，連續刊發了吳之椿的《轉變社會中的憲法與憲政》、潘光旦的《民主政治與中國社會背景》、吳晗的《治人與法治》等文章。此外，第三勢力在各地還創辦了《民主周刊》、《中華論壇》、《時代評論》、《現代婦女》等，都大量發表關於憲政的文章，在國統區造成了憲政運動的強大聲勢。

第三勢力的領導人黃炎培、張君勱、左舜生、王造時等同時兼任憲政實施協進會的成員，他們充分利用這一合法機構，呼籲保障基本人權以促進憲

〔註45〕請參見黃炎培：《憲政月刊志趣》，載於《憲政月刊》創刊號，1944 年 1 月 1 日。

政的實施，他們的努力是第二次憲政運動的重要組成部分。協進會第三勢力成員的努力主要體現在以下三個方面：

一是要求國民政府切實保障基本人權。所謂基本人權是張君勱向憲政實施協進會第二次會議提交的《人民基本權利三項保障案》中提出的，即人身自由、結社集會自由和言論出版自由。張君勱指出，只有這三項最基本的人權得到了切實保障，而後憲政才會有基礎。經過憲政實施協進會艱苦的鬥爭以及輿論界的大力推進，1944 年 7 月和 12 月，國民政府先後頒佈《保障人民身體自由辦法》和《改善書報檢查辦法》，這是第二次憲政運動的重要成果，給基本人權之保障帶來了一線希望。

二是要求國民政府切實施行訓政時期約法。1944 年 1 月 30 日，在憲政實施協進會第二次會議上，黃炎培提交《倡導全國上下切實奉行訓政時期約法及現行一切重要法規以立憲政實施基礎案》，提出強調法治觀念的七項理由與四項辦法。此議案經 2 月 4 日舉行的協進會第四次常務會議通過後即送交國防最高委員會，國防最高委員會基本同意四項辦法，並責成相關部門一體遵照。

三是要求國民政府充實和改進各級民意機關。早在憲政實施協進會第一次會議上，王造時等即向會議提交《關於從速成立各級民意機關》的議案，要求建立和充實各級民意機關，加緊推行地方自治和擴大國民參政會職權。譬如鑒於國民參政會的職權僅限於聽取政府報告、建議權、詢問權和調查權等「咨詢」的範圍，無法施展個人作用，經過協進會同仁的努力，終於爭得了國民參政會的預算初審權。

然而，對第三勢力提出的種種合理化建議和改良要求，國民黨當局不是敷衍了事，就是束之高閣，現實政治不曾得到任何明顯的改善。國民黨政府的腐敗無能，直接導致了 1944 年 4 月開始了豫湘桂大潰敗，短短數月，中國近百座城市淪於日本侵略者的鐵蹄之下。國民黨政府的無能引起了全國人民的極大憤慨，為挽救民族危亡，共產黨參政員林伯渠首先在 1944 年 9 月 15 日舉行的國民參政會三屆三次會議上提出：「挽救目前抗戰危機，準備反攻的急救辦法，必須對政府的機構人事政策迅速來一個改弦更張。……我們坦白的提出，希望國民黨立即結束一黨統治的局面，由國民政府召開各黨各派，各抗日部隊，各地方政府，各人民團體的代表，開國事會議，組織各抗日黨派聯合政府，一新天下耳目，振奮全國人心，鼓勵前方士氣，以加強全國團

結，集中全國人材，集中全國力量，這樣一定能夠準備配合盟軍反攻，將日寇打垮。」〔註 46〕中國共產黨關於建立「民主的聯合政府」的主張引起了強烈的社會反響，群眾競相購買刊有報告的《新華日報》，買不到的只好擠在街頭看貼在牆上的報紙。三屆三次民國參政會結束後，全國出現了擁護中共建議的熱潮，也給第三勢力主導的憲政運動以極大的鼓舞，要不要建立聯合政府、如何建立聯合政府，成爲憲政運動新的重心。

9 月 24 日，重慶首先出現了群眾性的集會，以第三勢力知識分子爲首的各黨派各階層代表黃炎培、張瀾、沈鈞儒、章伯鈞等 500 多人舉行集會，呼籲盡快結束國民黨一黨專政，建立聯合政府。大會主席慷慨陳詞，認爲民國成立 33 年來仍是有名無實，只有各黨各派與無黨派共同組織政府，成立聯合政權，實爲今日解決國事、挽救危亡所必需。章伯鈞也指出只有立即召集國民會議，實行聯合政府，才能挽救危機。〔註 47〕大會還決定成立重慶民主促進會，並推舉本次集會召集人爲籌備員。與此同時，全國各地也都呈現出呼籲成立聯合政府的熱潮，爲抗戰時期的第二次憲政運動增添了從未有過的活力。第三勢力的聯合組織，在 9 月 19 日中共民主政團同盟全國代表大會上正式更名爲中國民主同盟，也在 10 月 10 日發表《對抗戰最後階段的政治主張》，旗幟鮮明地要求「召集各黨派會議，產生戰時舉國一致之政府」。〔註 48〕

第三勢力自由知識分子，以已經眞正成爲國共兩黨之外的第三大黨的民盟爲核心，以結束國民黨一黨政府、建立聯合政府爲憲政運動新的重心，推動了抗戰時期第二次憲政運動向縱深發展，並持續到抗戰勝利之後，發揮了重大的政治作用。

三、抗戰勝利後的憲政運動

1945 年 8 月 15 日，中華民族終於贏得了八年抗戰的勝利。抗戰勝利後，

〔註 46〕 請參見林祖涵：《關於國共談判的報告》，載於孟廣涵主編：《國民參政會紀實》（下卷），重慶出版社，1985 年版，第 1348～1349 頁。

〔註 47〕 《重慶五百人集會：各黨派各階層代表一致要求改組政府》，原載於《解放日報》，1994 年 10 月 17 日，轉引自石畢凡著《近代中國自由主義憲政思潮研究》，山東人民出版社，2004 年版，第 201 頁。

〔註 48〕 《中國民主同盟對抗戰最後階段的政治主張》，載於中國民主同盟中央文史資料委員會編：《中國民主同盟歷史文獻（1941～1949）》，文史資料出版社，1983 年版，第 32 頁。

中國向何處去，是擺在國人面前的現實政治問題。一方面，和平和民主成為時代的潮流；另一方面，國民黨在承諾實施憲政的同時，卻力圖維持其一黨專政，內戰危機亦一觸即發。在抗戰時期，第三勢力領導廣大民眾積極參與政治，形成了聲勢浩大的憲政運動，為抗戰勝利後第三勢力的活躍奠定了基礎。抗戰時期的兩次憲政運動，也使得第三勢力認識到，要想實現自己的政治理想，非得擁有自己強大的政治力量。因此第三勢力在抗戰勝利後將組建國共兩黨之外的第三大黨視為自己的目標。

早在 1945 年初，羅隆基就提出「今日中國迫切需要第三個大政黨」。在羅隆基看來，根據中國當前的情況，假設沒有一個相當有力的第三大政黨，中國走上真民主的軌道，的確有許多困難。故只有在國共之外造成以實現民主為唯一目標的第三大黨，才能緩衝國共兩黨的武力對峙與衝突，從而制止內戰的發生。〔註 49〕這也是當時大部分第三勢力民主人士的共識，正是出於這樣的認識，改組後的中國民主同盟有意識地吸收追求民主的各階層人士，在各地設立地方組織，至 1945 年年底，已隱然成為國共兩黨之外的第三大黨，在中國的政治舞臺上具有舉足輕重的作用。

事實上在重慶談判期間，第三勢力在國共對峙的戰後格局中就凸顯了自身的價值，以民盟為代表的第三勢力在國共兩黨的對話過程中扮演了重要的角色。國共兩黨也都深知第三勢力這塊政治籌碼的重要價值，爭取第三勢力，就是爭取社會輿論，就是爭取民心指向，就是爭取他們所代表的這一部分社會力量，一時間，以民盟為代表的第三勢力成為國共兩黨你爭我奪的焦點。毛澤東到重慶後，即屢次去「特園」訪晤張瀾，並與第三勢力民主人士舉行座談交換關於時局的意見。國民黨也宴請民盟領導，以溝通感情。經過 40 餘天的艱苦談判，國共雙方終於簽訂《政府與中共代表會談紀要》，即「雙十協定」，一致認為應迅速結束訓政，實施憲政，並應先採必要步驟，由國民政府召開政治協商會議，邀集各黨派代表及社會賢達協商國是，討論和平建國方案及召開國民大會各項問題。〔註 50〕

1946 年 1 月 10 日，政治協商會議在重慶開幕，根據各方達成的協議，正

〔註 49〕　請參見羅隆基：《中國需要第三個大政黨》，載於《民主周刊》，第 1 卷第 16 期，1945 年 4 月 9 日。

〔註 50〕　《政府與中共代表會談紀要》，載於中共重慶市委黨史工作委員會、重慶市政協文史資料研究委員會、紅岩革命紀念館編：《重慶談判紀實：一九四五年八～十月》，重慶出版社，1984 年版，第 250 頁。

式代表 38 人，其中國民黨 8 人，共產黨 7 人，國共兩黨之外的第三勢力代表 23 人，超過了 60%的比例。會議進行了 22 天，圍繞軍事問題和政權問題各派政治力量展開了激烈的論爭，最終通過了《政府組織案》、《和平建國綱領》、《軍事問題案》、《國民大會案》和《憲法草案案》等五項決議案。政協五項決議案得到了各黨各派的熱烈歡迎，第三勢力對此更是滿懷期待，因為早在 1945 年 9 月 19 日召開的全國代表大會上，民盟即系統闡述了建立適合中國國情的「新型民主政治」的構想，試圖創造出一種融英美式的政治民主和蘇聯式的經濟民主於一體的新式民主制度，〔註 51〕而五項決議案和民盟制定的政治綱領頗多吻合，基本上代表了以民盟為代表的第三勢力的政治路線：「政協的路線，雖然曾經為各黨派所一致同意，符合全國絕大多數人民的利益和要求，但在本質上，卻是一種中間性的或中間派的政治路線。……政協所通過的五項決議，完全符合中間階層的歷史要求；政協所採取的方式，更是中間階層和中間派所最歡迎的方式」。〔註 52〕所以，在政協會議閉幕式上，民盟代表張君勱致詞時充滿了自信：「此次協商會已走上和平統一之路，以後不至有內亂，不至內戰，這是中華民國最光明的一條大道。……此次政治協商會議給大家無上安慰，就是有了和平以後，自然可以民主，不用武力，自然能採用法律的解決，或政治解決途徑；此次協商會成功，既以和平解決，統一與團結的效果，自隨之而來，民意亦隨之實現，走上政治的路線，亦自在其中」。〔註 53〕羅隆基甚至無比樂觀的估計：「共產黨的讓步多，蔣介石的苦惱大，民盟的前途好。」〔註 54〕正是戰後以民盟為代表的第三勢力所扮演的政治角色以及發揮的重大作用，使得抗戰勝利後社會各階層又一次掀起了憲政運動的高潮。

客觀地講，國共對峙的政治局面，為第三勢力的崛起提供了發展空間。

〔註 51〕 請參見：《中國民主同盟綱領草案》，載於中國民主同盟中央文史資料委員會編：《中國民主同盟歷史文獻（1941～1949）》，文史資料出版社，1983 年版，第 26～28 頁。

〔註 52〕 請參見施復亮：《中間派的政治路線》，載於蔡尚思主編：《中國現代思想史資料簡編》（第 5 卷），浙江人民出版社，1983 年版，第 301 頁。

〔註 53〕 張君勱：《張君勱在政協會議閉幕式上致詞》，載於中國民主同盟中央文史資料委員會編：《中國民主同盟歷史文獻（1941～1949）》，文史資料出版社，1983 年版，第 140～141 頁。

〔註 54〕 羅隆基：《從參加舊政協到參加南京和談的一些回憶》，見謝泳編：《羅隆基：我的被捕的經過與反感》，中國青年出版社，1999 年版，第 237 頁。

這正如汪朝光所指出的：「中間勢力在戰後中國政壇上一度活躍的重要原因，是國共兩黨的態度。由於國內外形勢所逼，政治鬥爭一度代替武裝鬥爭成爲戰後中國政治大舞臺的焦點，而在政治鬥爭中，國共雙方都需要支持者，因此也就爲中間黨派的活動留出了一定的空間，客觀上提高了中間黨派的地位」。〔註 55〕正是在這樣一個充滿選擇性機遇的歷史時刻，以民盟爲代表的第三勢力認爲自己不僅應該而且能夠在關於國家命運的決策中發揮關鍵性的作用。而動蕩不安的時局，卻成了第三勢力眼中實現政治多元化的最佳時機。在戰後 1945 年到 1947 年短暫的幾年，中國約有上百個政黨在各地宣告成立或公開活動，可謂蔚爲奇觀，這在前文已有詳述，不再重複。而這些政黨，都從各自所代表的利益群體出發，發表政見，創辦刊物，積極參與到憲政運動中。

正當人們對政治協商會議的圓滿召開歡心鼓舞時，無意於貫徹五項決議的蔣介石製造了一系列令人沮喪的摩擦與衝突。國民黨特務製造了破壞政治協商會議的「滄白堂事件」、非法搜查政協代表黃炎培住宅事件，以及打傷李公僕、施復亮等的「校場口血案」；1946 年夏，蔣介石破壞《停戰協定》，再次挑起了東北戰事，至此，政治協商會議的五項決議已形同廢紙。國民黨政府爲了挽救抗戰以來其統治的合法性危機，轉而將控制政權的希望寄託於國民大會。

1946 年 11 月 15 日，有青年黨、民社黨以及部分「社會賢達」參加的國民大會在南京召開，「使中共及第三方面最近在商談中的協議成爲不可能，並且最後破壞了政協以來的一切決議、停戰協定與整軍方案，隔斷了政協以來和平商談的道路」，和談大門爲國民黨當局一手關閉。〔註 56〕不久，民社黨退出民盟，參加僞國大的張君勱也被勒令退盟，第三勢力走向了裂變，1947 年民盟被迫解散，第三勢力作爲一個整體至此退出了歷史舞臺。

〔註 55〕李新總編、汪朝光著：《中華民國史》（第 3 編第 5 卷），中華書局，2000 年版，第 114 頁。

〔註 56〕請參見周恩來：《對國民黨召開「國大」的嚴正聲明》，見《周恩來選集》（上卷），人民出版社，1980 年版，第 244 頁。

第六章 現代中國第三勢力的憲政理念與憲政模式

　　美國著名社會學家、結構主義流派代表人物帕森斯將社會系統分為三個層次：「用作社會系統參照的三個層次分別是價值、制度和集體。價值被表述為規定系統成員取向的總領域，而獨立於系統結構、情境或目標的特殊內容。制度是規範模式，它規定了位於系統的不同地位、不同情境、掌握或服從不同制裁的局部個人被期望（指定的、允許的或禁止的）行動的範疇。另一方面，集體是從事角色活動的個人的群體或組織，這些群體或組織在它們作為局部所處的系統中有某些功能意義。」〔註1〕根據帕森斯的理論，本書擬從價值、制度和組織三個層次展開對憲政設計的研究，現代中國第三勢力憲政理念的設計即是關於憲政的價值體系的設計，憲政的制度和組織的設計則集中體現於憲政模式的設計。

一、現代中國第三勢力的憲政理念

（一）自由

　　憲政不僅僅是一種制度事實，而且是一個包含了自由、平等、民主等多元價值的價值體系，而自由則是這一價值體系的核心。「在英格蘭，『憲法』一詞意味著不列顛的自由制度……按照美式英語的用法，歐洲人稱之為『憲

〔註 1〕 （美）T‧帕森斯著，梁向陽譯：《現代社會的結構與過程》，光明日報出版社，1988 年版，第 160 頁。

政體制』，即保衛個人自由的體制。」〔註2〕自由是憲政的基本限定，它既是憲政之所以存在的合理性證明，又是憲政之所以產生的基礎和根源，西方的現代憲政從根本上說就是人類追求自由所取得的成果。

西方自由主義的理論體系可謂精深複雜，本書無意於對此進行梳理和區分，本書所說的自由主義是佔據近代西方主導地位的一種政治思想體系，也是西方政治文化主流傳統的理論表現。它產生於17世紀，一直流傳到今天。它是西方政治文化主流傳統的現代結晶，也集中體現了當代西方政治文化的基本精神。這種自由主義的理論基礎是個人主義。它將一種抽象的、獨立、自由和平等的個人作爲政治哲學的出發點，並將之視爲國家的基礎和本原，而國家只是個人的集合；它賦予個人以終極價值，個人是目的，個人的某些基本權利——譬如生命、自由、財產或追求幸福等——是與生俱來的，是人性的要求，而國家只是保障個人權利的工具。所以自由主義理論的核心，是對個人權利與國家權力的界分。

西方自由主義在中國的傳播，始於19世紀末的維新運動，而首功當推嚴復。作爲中國自由主義的先驅，嚴復的自由主義，以富強爲取向，他的個人主義、自由觀念、經濟自由主義、立憲主義、漸進主義、教育思想等，無不貫穿「尋求富強」的民族主義訴求。嚴復的這種以富強爲取向的民族的自由主義，深刻的影響了後來的不止一代的中國自由主義者。20世紀20年代，以《新月》雜誌的轉向——從文藝性刊物轉變爲政治性刊物，開始對國內政治發表意見，公開表示「我們要談政治了」——爲標誌，中國的自由主義進入了一個新階段——以現代中國第三勢力爲主體的中國自由知識分子開始致力於人權運動、政治改革和實現英美式的民主憲政。

但現代中國第三勢力所信奉的自由主義，已經不是西方古典的自由主義，而是經過檢討和修正了的——既「繼續法蘭西革命的傳統，即人道的自由主義，……又取用社會主義的目的」的——新自由主義。他們認爲，「整個看來，在美國、法國革命之後的十九世紀，自由主義卻因與資本主義配合而變質了！」故「傳統的自由主義到今天太多保守性」，而經過改造的、積極的、「含有溫和而有效的社會主義成分」的新自由主義，才有「領導世界和平與

〔註2〕　（意）薩托利著，曉龍譯：《「憲政」疏議》，載於劉軍寧等編：《市場邏輯與國家觀念》，三聯書店，1995年版，第114頁。

人類進步的資格」。〔註 3〕不過，對第三勢力自由主義知識分子最有影響的，不是美式的即杜威的民主——自由主義，而是英式的拉斯基的自由主義。第三勢力自由主義者的中堅人物，譬如羅隆基、王造時、儲安平、張君勱等，他們都是拉斯基忠實的信徒。〔註4〕拉斯基的政治思想通過他們廣泛傳播於中國，幾乎成爲現代中國自由主義的主流。拉斯基的費邊主義，是一種修正的自由主義理論，他在保留自由主義基本原則的同時，力圖將它與社會主義平等的公正原則調和起來，從而在自由主義的框架內部發展出一變種，即社會民主主義的思想體系。〔註5〕在現代中國第三勢力的自由主義政治理論中，到處可見拉斯基的費邊式自由主義理論的影子，其中張君勱的在政治領域追求一種「修正的民主政治」，在經濟領域追求一種「國家社會主義」，就是最爲典型的範例。

那麼，第三勢力是如何理解自由的內涵的呢？蕭公權認爲：「一個生物按照自身所適宜的方式，作求生的活動而達成其目的，便得到了物質生活的滿足，求生活動的圓滿達成可以叫做『遂生』……人類號稱萬物之靈。因爲除了要求生存之外，人類還要求精神的滿足。人類有思想，語言，想像，情感等能力。除了經濟活動之外，人類還有宗教，學術，文藝等一切超物質的活動。精神生活的滿足可以叫做『達意』……如果自由是人類物質生活與精神生活的滿足，換言之，自由是遂生和達意的總稱，那麼自由實在是人類天性發展的自然結果。中庸說：『天命之謂性，率性之謂道』。所謂率性就是自由。用俗話來說：一個人按照自己本性的要求而活動就是自由。這是自由的基本意義。自由當然包含不受歪理障礙的意義。但不受阻擾僅僅是自由的消極條件。本性自身的發展才是自由的積極內容。」〔註6〕所以在第三勢力自由知識

〔註 3〕　請參見傅斯年：《羅斯福與新自由主義》，載於劉軍寧主編：《北大傳統與近代中國：自由主義的先聲》，中國人事出版社，1998 年版，第 36～42 頁。

〔註 4〕　羅隆基、王造時、儲安平都是拉斯基的入室弟子，而張君勱嘗謂其政治思想是英國的，其最推崇的就是拉斯基，曾翻譯拉斯基著《政治典範》，並在譯序中推斷拉斯基爲繼洛克、邊沁、密爾之後的英國政治思想的「正統」。請參見賴斯幾著，張士林譯：《政治典範》，商務印書館，1931 年版，序第 1 頁。

〔註 5〕　許記霖：《社會民主主義的歷史遺產——現代中自由主義的回顧》，載於李世濤主編：《知識分子立場——自由主義之爭與中國思想界的分化》，時代文藝出版社，1999 年版，第 477 頁。

〔註 6〕　請參見蕭公權著：《自由的理論與實際》，商務印書館，1948 年版，第 32～33 頁。

分子們看來，自由主義最基本的特質是反對專制，保障人權：「自由是發展人類潛藏智慧的工具，因此自由主義之下人類乃能充分利用其才能。自由是反抗武斷的利器，因此自由主義之下人類乃能不受專橫的毒害。自由是權利的基礎，因此自由主義之下人類的利益乃能充分的保障。總之，自由能使人類有更美滿的生活」。〔註7〕體現在社會政治的發展目標上，自由主義要求不斷改革現實政治，建立一個理性的社會，以在國家與社會、自由與秩序、自由與平等之間建立一種平衡。

第三勢力自由主義者認為自由主義的本質在於承認別人和自己擁有一份同樣的自由與權利，個人自由與集體安全間必須達到和諧，以大多數人的幸福為前提。「自由不是一個人的自由，而應容許所有的人自由」，自由社會中，人人必須為他自己的行為負責，自由與秩序相反相成。為了追求自由與秩序的同意，第三勢力知識分子主張「在政治哲學上，以人民自由的觀念，修正政府權力的觀念，使權力與自由得到一種均衡」。〔註8〕對於如何解決個人自由與國家權威之間的矛盾，蕭公權指出：「個人的逐生要求不能離開社會而得到滿足，在社會當中生活的個人不能夠不關顧他人的生活權利。因此要滿足個人的逐生要求，必需限制個人的逐生活動。逐生之自由，現實逐生的力量就是權威。……權威不但不與逐生自由相衝突，它實在是在社會環境當中實現逐生自由的必要條件。個人可以自己選擇他自己願意服從的權威。他可以選擇良心的拘束，社會的拘束。他可以選擇主動的自治或被動的他治。他可以服從道德的命令或功利的指示。但他不能夠毫無限制地推進個人是逐生活動。」因此，「我們要限制任何人的達意活動，不讓他壟斷自由，妨礙他人的達意活動。我們要用法律和教育的方法建立一個達意的社會秩序，使得人民不但能夠有話大家講，而且能夠大家有話講。在這個秩序當中，任何人都不能夠用強力去壓迫他人接受自己的主張，去禁止他人發表本心的意見。……在一個近代國家當中，私人大致不會有用強力迫使他人接受自己主張的力量。達意自由最大的威脅還是執掌大權的政府」。〔註9〕所以在自由與權力的天平上，第三勢力優先考慮的始終是自由的價值。

〔註7〕鄔文海：《民主政治與自由》，載於《觀察》，第1卷第13期，1946年。

〔註8〕陳啓天著：《民主憲政論》，上海商務印書館，1945年版，第78頁。

〔註9〕請參見蕭公權著：《自由的理論與實際》，商務印書館，1948年版，第46～52頁。

　　現代中國第三勢力的自由主義者一直對西方古典自由主義的經濟放任主義持批評態度，他們認爲：「經濟生活的放任直接地促成了經濟不平等，間接地促成了政治假自由。共產主義反過來想用徹底的拘束管制來消除經濟不平等」，前者注重政治自由而忽略了經濟平等，後者注重經濟平等卻忽略了政治自由。要解決兩者之間的矛盾，必須自由與平等並重，建立一個自由與平等相協調的社會新秩序，從而使「個人得到完整無缺之自由」。〔註10〕至於如何達至經濟平等，第三勢力自由主義者多主張通過政治自由達至經濟自由：「經濟平等是政治自由的基礎，政治自由是經濟平等的道途。……用政治自決的方式以建立經濟管制的社會，才能夠同時兼顧人類遂生與達意的全部自由。這樣說來，自由與平等間的矛盾也就可以渙然冰釋了」。〔註11〕第三勢力莫不視「溫和的的社會主義」爲中國社會發展之前途，以實現自由主義與社會主義的結合和自由與平等的協調。

　　第三勢力自由主義者既深惡國民黨的專政和腐敗，也不贊同共產黨的激進與暴力，他們推崇理性與和平，希冀在國共兩黨之間開闢第三條道路，以政治改良這種漸進的方式實現自由與秩序、自由與平等之間的平衡。他們認爲：「人類最寶貴的素質是理性，教育的最大目的亦即在發揮人類的理性。沒有理性，社會不能安定，文化不能進步。現在中國到處都是憑藉衝動及強力來解決糾紛，甚至正在受著教育的青年也是動輒用武。我們反對這種行爲……只有發揮理性，社會始有是非，始有和平，始有公道。我們要求一個有是有非有公道的社會，我們要求各種糾紛衝突都能運用理性來解決」。〔註12〕而憲政就是一種理性政治：「政治好比球戲，憲法好比規則，憲政好比有規則的球戲。若比賽足球，而沒有規則，或有規則而不遵守，那麼結果只有踢得頭破血流。政治勢力的爭鬥，若沒有根本大法，或有憲法而大家不行，結果也只有打得落花流水」。〔註13〕而在胡適看來，憲政就如同一根支撐其「進步事業」的樑木，一頭繫著個人，一頭繫著國家和社會。一個病態的國家和社會主要源於個人的「自我喪失」，所以從社會中「救出自己」是達到改造社會的第一

〔註10〕請參見蕭公權著：《自由的理論與實際》，商務印書館，1948年版，第53頁。
〔註11〕請參見蕭公權著：《自由的理論與實際》，商務印書館，1948年版，第58頁。
〔註12〕儲安平：《我們的志趣和態度》，見謝泳編：《儲安平：一條河流般的憂鬱》，中國青年出版社，1999年版，第137頁。
〔註13〕王造時：《我爲什麼主張實行憲政》，見王造時著：《荒謬集》，自由言論社，1935年版，第53～54頁。

步。〔註14〕西方的自由主義是從政治上解放了個體，這是就是他們民主憲政的基石。由於民主憲政與個人自由的這種不可分割的關係，所以自由主義必須爲民主的生活方式和民主制度辯護，同時，自由主義確信只有民主憲政才能保障人民的基本自由。

（二）人權

前文已經述及，1929 年，以國民黨政府一道虛僞的《保障人權命令》爲契機，以胡適、羅隆基、張君勱、梁實秋爲代表的第三勢力知識分子以《新月》爲陣地，掀起了近代中國史上第一次轟轟烈烈的人權運動。人權派三年間近十部論著和數百篇文章，深刻揭示了當時中國人權破產的現狀，論述了一黨專政和個人獨裁的危害，提出了保障人權實行憲政的訴求。1932 年，宋慶齡等領導的中國民權保障同盟再一次豎起了保障人權的旗幟，致力於人身權利的保障和爭取公民權利如出版、言論、集會和結社自由的鬥爭。抗戰時期，第三勢力吸收前兩次人權實踐之教訓，從以前的單純專注於憲法的研討轉而爭取實現憲政實施之條件，要求政府切實保障人身自由、言論出版自由和結社集會自由等基本人權。可以說，人權運動伴隨著現代中國第三勢力這個群體從產生、壯大到裂變乃至消逝的始終，人權理念滲入了第三勢力所殫精竭慮的憲政運動中。第三勢力在人權問題上的認識，大致可以歸納爲以下幾點：

首先是關於人權的基本觀念。什麼是人權呢？第三勢力知識分子對此又是如何認識的呢？第三勢力一般在抽象的意義上談人權，譬如在羅隆基那裡，人權的定義「簡單說」，就是「做人的那些必須的條件。人權是衣，食，住的權利，是身體安全的保障，是個人『成爲至善之我』，享受個人生命上的幸福，因而達到人群完成人群可能的至善，達到最大多數享受最大幸福的目的所必須的條件。」而「徹底說些」，人權的意義，「完全以功用（Function）兩個字爲根據。凡對於下列三點有必要的功用的，都是做人必要的條件，都是人權：（一）維持生命；（二）發展個性，培養人格；（三）達到人群最大多數的最大幸福的目的。並認爲「有五官，有四肢，有頭腦，有腸腑，有皮，有骨，有爪，有髮，有人之貌，有人之形，這樣的動物，當然應該叫人」。〔註15〕羅隆基的「功能

〔註14〕胡適：《易卜生主義》，見施瑋等整理：《胡適文集：讀書與胡說》，北京燕山出版社，1995 年版，第 38 頁。

〔註15〕羅隆基：《論人權》，見謝泳編：《羅隆基：我的被捕的經過與反感》，中國青年出版社，1999 年版，第 61～64 頁。

主義」的人權觀，只以成就效益條件的「功能價值」爲標準，而忽略了「天賦人權」和「內在人性價值」的標準，這樣人權憲政的「超驗之維」就無法進入其視域，因而不能對人權憲政的內在價值有深刻的理解，也不能對人權憲政進行堅定的辯護。但可貴的是，羅隆基將人類的精神追求和人類的至善與幸福納入到人權之中，強調集體人權，這不能不謂是羅隆基的一個創造。

進入 40 年代，第三勢力人權觀又有了新的發展，表現爲功能主義人權觀念和天賦人權觀念的相互結合。譬如民盟主席張瀾在論及民主政治的時候，認爲「人類求生存求繁榮的權利，是任何一個人的天然權利，是與生俱受的，是自動的，自主的，不是他人授予的。」〔註16〕民盟雖然也將「人身保障、思想、信仰、言論、出版、集會結社等等自由」視爲「做人的必須條件」，但其「人是目的」的宣言可謂是振聾發聵。〔註17〕張君勱則完全吸收了西方天賦人權的觀念，他援引歐美人權宣言指出，各個人生而平等，自降生以來便享有某種不可轉讓的權利，其中所包含者爲生命權、自由權和追求幸福之權，各個人所享有的權利便是人權，是人之所以爲人的基礎。下文對張君勱之人權觀將展開詳述，此處從略。總之，這一時期第三勢力的人權觀念主要從人的本性出發探討人權的含義，強調人權具有與生俱來性，強調人的固有價值和「人是目的」，這是一種普遍主義的人權觀。

其次是關於人權的基本內容。第三勢力比較全面的闡述了人們應該享有的各種權利，譬如 30 年代的人權派對人權的具體內容作了系統的概括，基本包含西方資本主義國家在法律上規定的各種人權，特別是把「謀取衣、食、住」的權利、私有財產、勞動權以及「水旱疾病災疫的賑濟」權納入了人權的內容。〔註18〕抗戰期間，第三勢力進一步明確了人們經濟生活方面的權利，譬如生存權、勞動權及休息權、老弱病殘廢者之生養權等。〔註19〕

在國民黨一黨專政之下，第三勢力飽受人身自由、言論出版自由以及

〔註16〕張瀾：《中國需要眞正民主政治》，見龍顯昭主編：《張瀾文集》，四川教育出版社，1991 年版，第 187 頁。

〔註17〕《中國民主同盟臨時全國代表大會政治報告》，載於中國民主同盟中央文史資料委員會編：《中國民主同盟歷史文獻（1941～1949）》，文史資料出版社，1983年版，第 75 頁。

〔註18〕請參見羅隆基：《論人權》，見謝泳編：《羅隆基：我的被捕的經過與反感》，中國青年出版社，1999 年版，第 61～78 頁。

〔註19〕請參見《中國民主同盟綱領》，載於中國民主同盟中央文史資料委員會編：《中國民主同盟歷史文獻（1941～1949）》，文史資料出版社，1983 年版，第 67 頁。

集會與結社自由方面的壓制，因此第三勢力知識分子對這三方面論及最多，並稱之爲三大基本人權。1944 年，張君勱在成都《新中國日報》上發表《人民基本權利三項之保障》，提出了三項基本人權。1945 年 7 月，民盟西南聯大支部要求政府在各黨派圓桌會議召開前，必須履行三項不作爲義務，即保障人民言論出版的自由；保障人民集會結社的自由；保障人民身體及居住行動的自由。〔註 20〕首先關於人身自由權，第三勢力認爲這是最基本的人權，是保障人們其他自由權利的前提。鄒韜奮說：「身體自由如得不到法律上切實的保障，什麼言論出版集會結社自由都說不到！」〔註 21〕《憲政月刊》社舉行座談會時也指出：「人身自由是民主國家人民的主要權利之一；並且正就是其中最重要的一項，因爲除去了人身自由，其他一切權利都只是空虛與無效」。〔註 22〕針對人們人身自由權被政府肆意踐踏的狀況，中國民主政團同盟更是指出：「假定一個國家，其人民的身體自由毫無切實的保障，可以由若干秘密的或來歷不明的機關非法拘捕，非法幽禁，非法處死，甚至不知拘捕於何地，幽禁於何所，處死於何時，被害者的家屬無從接見，其親友亦無從援救，這便不僅不是一個民主國家，而且是一個十足的反民主的國家」。〔註 23〕其次關於言論出版自由，第三勢力知識分子將言論自由視爲「國家之靈魂，社會之生命」，是「民主政治的基礎」。〔註 24〕民盟指出：「假定一個國家，其國民不能自由發表負責的言論與主張，不能合理的批評政治的措施與人事，其新聞的記載只能限於好的一面，而絕不許暴露壞的一面，這個國家便不是民主國家。」〔註 25〕故言論自由是

〔註 20〕 請參見《中國民主同盟雲南支部爲紀念抗戰八週年敬告國人書》，載於中國民主同盟中央文史資料委員會編：《中國民主同盟歷史文獻（1941～1949）》，文史資料出版社，1983 年版，第 47 頁。

〔註 21〕 鄒韜奮：《憲政與民主》，見《韜奮全集》（第 9 卷），上海人民出版社，1995年版，第 267 頁。

〔註 22〕 《保障人身自由問題——本刊第八次座談》，載於《憲政月刊》，第 10 號，1944年。

〔註 23〕 《中國民主政團同盟對目前時局的看法與主張》，載於中國民主同盟中央文史資料委員會編：《中國民主同盟歷史文獻（1941～1949）》，文史資料出版社，1983 年版，第 19 頁。

〔註 24〕 請參見張志讓：《提倡言論自由加強言論領導的建議》，載於《憲政月刊》，第 6 號，1944 年。

〔註 25〕 《中國民主政團同盟對目前時局的看法與主張》，載於中國民主同盟中央文史資料委員會編：《中國民主同盟歷史文獻（1941～1949）》，文史資料出版社，1983 年版，第 18 頁。

「爭取民主的人民所必須爭得的一種最重要的最基本的民主權利」；〔註26〕
「爭民治的人，先爭言論自由」。〔註27〕梁實秋還深刻闡述了關於思想自由
的原則，指出在如今這樣學術日趨繁複的時候，沒有哪一個人哪一派人的
思想可以當得起一切思想的中心，我們要的國家的統一是基於民意的眞正
的統一，不是儡於威力暫時容忍的結合。所以我們正該歡迎所有的不同思
想都有令我們認識的機會，哪一種思想能在學理上、事實上證明於國家最
有利益，哪一種思想便是最合適的。我們若是從國家的立場來看，思想是
不必統一的。〔註28〕最後關於集會結社自由，第三勢力認爲集會結社也是
憲政的不可或缺的要素，他們指出，集會結社的自由就是「要有組織的人
民」；「要人民有組織的自由」。〔註29〕集會結社自由，首先表現爲人民有組
織社團和政黨的自由與權利，「政黨是多數人的集合體，也就是所謂集會結
社。凡民主國家，人民都必享有集會結社自由之權」。〔註30〕民盟指出：「假
定一個國家，除掉一個在朝的執政黨而外，絕對不許其他在野的黨派合法
的存在，公開的組織，甚至不僅從政治的活動上限制著他們，乃至從事社
會事業或其他的正當職業，也要因黨派的關係受著明顯的歧視，這便更不
是民主國家」。〔註31〕故「民主政治，政黨政治也，必有兩個以上之政黨，
始能運行。獨裁與民主，最顯明容易之區別，只須看法律准許存在之政黨
有幾。是故民主國家之憲法，莫不賦與人民集會結社之權利。……各黨合
法存在之權利，即據此而得之也」。〔註32〕

　　三是關於人權與國家、人權與法律的關係。在這方面，人權派特別是羅
隆基的認識比較全面。首先關於人權與國家的關係，人權派認爲，國家是工
具，不是目的。具體而言，國家就是全體國民互相裁制彼此合作以達到共同

〔註26〕　鄒韜奮：《言論自由與民主政治》，見《韜奮全集》（第10卷），上海人民出版
　　　　　社，1995年版，第706頁。
〔註27〕　王贛愚：《言論自由與民治》，載於《自由論壇》，1944年第3期。
〔註28〕　請參見梁實秋：《論思想統一》，載於《新月》第4卷第3號，1929年。
〔註29〕　請參見《重慶各黨各派各階層代表集會要求改組政府的消息報導》，載於《解
　　　　　放日報》，1944年10月17日。
〔註30〕　張君勱：《民主社會黨的任務》，載於方慶秋主編：《民國黨派社團檔案史料叢
　　　　　稿·中國民主社會黨》，檔案出版社，1988年版，第191頁。
〔註31〕　《中國民主政團同盟對目前時局的看法與主張》，載於中國民主同盟中央文史
　　　　　資料委員會編：《中國民主同盟歷史文獻（1941～1949）》，文史資料出版社，
　　　　　1983年版，第18～19頁。
〔註32〕　費鞏：《人民自由與國民大會》，載於《憲政月刊》，第9號，1944年。

目的的工具。〔註33〕從這種工具主義的國家觀出發，人權派認為國家的功用，就是保障人權，就在於保障國民做人上那些必要的條件。什麼時候我的做人的必要條件失了保障，這個國家，在我方面，就失去了它的功用，同時我對這個國家就失了服從的義務。國家只不過是社會上許多組織中的一個組織而已，所以國家對人民的威權，是有限制的，不是絕對的。威權限制的範圍，就以它的功用為準，最要的條件，就在保障人權。〔註34〕其次關於人權與法律的關係，羅隆基認為是「法律保障人權，人權產生法律」。因為民治國家法律的根本原則是法律是人民共同意志的表現，故只有人民自己制定的法律，人民才有服從的責任，法律的目的是謀最大多數的最大幸福，而只有人民自己才知道他們的幸福是什麼，才肯為他們自己謀幸福，謀取自身的幸福這是人權之一。所以說法律是人權的產物，法律的功用或根本目的就是保障人權。〔註35〕

　　四是關於人權的保障機制。第三勢力主張以實行法治和民主政治來實現人權的保障。以法治保障人權，這是第三勢力人權保障機制的核心。在人權保障的法治化方面，第三勢力強調通過制定並實行一部真正的憲法來保障人權。他們指出：「爭人權的人，先爭法治；爭法治的人，先爭憲法」；〔註 36〕「要保障人民的基本自由，需要制定具備充分民主精神的憲法」。〔註 37〕其次，第三勢力主張建立民主政治，即實行英美式的民主議會制度來保障人民的權利。他們建議建立權力上與行政院平行的立法院，立法院為國家最高立法機關，其職權相當於各民主國家之議會由選民直接選舉之，這樣，人民就可以通過立法院制定保障人權的法律和政策，同時還能通過立法院監督政府對保障人權法律和政策的切實實施。第三勢力主張的以國家政治的民主化和法治化來保障人權的思想，從理論上說有一定的積極意義，但在實踐上就如何制止國民黨的獨裁專制，卻並沒有提出行之有效的措施。

〔註33〕 請參見胡適：《民權的保障》，載於《獨立評論》，第 38 號，1933 年 2 月 19 日。
〔註34〕 請參見羅隆基：《論人權》，見謝泳編：《羅隆基：我的被捕的經過與反感》，中國青年出版社，1999 年版，第 64～67 頁。
〔註35〕 請參見羅隆基：《論人權》，見謝泳編：《羅隆基：我的被捕的經過與反感》，中國青年出版社，1999 年版，第 67～70 頁。
〔註36〕 羅隆基：《論人權》，見謝泳編：《羅隆基：我的被捕的經過與反感》，中國青年出版社，1999 年版，第 68 頁。
〔註37〕 平心：《論人民自由》，見羅竹風主編：《平心文集》，第 2 卷，華東師範大學出版社，1985 年版，第 314 頁。

此外，第三勢力還對如何展開人權運動以及國民黨的訓政理論展開了討論。胡適高呼：「我們須要明白，憲法的大功用不但在於規定人民的權利，更重要的是規定政府各機關的權限。立一個根本大法，使政府的各機關不得逾越他們的法定權限，使他們不得侵犯人民的權利，──這才是民主政治的訓練。程度幼稚的民族，人民固然需要訓練，政府也需要訓練。人民需要『入塾讀書』，然而蔣介石先生，馮玉祥先生以及許多長衫同志和青年同志，生平不曾夢見各種政體是什麼樣的，也不可不學習入堂讀書生？人民需要的訓練是憲法之下的公民生活。政府與黨部諸公需要的訓練是憲法之下的法治生活。『先知先覺』的政府諸公必須自己先用憲法來訓練自己，裁制自己，然後可以希望訓練國民走上共和的大路。不然，則口口聲聲說『訓政』，而自己所行所爲皆不足爲訓，小民雖愚，豈易斯哉？」〔註 38〕所以只有實行憲政的政府才能配訓政，只有實行憲政的政府才能切實的保障人權。

總而言之，人權爲憲政之本，這就是現代中國第三勢力關於人權與憲政關係的根本認識，保障人權則是他們發起憲政運動和進行憲政設計的旨趣所在。

（三）民主

20 世紀 30、40 年代國人對憲政的理解，多將之和民主與法治相聯繫。譬如張友漁在 1940 年發表的《中國憲政運動之史的發展》中就認爲，「所謂立憲政治，實質上就是民主政治」；〔註 39〕毛澤東在 1940 年發表的《新民主主義憲政》中也說：「憲政是什麼呢？就是民主的政治」。〔註 40〕而施行法治則是民主政治的制度化保障，憲政是法治的最高形式，法治則是憲政的本質屬性，所謂法治精神「不僅是民主憲政的表現形態，而且是其重要的屬性」，因爲「健全的憲政基礎，必須建築在法治的精神之上」。〔註 41〕蕭公權還給憲政作了一個淺近的解釋，曰：「憲，法也；政，治也；憲政者，法治也」，將憲政完全等同於法治，並指出：「民治之精義在以民決政，憲政之精義在依法治

〔註38〕胡適：《我們什麼時候才有憲法──對於〈建國大綱〉的疑問》，見歐陽哲生編：《胡適文集》（第 5 卷），北京大學出版社，1998 年版，第 538 頁。
〔註39〕張有漁：《中國憲政運動之史的發展》，見《張友漁文選》（上卷），法律出版社，1997 年版，第 123 頁。
〔註40〕毛澤東：《新民主主義憲政》，見《毛澤東選集》（第 2 卷），人民出版社，1991年版，第 732 頁。
〔註41〕請參見陳北鷗：《憲政基礎知識》，國訊書店，1944 年版，第 62 頁。

國。民治爲體，憲政爲用。二者相輔以行而現代民主國家之實質乃具。」〔註42〕現代中國第三勢力對憲政的理解，也多將之與民主或法治相聯繫。

在以民盟爲代表的第三勢力各黨派的綱領和文獻中，出現次數最多的恐怕是「民主」這個詞，他們賦予了民主以豐富的內涵，並用民主來詮釋自己的社會理想和政治路線。那麼，什麼是民主呢？中國當前需要的是什麼的民主？對於這個問題，民盟做出了解答：「民主這個名詞，原來是『民眾統治』的意義。他是一種政治制度。不過這個字的定義演變到了今天，卻比一種政治制度廣泛多了。民主是人類生活的一種方式，是人類做人的一種道理。這種道理認定人是目的，社會一切政治經濟的組織，只是人類達到做人目的的工具，人是一切組織一切制度的主人。根據這個道理，所以美國的林肯就說政府應該是『民治、民有、民享』。人是目的，於是許多做人的必要的條件成了不可侵犯的東西。這些必需的條件就是通常所說的人身保障、思想、信仰、言論、出版、集會、結社等等自由。民主承認人是自己的主人，所以承認人的尊嚴與價值是平等的。根據這個道理，人人做人的機會應該平等。人人有了自由平等這些權利，人人做了自己的主人，人人能夠達到做人的目的，使人人得到最大的發展，這就是民主。在一個社會裏，人人做人，人人做自己的主人，一切政治經濟的組織都成了這個目標的工具，這就是民主。」對於當前中國需要什麼的民主制度，民盟接著指出，「民主的意義是跟著時代在演變進步，民主的制度亦是跟著時代在演變進步。……中國民主同盟在中國所要建立的民主制度，絕對不是，並且絕對不能，把英美或蘇聯式的民主全盤抄襲。我們要依靠英、美、蘇的經驗，樹立適合中國國情的民主制度，在我們所需要爲中國樹立的民主制度上，我們沒有所謂偏左偏右的成見，我們亦沒有資本主義民主，社會主義民主這些成見。我們對別人已經試驗過的制度，都願平心靜氣的取其所長，棄其所短，以創造一種中國的民主。」〔註43〕民盟的這個表述，可謂是對第三勢力關於中國式民主的設計的精當的總結。

第三勢力所追求的民主，並非「師法英美」，也非「師法蘇聯」。第三勢力認爲「英美的民主政治與政黨政治也有他們的缺點。但那些缺點，卻不是

〔註42〕請參見蕭公權：《憲政卑論》，載於《憲政與民主》，聯經出版事業公司，1982年版，第 31 頁。

〔註43〕請參見：《中國民主同盟臨時全國代表大會政治報告》，載於中國民主同盟中央文史資料委員會編：《中國民主同盟歷史文獻（1941～1949）》，文史資料出版社，1983 年版，第 74～76 頁。

從那制度本身帶來的，而在其社會經濟制度缺乏調整。社會上貧富階級存在，人民間貧富有無的懸殊差別太大，因此，人民那些自由平等權利，在許多方面就落了空，就成了有名無實。」〔註44〕所以英美是「離開經濟的平等在講政治的民主」，終究使得民主政治徒有虛名，這是一種形式上的民主，是一種「假民主」。而蘇聯人民有經濟民主，人人豐衣足食，決沒有英美國家的勞資兩大階級的對立，但蘇聯在政治上實行的是一個階級的專政而非全民政治，一黨專制而非多黨政治，因此蘇聯的民主是一種「狹民主」。〔註45〕基於上述認識，第三勢力兼親蘇美，力圖吸收人類歷史上各種民主經驗與民主制度的優點於一身，創造一種融合了英美式的政治民主與蘇聯式的經濟民主的中國式民主，走一條不偏不倚的「中間道路」。

　　第三勢力對於中國式民主的具體模式的表述，石畢凡在其專著中認為大致有四種〔註46〕：一是「政治自由與經濟平等」說，認為只有兼采資本主義制度中之政治自由與共產主義制度中之經濟平等兩大原則，才能把人類引上真正的幸福之境；〔註47〕二是「新民主主義的政治與新資本主義的經濟」論，提出新民主主義的政治在形式上是英美式的民主政治，但絕不允許它為少數特權階級所操縱，必須把它變成多數平民所共治的民主政治。新資本主義的經濟就是在發展生產力方面，盡量利用資本主義生產方式的各種優點，促進整個國民經濟的迅速工業化，但在生產關係方面，要盡量革除其各種弊端，不容許官僚資本的橫行與發展，保障勞動大眾的職業和生活。〔註48〕三是占主流的「政治民主與經濟民主」說，認為今日民主之爭執的要點，實在乎政治民主的觀念與經濟民主的觀念未能協調，中國應該把兩者統一起來。〔註49〕

〔註44〕　《中國民主同盟臨時全國代表大會政治報告》，載於中國民主同盟中央文史資料委員會編：《中國民主同盟歷史文獻（1941～1949）》，文史資料出版社，1983年版，第74～77頁。

〔註45〕　請參見周鯨文：《論中國多數人的政治路線》，載於蔡尚思主編：《中國現代思想史資料簡編》（第5卷），浙江人民出版社，1983年版，第554頁。

〔註46〕　請參見石畢凡著：《近代中國自由主義憲政思潮研究》，山東人民出版社，2004年版，第298～299頁。

〔註47〕　請參見周綬章：《政治自由與經濟平等──新社會主義路線的提出》，載於蔡尚思主編：《中國現代思想史資料簡編》（第5卷），浙江人民出版社，1983年版，第515頁。

〔註48〕　請參見施復亮：《中間派的政治路線》，載於蔡尚思主編：《中國現代思想史資料簡編》（第5卷），浙江人民出版社，1983年版，第306～307頁。

〔註49〕　請參見蕭公權：《說民主》，載於《觀察》，第1卷第7期，1946年。

四是「民主主義與社會主義合一」論，認為人類歷史演進在經濟上已經進入社會主義時代，在政治上已經進入民主主義時代，要滿足人類物質和精神的兩大欲求，必須實行民主的社會主義或社會主義化的民主政治。〔註50〕離開民主主義而講社會主義，決不會有真正的社會主義。反之，離開社會主義而講民主主義，也決不會有真正的社會主義。〔註51〕

第三勢力認為，所謂憲政，就是指「人民為了保證自身的權益，怎樣憑藉法律，包括憲法在內，來控制或監督事實上少數握有政權者的一種政治制度」。〔註52〕為了使民主政治獲得制度性的保障，一個最為重要的條件是實行法治；為了保障人民的基本自由，也必須厲行法治，使得任何人與任何政黨不得處於超越法律的地位；中國人向無守法的習慣，要改善中國的實際政治，更必須提倡法治，摒棄中國千百年來的人治思想。因為「人治只是以一個人的聰明才智來治理國事，而法律的治理卻包括著許多人的智慧」，所以「法律的治理自然要比個人的治理高明得多」，法治更易促使政治步入正軌，更易使人民享受充分的自由。而且人治「無法擺脫足以造成不公正現象的感情作用」，法律則為「不具感情的智慧」，感情自然就會產生偏私，而這正是政治混亂的主要原因。在這一點上，人治也不如法治。〔註53〕故中國欲達長治久安，擺脫王朝循環的怪圈，必須使制度法律化。

那麼什麼是法治呢？羅隆基認為，國家有了形式上白紙黑字的法律條文，這不算法治。老百姓守法奉命，這也不算法治。「法治的真義，是政府守法，是政府的一舉一動，以法為準的，不憑執政者意氣上的成見為準則」，「法治的重要原則，是法律站在最高的地位。政府的官員和普通的人民都站在平等守法的地位。我們不認識總司令副司令的個人，我們只認識法律，我們犯了法，他們只有採法律上正當的步驟，可以用法律來裁制我們；政府的官吏犯了法，我們亦可以采法律上正當的步驟，用法律裁制官吏。這才是法治」。〔註54〕張君勱則認為，法治就是「法的統治（the Rule of Law）」，「以法律治

〔註50〕請參見李時有：《認清世界，把握時代》，載於《世紀評論》，第2卷第10期，1947年。
〔註51〕請參見張東蓀著：《理性與民主》，上海商務印書館，1946年版，第26頁。
〔註52〕胡岡：《從人民立場批評五五憲草》，載於《民主周刊》，第4、5期合刊，1946年。
〔註53〕請參見吳恩裕：《法治與中國政治的改進》，載於《東方雜誌》，第42卷第15號，1946年。
〔註54〕請參見羅隆基：《什麼是法治》，見謝泳編：《羅隆基：我的被捕的經過與反感》，中國青年出版社，1999年版，第141～143頁。

國，不是以人治國」，即「政府以法律來制裁人民，而人民在憲法上亦有監督政府之權」，這兩者的對立與結合便是「法治國的眞精神」。〔註 55〕所以在第三勢力知識分子眼裏，法治主要就是從國家元首到平民百姓，在法律面前人人平等，法律享有至上的權威。

第三勢力還認識到，這種享有至上的權威的法律，應該是建立在民主基礎的良法、善法。羅隆基認爲，法律是人民公共意志的表現，這是民治國家法律的根本原則。未經全民直接或間接承認的法律不應有統治全民的威權，同時全民沒有服從的義務。〔註 56〕所以法之產生必須有一定的程序，人民依法享有制定、批准和廢止法律的權力，這是法治的基本精神。同時，法治是要執法者對犯法者，有依法辦理的步驟。法治的重要條件，不止在國家的基本大法上承認人民權利上一切的原則，而在原則施行上，要有審愼周詳的細則、法治要注重「法定的手續」。〔註 57〕如此，政府才能在法律的範圍內行事，我們才能用法律來限制政府權力的濫用，這才是憲政的精義。

三、現代中國第三勢力憲政模式設計分析
——以《期成憲草》爲例

《成文憲法的比較研究》一書對 142 部成文憲法進行了比較研究，認爲對憲法下一個定義是不可能的。憲法僅僅只能表示一種政治法律現象，或者換句話說，憲法表示一個事實：如果這個術語僅僅這樣下定義，它就可能成爲進行適當科學研究的對象。〔註 58〕一般認爲，憲法與憲政具有非常密切的關係：憲法是憲政的前提和依據，它指導著憲政的實踐；而憲政是憲法在實際生活中的展開和體現。〔註 59〕張有漁先生認爲，所謂憲政就是拿憲法規定的國家體制，這個政權組織以及政府和人民互相之間權利義務關係而使政府和人民都在這些規定之下，享受應享受的權利，負擔應負擔的義務，無論誰

〔註 55〕 請參見張君勱：《法治與獨裁》，載於《再生》，第 2 卷第 10 期，1934 年。
〔註 56〕 請參見羅隆基：《論人權》，見謝泳編：《羅隆基：我的被捕的經過與反感》，中國青年出版社，1999 年版，第 69、73 頁。
〔註 57〕 請參見羅隆基：《什麼是法治》，見謝泳編：《羅隆基：我的被捕的經過與反感》，中國青年出版社，1999 年版，第 152 頁。
〔註 58〕 請參見（荷）亨克·范·馬爾賽文、格爾·范·德·唐著，陳文生譯：《成文憲法的比較研究》，華夏出版社，1987 年版，第 295 頁。
〔註 59〕 謝維雁著：《從憲法到憲政》，山東人民出版社，2004 年版，第 1 頁。

都不許違反和超越這些規定而自由行動的這樣一種政治形態。所以憲法是憲政的法律的表現，憲政是憲法的實質的內容，憲法與憲政的關係就是形式與內容的關係。〔註60〕

從技術的角度上，我們或許可以把憲法界定爲一種「制度規則」，而作爲一種制度設計，憲政設計必須通過設計一部憲法來體現自己的理念，故憲法是憲政模式設計的藍圖。《期成憲草》和《憲法草案案》是現代中國第三勢力在兩個不同的歷史時期關於憲政設計的代表作，最眞切的展現了第三勢力憲政模式的設計。下面僅以《期成憲草》爲例，分析第三勢力憲政模式之設計。

（一）《期成憲草》之由來

所謂《期成憲草》，即 1940 年春由國民參政會憲政期成會向國民參政會第一屆第五次大會提交的《國民參政會憲政期成會提出：中華民國憲法草案（五五憲草）修正草案》之簡稱。這一修正案的制定，既是抗戰時期中國人民反對國民黨一黨專政和蔣介石個人獨裁的第一次憲政運動的唯一成果，也是國人在繼承孫中山「五權憲法」的前提下借鑒西方議會民主制度改革中國政治體制的首次嘗試，集中體現了現代中國第三勢力在抗戰初期對中國憲政模式的設計。

1936 年公佈的《中國民國憲法草案》即《五五憲草》，實際上確立了國民黨的一黨專制和蔣介石的個人獨裁，遭到了輿論的廣泛批評。而抗日戰爭的爆發，使中國形成了前所未有的有利於民主政治發展的國內環境。1939 年成立的國民參政會憲政期成會，受命征集各方對《五五憲草》的意見，協助政府制定憲法，促成憲政。在憲政期成會中，有四分之一的成員在昆明，「他們因爲平日往返比較地接近，對於政治多多少少有一些共同點或共同興趣，於是在開會期間，他們每有他們的小聚會，交換關於各種問題的意見，在提案中互爲聲援，形成教授派的力量」。〔註61〕職是之故，憲政期成會便委託他們就近切磋和起草關於憲草修正的意見。這一派的人物有羅隆基、周炳琳、羅文幹、錢端升、張奚若、張君勱等，他們集會研究後，並推羅隆基主稿，稿成之後，討論數月，幾經修正，最後以《五五憲草之修正》提交憲政期成會，

〔註60〕張有漁：《憲法與憲政》，見張有漁著：《憲政論叢》（上冊），群眾出版社，1986年版，第 100 頁。
〔註61〕請參見鄒韜奮：《抗戰以來・三談「來賓」中的各黨派人物》，見《韜奮全集》第 10 卷，上海人民出版社，1995 年版，第 208 頁。

時稱《昆明憲草》。《期成憲草》主要正是在《昆明憲草》的基礎上，同時吸收了救國會和董必武的若干方案的意見而形成的。

羅隆基等人在《五五憲草之修正》中指出：「孫中山先生的憲政理想是直接民權，由人民直接行使選舉、罷免、創制、復決等權。在實現直接民權步驟上，依據中山先生和遺教，應由下而上，由縣民行使直接民權，進而爲各省憲政，在進而爲全國憲政」。並充分肯定了孫中山的憲政理想，認爲「我國憲政當以完成中山先生之憲政理想爲目的，絕無疑問」，但「人民行使直接民權，絕非一蹴可至之事」，「欲到到此種理想，工作必艱巨，時間必久遠」，故「惟在今日施行制定憲法，自須審度國家當前實際情形，並斟酌近若干年之政治經驗」。〔註62〕羅隆基等認爲《五五憲草》與孫中山的遺教有頗多相牴牾之處，它有三個重要缺點，即「人民政權運用不靈」、「中央地方權限不清」和「行政方針列入基本大法」。針對上述缺點，羅隆基等提出補救措施，一是於五五憲草第三種中增設「國民議政會」，作爲國民大會閉會期間之常設機關，以便「人民政權得到有傚之行使」，使「主權在民」名副其實；二是於五五憲草中增添「中央與地方」一章，以「劃清中央與地方之職權」；三是將五五憲草第六章「國民經濟」、第七章「教育」刪除，以符合憲法「條文簡短、字句明確」之主旨。〔註63〕

羅隆基等向憲政期成會提交《五五憲草修正案》時，還加了一個注釋，認爲「五五憲草最大缺點，即人民政權運動不靈。立法院既非政權機關，而國民大會又三年集會一次，因此政權無從行使，故設國民議政會以爲補救。當年立法院發表憲草徵詢國民意見時，輿論各方即曾一致指出此項缺點。有人主張將立法院權力擴大，使立法院有制裁政府權。但立法院爲治權機關，行使政權，與中山先生政治治權劃分之遺教不甚適合。另有人主張將國民大會人數減少，會期加多，然國民大會每縣市選代表一人，中山先生在遺教中亦早已確定，似亦不宜變更。且國民大會爲代表人民行使四權機關，倘每縣平均不能有一代表，亦不甚妥。倘不減少代表人數，則如此龐大機關，會期太多，運用又感不靈。故立法院最初幾次草案中，曾有國民大會閉會期間設立委員會之議。後因以少數委員代行國民最高統治權

〔註62〕羅隆基等：《五五憲草之修正》，載於《再生》，第45期，1940年4月10日。
〔註63〕請參見羅隆基等：《五五憲草之修正》，載於《再生》，第45期，1940年4月10日。

似亦不妥，此計劃終歸取消」。〔註64〕據此，羅隆基等人認爲在國民大會閉會期間增設國民議政會，可以補救上述人民政權運用不靈之最大缺點，從而實現對政府職權的監督。他們建議賦予國民議政會兩種職權，一是「復決立法院之決議」；二是「對行政院可通過不信任案」。相應地立法院改爲僅是「立法技術上之專門機構」，並且立法院的決議須經議政會審核，這樣，「立法院有能，議政會有權」，便與「中山先生權能劃分五權並立之遺教精神，甚爲相合」。〔註65〕

1940年3月20日，憲政期成會在黃炎培從主持下舉行第三次會議討論憲法草案的問題。經過10多天的對《五五憲草》的逐項討論、研究和修正，29日終於完成了對《五五憲草》的修改，名曰《國民參政會憲政期成會提：中華民國憲法草案（五五憲草）修正草案》。30日，憲政期成會推舉黃炎培起草向參政會提出的憲政期成會報告書，由張君勱負責起草修改憲草說明書，隨後正式向國民參政會提交，並附以「對於實施憲政之建議兩條」：「一、請政府對於未完成之選舉及附逆分於剔除後之補充，切實注意於選舉方法之改善。二、請政府促成憲法及憲政之早日實施。」〔註66〕

（二）《期成憲草》之憲政設計

《期成憲草》，凡八章一百三十八條，與《五五憲草》相比略有刪減。其最大的特色就是國民大會常設機關「國民議政會」之增設。會議期間，各黨派參政員一致認爲有必要設立一個國民大會閉會期間的常設機關。除羅隆基等建議增設「國民議政會」外，鄒韜奮、沈鈞儒、張申府等在《我們對於「五五憲草」的意見》中，也主張恢復《中華民國憲法草案初稿審查修正案》中的「國民大會委員會」，唯組織和職權不必與其完全相同；中共對此問題亦持同樣主張，董必武在會上鄭重建議設立「常駐委員會」；而褚輔成則爲此機構取名「行動委員會」。這些意見與「昆明憲草」提出之「國民議政會」，可謂只是名稱上之不同，而精神上完全一致。故《期成憲草》

〔註64〕 轉引自聞黎明著：《第三種力量與抗戰時期的中國政治・後記》，上海書店出版社，2004年版，第104～105頁。

〔註65〕 請參見羅隆基等：《五五憲草之修正》，載於《再生》，第45期，1940年4月10日。

〔註66〕 《憲政期成會提出之〈實施憲政之建議〉》，載於章伯峰、莊建平主編：《抗日戰爭》第三卷：《民族奮起與國內政治》（下），四川大學出版社，1997年版，第1199頁。

在國民大會閉會期間如何行使職權的問題上，基本接受了羅隆基等增設議政會的主張，所不同的是將名稱定爲國民大會議政會，以表明議政會是從國民大會中產生的，而不是從全國民眾中產生的。《期成憲草》第三章第二節「國民大會議政會」第四十一條中，關於國民大會議政會之性質與職權，作了如下九條規定：

一、在國民大會閉會期間議決戒嚴案、大赦案、宣戰案、媾和案、條約案；

二、在國民大會閉會期間復決立法院所議決之預算案、決算案；

三、在國民大會閉會期間，得創制立法原則並復決立法院之法律案。凡經國民大會議政會復決通過之法律案，總統應依法公佈之。

四、在國民大會閉會期間，受理監察院依法向國民大會提出之彈劾案。國民大會議政會對於監察院提出之總統、副總統彈劾案，經出席議政員三分之二之決議受理時，應即召集臨時國民大會，爲罷免與否之決定。監察院對行政、立法、司法、考試、監察各院院長副院長之彈劾案，經國民大會議政會出席議政員三分之二之通過時，被彈劾之院長副院長即應去職。

五、國民大會議政會對行政院院長，各部部長，各委員會委員長提出不信任案；行政院院長，副院長，各部部長，各委員會委員長經國民大會議政會通過不信任案時，即應去職。國民大會議政會對行政院院長之不信任案，須經出席議政員三分之二通過，始得成立。總統對於國民大會議政會對行政院院長或副院長通過之不信任案如不同意，應召集臨時國民大會爲最後之決定，如國民大會維持國民大會議政會之決議，則院長或副院長必須去職；如國民大會否決國民大會議政會之決議，則應另選國民大會議政會議政員，改組國民大會議政員會。

六、國民大會議政會對國家政策或行政措施，得向總統及各院院長、部長及委員會委員長提出質詢，並聽取報告。

七、接受人民請願。

八、總統交議事項。

九、國民大會委託之其他職權。

《期成憲草》同時還規定了國民大會議政會由 150～200 人組成，由國民大會互選之，以及議政員之資格。並議政員可連選連任，但不得同時擔任公務員。國民大會議政會議政員在會內所爲之言論及表決，對外不負責任。國

民大會議政會議政員，在會期中，非經國民大會議政會許可，不得逮捕或拘禁。〔註67〕

國民大會議政會的設立，主要對兩方面的關係產生了重大影響。一是對國民大會與國民大會議政會之間的關係作了重大調整。《期成憲草》規定了國民大會的六項職權：一是選舉總統、副總統，立法院院長、副院長，監察院院長、副院長，立法委員，監察委員；二是罷免總統、副總統，行政、立法、司法、考試法委員，監察委貞；三是創制法律；四是復決法律；五是修改憲法；六是憲法賦予之其他職權。〔註68〕對比國民大會議政會的職權，我們不難發現，國民大會議政會之職權顯然已經不僅代替而且超越了作爲「最高權力機關」的國民大會。對此，張君勱在《憲政期成會提出：中華民國憲草草案修正草案說明書》中作了詳盡的解釋。張君勱首先說明了爲什麼要增設國民大會議政會的理由，他指出：「蓋國民所以監督政府者，在乎通過預算、決算質詢行政方針，參預和戰大計，與提出對行政當局之信任或不信任，此等事項，國人或有將其列於治權者，實則歐美各國均認此爲政權，若此等政權人民不能行使，雖謂民國之政權完全落空，固無不可。因此昆明若干參政員所提修正草案，乃有在國民大會閉會期中設國民議政會之規定。……同人以爲國民議政會可以補救此缺點。」而對於非常敏感的國民大會議政會和國民大會之間的關係，張君勱解釋：「依理言之，議政會既爲在國民大會閉會時行使權力之機關，則議政會之職權應出於國民大會之委託，且其權力不應超出於國民大會權力之外。而按此本會修正草案之所規定，議政會有議決宣戰、媾和、大赦、戒嚴案之權，均未在國民大會職權中列舉。以云不信任案，亦不見於國民大會職權之中。似乎此種機關雖因國民大會之選舉而產生，似已非閉會期中暫時受委託之機關矣。本會多數之意，以爲國民大會爲國家最高權力機關，實包括直接與間接政權。國民大會本身行使直接政權，而間接政權事實上既不宜由兩千人以上之國民大會行使，乃以屬之於議政

〔註67〕 《國民參政會憲政期成會提出：中華民國憲法草案（五五憲草）修正草案》，
　　　　　載於章伯峰、莊建平主編：《抗日戰爭》第三卷：《民族奮起與國內政治》（下），
　　　　　四川大學出版社，1997 年版，第 1185～1186 頁。

〔註68〕 請參見《國民參政會憲政期成會提出：中華民國憲法草案（五五憲草）修正
　　　　　草案》，載於章伯峰、莊建平主編：《抗日戰爭》第三卷：《民族奮起與國內政
　　　　　治》（下），四川大學出版社，1997 年版，第 1184 頁。

會。故權力大小問題，不能以閉會或開會爲標準而定其是非。」〔註69〕

　　二是對國民大會議政會與立法院之間的關係也作了重大調整：不僅本來屬於立法院行使的決議大赦、戒嚴、宣戰、媾和以及條約案，一律移交給了國民大會議政會，立法院僅僅享有決議法律案、預算案、決算案之權，而且立法院對於上述職權只能作出初議，議政會對法律、預算、決算案享有復決權。故這種調整極大地縮小了立法院的職權，使得立法院成爲了純粹的立法機關，而擴大了國民大會議政會的職權。對此，張君勱作了如此解釋：「國民行使政權之機關，既有國民大會與議政會，若仍『五五草案』中立法院之舊狀，不疊床架屋之嫌。且立法院爲政府之一部，依據中山先生遺教，只能行使治權。因此本會同人對於原有立法院之職權，予以變更。……如此爲之分配，庶幾議政會與立法院之職權，各得其當。」〔註70〕

　　《期成憲草》對國民大會議政會的增設，是對中國當時的政治體制的重大修改，引起了社會的廣泛關注。時論指出：「國內人士對於憲草內容的討論，從沒有像今天這樣的起勁，而討論的中心，則大多數集中於國民大會方面。關於國民大會方面的意見最重要的一點，就是所謂關於國民大會閉會期間的常設機關的設置問題。自羅文幹等的昆明修正案至國民參政會憲政期成會的修正案，都主張在閉會期間設置國民議政會。各方面的意見雖不盡同，然而大抵都認爲非賦予重大的權力，不足以盡其行使政權之能事。」〔註71〕對於《期成憲草》對《五五憲草》的修改，也有人指出：「該修正草案中對於原憲草的重大修改就是在第三章加入『國民大會議政會』一節，這是對於整個憲草的重大改變，是一切談憲政的人所不應忽視的」。〔註72〕正因爲如此，有人甚至乾脆把《期成憲草》稱爲「議政憲草」。〔註73〕

〔註69〕　請參見《憲政期成會提出：中華民國憲法草案修正草案說明書》，載於章伯峰、莊建平主編：《抗日戰爭》第三卷：《民族奮起與國內政治》（下），四川大學出版社，1997年版，第1194～1195頁。

〔註70〕　請參見《憲政期成會提出：中華民國憲法草案修正草案說明書》，載於章伯峰、莊建平主編：《抗日戰爭》第三卷：《民族奮起與國內政治》（下），四川大學出版社，1997年版，第1196～1197頁。

〔註71〕　鄧公喧：《國民大會中豈容有太上國民大會乎》，載於《時事類編特刊》，第53期，1940年6月10日。

〔註72〕　陳體強：《論設置國民大會議政會問題》，載於《今日評論》，第3卷第22期，1940年6月2日。

〔註73〕　樓桐孫：《評駁「議政憲草」「系統論」》，載於《時事類編特刊》，第53期，1940年6月10日。

「除行使政權之國民大會及議政會外，憲法中最關重要者，當推中央政府」。﹝註74﹞的確，中央政府之設計是一部憲法的重要內容，也是憲政設計的至關重要者，《期成憲草》第四章就是關於中央政府之設計，規定了總統制和五院制的政府組織形式。憲草規定總統爲國家元首，對外代表中華民國。並規定了總統的下列職權：統率全國陸海空軍；依法公佈法律，發佈命令，並須經行政院院長之副署；依法行使宣戰、媾和及締結條約之權；依法宣佈戒嚴、解嚴；依法行使大赦、特赦、減刑、復權之權；依法任免文武官員；依法授與榮典；國家遇有緊急事故須爲急速處分時，總統得經行政和會議之議決，發行緊急命令，爲必要之處置。但發佈命令後，應即提交國民大會議政會追認。同時規定總統對國民大會負責。﹝註75﹞張君勱認爲：「總統統率海防空軍，公佈法律命令，媾和宣戰，任免文武官吏，即省長院長之任免，亦由中央爲之，則所以統轄各省者，亦在總統掌握之中。其得而問其責任者，僅有國民大會與監察院。議政會對於總統所任命之行政院長及部長可作不信任之表示。然此僅爲消極的限制，不能影響於總統選賢與能之大權。如總統不以議政會之所爲爲然，可召集臨時國民大會爲最後之決定；如國民大會不贊成議政會之表示，總統可解散議政會，另舉行新議政會之選舉。由此言之，總統所行使之職權甚廣，自能遊刃有餘，盡瘁幹國家之建設。」﹝註76﹞

關於五院制，張君勱指出：「依中山先生遺教，吾國採用五權憲法，即於各國所謂行政、立法、司法權外，加上監察、考試二權，而五院之制，即由之而生。然中山先生之所謂五權分立，並非五院或五大官之分立，如今日之司法院，並司法行政而亦管轄之。監察與考試，本爲中國之舊制。監察即中國之御史諫議，而考試即中國之科舉。似此則監察權即爲對官吏違法溺職之彈劾，而考試權即爲對國家人才之權衡取捨。權之獨立，限於此義。中山先生五權分立，絕無將國家行政分割爲五部、使之互相牽掣、互相抵捎，致行

﹝註74﹞《憲政期成會提出：中華民國憲法草案修正草案說明書》，載於章伯峰、莊建平主編：《抗日戰爭》第三卷：《民族奮起與國內政治》（下），四川大學出版社，1997年版，第1197頁。

﹝註75﹞請參見《國民參政會憲政期成會提出：中華民國憲法草案（五五憲草）修正草案》，載於章伯峰、莊建平主編：《抗日戰爭》第三卷：《民族奮起與國內政治》（下），四川大學出版社，1997年版，第1186～1187頁。

﹝註76﹞《憲政期成會提出：中華民國憲法草案修正草案說明書》，載於章伯峰、莊建平主編：《抗日戰爭》第三卷：《民族奮起與國內政治》（下），四川大學出版社，1997年版，第1197頁。

政機構運用不靈，行政效率不能增高。期成全依據遺教，五權確定其獨立性，且保有五院名義，而將五院中牽涉行政權之一切事務，仍移歸行政院。如是五院之制不變，而其權限重加釐訂，所以使中央之院部會之聯繫更加緊湊，而得實際上事權統一之效果。『五五憲草』中關於各權，均有某院行使某權之最高機關之語。最高二字，理有未合，故此條皆予刪去。又各院之性質既有變通，故其規定之法因之各異，取『五五憲草』與修正案比較觀之，自可了然。」〔註77〕

（三）《期成憲草》之評價

綜而觀之，第三勢力在《期成憲草》中的憲政模式的設計，實際上是融合了孫中山的五權憲法模式和西方的代議制分權政體模式。孫中山比較肯定西方的憲政體制，認爲世界上「有文的憲法是美國最好，無文的憲法是英國的最好」，但他反對全盤照搬英、美憲法，尤其反對全盤照搬其「三權分立」原則。故他在借鑒西方憲政體制的同時，結合當時中國的國情，獨創了「五權憲法」理論，並將其視爲實行憲政的基礎。在孫中山的「五權憲法」理論中，他將政治權力劃分爲「政權」和「治權」：「政是眾人之事，集合眾人之事的大力量，便叫做政權，政權可以說是民權。治是管理眾人之事，集合管理眾人之事的大力量，便叫做治權，治權可以說是政府權。所以政治之中，包含有兩個力量，一個是政權，一個是治權。這兩個力量，一個是管理政府的力量，一個是政府自身的力量。」〔註78〕因此，孫中山的「五權憲法」理論，包括兩個方面，一是五權分立，一是權能分治。首先關於五權分立，孫中山先生認爲西方的「三權分立」模式中三種權力並不統一。議會既是立法機關，又有彈劾權，容易導致議會擅用權力，挾制政府，使政府難以充分發揮其效能。政府的主要官員由總統或首相委任，隨政府首腦同進退，這樣導致了政府的不穩定。爲了避免分權問題上的這種弊病，充分發揮政府的效能，孫中山指出，將來中華民國之憲法，要創一種新主義，叫做「五權分立」，即在立法權、行政權、司法權三權獨立的基礎上，將立法權中的監督權，行政

〔註77〕《憲政期成會提出：中華民國憲法草案修正草案說明書》，載於章伯峰、莊建平主編：《抗日戰爭》第三卷：《民族奮起與國內政治》（下），四川大學出版社，1997 年版，第 1197 頁。

〔註78〕請參見孫中山著：《三民主義·民權主義》，見《孫中山選集》（下卷），人民出版社，1956 年版，第 754 頁。

權中的考試權獨立出來。孫中山在《建國方略》中，對用五權分立原則組織政府的構想作了詳細的闡述：「以五院制爲中央政府，一曰行政院、二曰立法院，三曰司法院，四曰考試院，五曰監察院。憲法制定以後，由各縣人民投票選舉總統以組織行政院，選舉代議士以組織立法院，其他三院之院長，由總統得立法院之同意而委任之，但不對總統、立法院負責，而五院皆對於國民大會負責。各院人員失責，由監察院向國民大會彈劾之，而監察人員失職，則由國民大會自行彈劾、罷黜之。國民大會職權，專司憲法之修改，及制裁公僕之失職。國民大會及五院職員，與夫全國大小官吏，其資格皆由考試院定之。此五權憲法也。」〔註79〕在孫中山看來，「要政府有很完全的機關，去做很好的功夫，便要用五權憲法。用五權憲法所組織的政府，才是完全政府，才是完全的政府機關。」〔註80〕關於權能分治，孫中山認爲，要把中國改造成新國家，必須把政權和治權進行分離，把政權完全交到人民手裏，要人民有充分的權力去直接管理國家，而要將治權完全交到政府手裏，使政府有足夠的時間和精力去治理國家。並且要用人民的政權去控制政府的治權。孫中山認爲如果人民有足夠的政權，並且管理政府的方法很完全，就不怕政府的權力過大而導致政府行爲違背民意。在權能分治問題上孫中山批評了西方的三權分立下的代議民主制，認爲在西方的代議民主制度下，人民只有選舉權，選舉出來的議員，不對人民負責，這樣往往導致議員從個人利益出發而選擇立場，既缺乏效率，又不能眞正代表民意。中國在政治上不能重蹈西方議會政治的覆轍，而應當建立一個「全民政治」的國家，最好的辦法，就是將政權與治權分開，用政權來約束治權。權能分治的核心，在於維護「直接民權」，即憲法必須規定和保障人民「直接管理國家」的權力。孫中山在總結西方憲政制度的經驗後指出，要使人民有權，就必須在憲法中規定人民的選舉權之外，還需要有創制權、復決權和罷免權，人民有了這四個權，才算有充分的民權；能夠實行這四個權，才算是徹底的直接民權；要人民能直接管理政府，便要人民能夠實行這四個民權，才叫做全民政治。〔註81〕《期成憲草》關於

〔註79〕孫中山：《建國方略》，見《孫中山選集》（上卷），人民出版社，1956年版，第151頁。
〔註80〕孫中山：《三民主義·民權主義》，見《孫中山選集》（下卷），人民出版社，1956年版，第760頁。
〔註81〕孫中山：《三民主義·民權主義》，見《孫中山選集》（下卷），人民出版社，1956年版，第760頁。

國民大會及國民大會議政會代表之組成、會期和職權等，都體現了中山先生關於「主權在民」的設想；而第三勢力設計的議政會在閉會期間代行監督治權的職能，對五院的監督與牽掣，對總統權力的監督與制約，都充分體現了孫中山先生權能分治、以權制能的思想。

　　那麼，《期成憲草》如何暗中融入了西方的代議制分權政體的特質呢？我們知道，在西方的代議制分權政體中，議會代表人民行使主權，代表人民監督和控制政府，它擁有立法權、財政控制權以及決定是否宣戰、媾和、締約等的決議權。而《期成憲草》中所規定的國民大會對政府主要官員的選舉權與罷免權，議政會在國民大會閉會期間可以受理監察院對官員的彈劾案以及對部分官員可以直接提出不信任案，相當於是西方議會對政府的監控權；國民大會以及國民大會閉會期間的議政會擁有創制和復決法律的職權亦相當於西方議會之立法權；議政會在國民大會閉會期間復決福利院所議決之預算案、決算案，這也大致相當於西方議會之財政控制權。可以說，國民大會及國民大會議政會是不折不扣的西方代議制分權政體中的議會。

　　西方代議制分權政體的另一個特質是基於對人性的幽暗意識和權力是必要的惡的假定，根據「以權力約束權力」的原則，在立法、行政、司法三種國家權力之間建立起嚴格的相互制約和平衡的體系。而我們縱觀《期成憲草》的相關條款，第三勢力事實上已經將西方代議制分權政體的這種原則運用其中。譬如《期成憲草》規定作爲民意機關的國民大會及其議政會既掌握立法權，又對監督和制約掌握行政權的總統及行政院。但是，總統也並非完全受制於國民大會議政會，總統也擁有制約議政會的權力，譬如國家遇有緊急事故須爲急速處分時，總統得經行政和會議之議決，發行緊急命令，爲必要之處置；對於議政會通過的對行政院長官的不信任案，總統如不同意，可召集臨時國民大會最後決定，若國民大會否決國民大會議政會之決議，則應改組國民大會議政會等等，體現了行政院對立法權的相互制約。〔註82〕再譬如，體現於行政權與司法權的關係上，《期成憲草》規定「司法院設院長一人，有總統任免之」，這體現了行政權對司法權的牽掣；同時又規定「司法院掌理民事、刑事及行政訴訟之審判」，並且「法官依法律獨立審判，法官非受刑罰或

〔註82〕請參見《國民參政會憲政期成會提出：中華民國憲法草案（五五憲草）修正草案・第四十一條》，載於章伯峰、莊建平主編：《抗日戰爭》第三卷：《民族奮起與國內政治》（下），四川大學出版社，1997年版，第1185～1186頁。

懲戒處分或禁治產之宣告，不得免職，非依法律，不得停職轉任或減俸」，〔註83〕這樣法官便可依法對違反法律的一切行政官員進行追究，體現了司法權對行政權的制約。最後，體現在立法權與司法權的關係上，《期成憲草》規定，國民大會議政會只要通過監察院提出的對司法院正副院長的彈劾案，正副院長必須去職，並且國民大會及其議政會創制、復決的法律一旦通過，司法院必須執行，這體現了立法權對司法權的牽掣；同時也規定了司法院具有解釋憲法的權力，這樣司法院便可通過審查國民大會及其議政會的法律是否違憲，從而制約其立法權。

綜上所述，第三勢力在《期成憲草》中所設計的憲政模式，在堅持孫中山五權分立、權能分治思想的前提下，比較明顯地體現了西方代議制分權政體立法權、行政權與司法權彼此獨立、相互制約的特點，事實上，現代中國第三勢力努力在五權憲法模式和西方代議制分權政體模式之間尋求第三條道路。

〔註83〕請參見《國民參政會憲政期成會提出：中華民國憲法草案（五五憲草）修正草案‧第四章第四節：司法院》，載於章伯峰、莊建平主編：《抗日戰爭》第三卷：《民族奮起與國內政治》（下），四川大學出版社，1997年版，第1189頁。

下篇　現代中國第三勢力憲政設計的
　　　個案研究——張君勱憲政設計
　　　研究

第七章　張君勱研究綜述

　　近代中國自海禁大開，面臨所謂「數千年未有之變局」〔註1〕以來，傳統的治國之道已不足以應付新的世界形勢的挑戰。清末新政的破產、千年帝制的崩潰、資產階級共和國方案的幻滅，使「中國向何處去？」這個鴉片戰爭以來就困擾著世人的問題進一步凸顯出來。於是，重構立國之道便成為許多素有「治國平天下」傳統的中國知識分子殫精竭慮、苦心思索的思想主題。張君勱，作為活躍在中國現代政治和思想舞臺上的一位重要人物，一生「徘徊於學術與政治之間」，精思力踐，立志「負起四千年重擔，辨明全世界向方」〔註2〕，試圖為中國重新架構一符合正義和世界潮流的立國之道。張君勱「儘管在現實成就方面，似乎並未跳出古今中外哲人從政悲劇收場的命運。……可是從現代觀點看，這些思想觀念的理論建構，似乎比一時的現實政治成就，更具有超越時空的價值。」〔註3〕

　　近代中國在歐風美雨的滌蕩中，揚棄傳統文化、向西方學習成了國人的共識。在向西方學習的過程中，人們逐步把目光聚焦到西方的「憲政」上，西方的強大和富足蘊藏在西方的憲政制度及其文化中，這是他們體察西方所得到的最為熱切和牢固的信念。然而從魏源稱頌的「巴釐滿（議會）」和徐繼畬推崇的「爵房（貴族院）」與「鄉紳房（平民院）」，到王韜對「西政」的分類與理

〔註 1〕 李鴻章：《籌議海防摺》，《李文忠公選集》（上冊），臺灣大通書局，1997 年版，第 97 頁。
〔註 2〕 張君勱：《義理學十講綱要》，中國人民大學出版社，2006 年版，第 54 頁。
〔註 3〕 何信全：《儒學與現代民主：當代新儒家政治哲學研究》，中央研究院中國文哲研究所，1985 年版，第 151 頁。

解和鄭觀應對歐美議院制運作及其得失的評述，一直到康有爲的「立行憲法、大開國會，行三權鼎立之制」和梁啓超的立憲構想，由中華民族生存危機所激發的對民族獨立和國家富強的深切關懷，使得他們把對西方憲政制度及其文化的研習直接轉換爲對憲政與獨立、富強之間因果關係的實用性、功利性思考與模仿。侯上演清末新政、民國創立，有憲法卻未嘗有憲政。在隨後一戰帶來的對西方價值的反思和五四新文化運動掀起的一股更爲強大的西化浪潮的衝突中，抗日戰爭以來的更爲深刻深刻的民族危機爲近代中國從未間斷的憲政思潮提供了更爲宏大的歷史背景，而張君勱——這位被人稱爲「玄學鬼」「黨魁」和「憲法之父」的後來的國家社會黨的領袖，也以他獨特的哲學基礎提出了自己的憲政理念，在現代中國的政治與思想舞臺上傾情演出。

一、張君勱思想研究現狀檢視

張君勱是中國現代史上一位身份複雜而又具有重要地位的人物。他既是一位五四時代即告成名的一生堅守哲學上的唯心主義的「玄學鬼」與文化保守主義者，又是一位集憲法之研究與起草、憲政之鼓吹與推動於一身的「憲法之父」；他還是一位發起成立中國國家社會黨、參與組建中國民主政團同盟並擔任主要領導職務和組建中國民主社會黨的「黨魁」與在野政治領袖曾被蔣介石囚禁，作爲公共知識分子卻又名列中國共產黨宣佈的「頭等戰犯名單」，被稱爲「國民皆曰可殺者」與人民的公敵；他不僅活躍在現實政治舞臺上，而且在思想文化領域也頗有建樹，他對中西哲學、政治學、憲法學等諸多領域也都有較深的造詣且自成體系。特別是他基於對中西文化的深刻理解，抱持一種超脫開放的學術胸襟，年逾七旬，與牟宗三、徐復觀、唐君毅等三位學人聯合署名發表《爲中國文化敬告世界人士宣言——我們對中國學術研究及中國文化與世界文化前途之共同認識》，力求中西哲學之融通和中華文化的偉大復興而名列「現代新儒家」之林，使他博得了世界性的聲譽。或許，用同爲現代新儒家的代表人物之一唐君毅先生的一個帶著足夠敬意的評價來概括和評價張君勱一生是公允和恰當的：「中國現代思想界中，首將西方理想主義哲學介紹至中國，而立身則志在儒行，論證則期於民主，數十年來，未嘗一日失所信者，當推張君勱先生。」〔註4〕

〔註4〕唐君毅：《經濟意識與道德理性》，見沈雲龍主編：《近代中國史料叢刊續輯》第951輯，文海出版社，1998年版，第52頁。

（一）海峽兩岸張君勱研究的冷與熱

在臺灣，張君勱很早就成了學術界關注的焦點，自 20 世紀 50 年代以來就不斷有關於張君勱評介性和研究性文字發表。這主要是由於國民黨敗退臺灣後，張君勱領導的中國民主社會黨（1946 年由中國國家社會黨與民主政黨黨合併而成）隨往臺灣，張君勱雖然不在臺灣，但他的黨內同僚包括一部分張君勱的學生卻留在臺灣，他們就是研究張君勱思想的第一批學者。〔註5〕公開發表的除了大量的回憶性、紀念性的文字外，尚有很多的有關張君勱思想的研究性論文及專著，其中比較有代表性的有：唐君毅的《從科學與玄學論戰談君勱先生的思想》；程文熙的《張君勱先生的政治思想：從變法維新到民主社會》、《張君勱先生譯著中之選舉論》、《張君勱先生的復興儒家論》等；蕭豐櫟的《秀異分子與全民參與——張君勱的政治觀》；薛化元的《民主憲政與民族主義的辯證發展——張君勱思想研究》；胡秋原的《張君勱先生之思想》；吳素樂的《倭伊鏗〈人生觀〉對張君勱先生哲學與政治思想之影響》；江勇振的《張君勱思想評述》以及洪茂雄的《張君勱先生與民主社會主義：認知與實踐》等。同時，關於張君勱研究的學術活動也十分活躍，譬如「張君勱學會」很早就得以成立，形成了一定的研究陣容，佔有較爲豐富的研究資料，這使得臺灣的張君勱研究具有相當的優勢。

然而在大陸學界，張君勱思想的研究成爲一個被刻意遺忘的角落：「很長一段時期裏，張君勱只是以一個『玄學鬼』的身份出現在我們的教科書裏，而張氏展現於其他許多方面的思想主張及其活動，人們就不得而知了。」〔註6〕張君勱思想研究被忽略的直接原因體現在以下三個方面：首先是張君勱在政治上受到中國共產黨的強烈批判。張君勱在 1938 年 12 月在《再生》雜誌重慶版創刊號上發表《致毛澤東先生的公開信》，要求共產黨將「八路軍之訓練任務與指揮權」完全交給蔣介石、取消陝甘寧邊區政府、「將馬克思主義暫擱一邊」，受到了共產黨人和毛澤東的嚴詞批判。特別是 1946 年，張君勱在國民黨和蔣介石的誘使下同意民主社會黨出席國民黨的包辦國大，1947 年，又率領民主社會黨參加改組政府，與蔣介石簽署所謂的三黨「共同施政綱

〔註5〕　請參見陳先初：《張君勱思想研究述評》，載於《湖南師範大學社會科學學報》，1997 年第 6 期。

〔註6〕　陳先初：《張君勱思想研究述評》，載於《湖南師範大學社會科學學報》，1997 年第 6 期。

領」，最終被毛澤東親自圈定為「頭等戰犯」。其次是在思想上受到了大陸學術界的完全否定。大陸學界以馬克思主義為指導思想，奉行辯證唯物主義，而對唯心主義哲學，特別是對主觀唯心主義哲學全盤否定。而張君勱，作為著名的「玄學鬼」，主張精神自由，堅持唯心主義則必然被擯棄。在現代化的視野下，張君勱也被簡單的貼上了「反科學」的標籤而備受詰難和指責。三是 1949 年以後，張君勱輾轉旅居美國，繼續攻擊中國共產黨的政治制度與共產主義理想，致力於在全球範圍內復興儒學。除了政治上的原因，當時的大陸學術界也盛行「大批判」，儒學被視為復古當然也被拋棄。職是之故，在政治上張君勱成了人民的公敵，在思想上完全被學術界所擯棄，張君勱成了大陸學術界研究的禁區。

進入 80 年代以來，隨著大陸「文化熱」和「儒學熱」〔註7〕的興起，對張君勱的研究始小心翼翼地跨出了第一步，張君勱作為現代新儒家的一方重鎮的身份開始被重視和挖掘。張君勱的頗為自信的斷言：「儒家的復興並不與現代化的意思背道而馳，而是讓現代化在更穩固和更堅實的基礎上生根和建立」〔註8〕獲得了廣泛的認同，而張君勱當年所極力維護的「玄學」也隨著時間的推移在半個多世紀以後卻在更多的人們那兒得到了積極的回應。這個期間，坊間出版了《精神自由與民族文化──張君勱新儒學論著輯要》和《張君勱集》，這兩本書收集了張君勱具有代表性的幾部論著的部分章節和論文，在大陸張君勱思想研究史上具有里程碑的意義。然張君勱一生著述頗豐，據臺灣方面的初步統計，其一生發表的各類文章約 800 篇，散見於《再生》、《新路》、《解放與改造》等 10 餘種報刊雜誌，出版譯著、論著 20 餘種，很顯然，大陸在張君勱文獻資料的整理上做的是遠遠不夠的。治思想史，詳盡的佔有第一手文獻資料是最基礎性的研究工作，從某種意義上說，大陸的張君勱思想研究可謂是先天不足。

（二）大陸張君勱研究的幾個重點

既便如此，大陸的學者還是作了一些探索性的研究。據我初步統計，改

〔註7〕關於大陸 80 年代的「文化熱」和「儒學熱」，請參見實成關：《近 20 年來大陸「文化熱」與孫中山文化思想研究》，載於《江蘇社會科學》，2001 年第 1 期。

〔註8〕張君勱：《中國現代化和儒家思想復興》，見程文熙編：《中西印哲學文集》，學生書局 1981 年版，第 596 頁。

革開放以來，大陸學界發表的有關張君勱研究的論文 200 餘篇，除了寬泛的對張君勱政治與學術人生和思想的介紹性的文章，研究重點主要集中在以下幾個方向：

　　一是張君勱思想之哲學基礎。自中國講變法維新以來，特別是到了新文化運動末期，科學得到了「幾乎全國一致的崇信」，「無論懂與不懂的人，無論守舊和維新的人，都不敢公然對他表示輕視或戲侮的態度」，「沒有一個自命爲新任務的人敢公然毀謗『科學』的」。〔註 9〕正是在這種「維科學主義」盛行的背景下，張君勱在清華演講《人生觀》，對科學的功用與價值提出了質疑，張君勱主觀上本無意卻在客觀上挑起一場大規模的論戰。對張君勱思想之哲學基礎的研究，大都是圍繞「科玄論戰」或以之爲起點展開的。長期以來，對張君勱思想之哲學基礎的認識是簡單地貼上主觀唯心主義和資產階級哲學思想的標籤，以同馬克思列寧主義相對立爲基本理由並予以堅決的否定，但大多數學者的研究是嚴肅的，並比較客觀和全面地分析和評價了張君勱哲學思想。學界普遍認爲，張君勱的思想淵源比較複雜，早年信奉倭伊鏗與柏格森的生命哲學，後又轉向康德、黑格爾，晚年則十分推崇陽明心學。而就張君勱的哲學體系來看，學界也普遍認同，張君勱「以康德哲學與中國的儒家彼此會通，形成以唯心主義爲主幹，兼采實在論之長的哲學基礎。在此哲學基礎上，建構政治上的民主社會主義，形成中國儒家、德國哲學和英國政治三方面的融通會合。」〔註 10〕而對張君勱哲學思想之評價，則經歷了一個從基本否定到積極尋找其合理性因素的過程。較早研究張君勱思想的呂希晨先生認爲張君勱「站在資產階級學者的立場上，以復興孔孟與宋明儒家哲學爲本位，以中西哲學互相融合爲主要形式，以思想『雙方並重』爲基本方法，構築了一個具有中國民族特點的和現代世界意義的中國資產階級哲學思想體系，這個哲學思想體系，實際上是中國半殖民半封建社會的政治經濟在意識形態方面的反映，是中國傳統儒家哲學與西方生命派哲學相結合的產物，它充分地表現了中國民族資產階級革命和妥協的兩面性特點。……這種唯心主義哲學思想體系是爲在中國建立資本主義制度製造輿論的，是與無產階級的意識形態相對抗的，它違背了中國現代社會發展的客觀規律，因此，

〔註 9〕　胡適：《〈科學與人生觀〉序》，見張君勱、丁文江等著《科學與人生觀》，山東人民出版社，1997 年版，第 10 頁。
〔註10〕　徐錦賢：《張君勱政治哲學論析》，載於《南京社會科學》，2000 年第 12 期。

在當今中國革命與建設的實踐中是根本行不通的，這就是中國現代社會的歷史與現實所做出的必然結論。」〔註11〕而即使對於在教科書中早已定論的張君勱的科學觀與人生觀，也有人指出，張君勱：「比科學萬能論者的清醒就在於沒有走向科學迷信，他們在肯定科學價值的同時對科學的局限以及工具化的負面效應進行了深刻的反省，並由此確定了人的存在的意義和哲學的合法性。這種對科學和哲學意義的理解具有理論上的正確性，主要是打破了科學萬能的神話，爲人的意義世界的存在進行了辯護。毫無疑問，無論科學多麼發達，它也決不可能完全解決人的問題，換句話說，人類豐富的情感世界、精神世界、價值世界等不可能完全轉化爲計算機的符號系統，而這些帶有某種神秘意味的領域正是哲學的樂園。」〔註12〕

　　二是張君勱的政治思想。作爲中國現代史上少有的既在思想領域有較深的造詣，又積極投身於現實政治領域的政治家與思想家，張君勱的政治思想受到了最大的關注，對張君勱的政治思想一開始集中於其國家觀與修正的民主政治的主張。早在 20 世紀 90 年代初，公茂虹即發表論文探討張君勱的國家觀，公茂虹認爲從民族獨立與生存的角度，張君勱贊同黑格爾以道德爲國家基礎的觀點，及黑格爾所謂的道德一體說或意典說。在張君勱看來，國家是否爲人類的最終現象是不可而知的，但就構成國家的要素以及國家隊內對外職能而言，國家有時刻存在而不能消滅之理由，國家之最大的目的在於維持人民的生存，保障人民的自由。但張君勱對國家的起源作了唯心主義的闡釋，否定了國家是階級矛盾不可調和的產物，將國家看做全體國民利益的最高代表，否定了國家的階級性。張君勱的理想國家是西方的近代國家，他認爲缺乏國家觀念乃是中國沒有形成歐洲那樣近世國家的原因，主張以西方的民主國家爲藍本來改造中國。張君勱進一步認爲，歐洲近世國家以民族爲本位，據此，他提出了以民族爲本位的建國思想和步驟。〔註13〕陳先初先生則將張君勱民族建國運動的基本主張概括爲：「通過改造人們的思想觀念，養成一切以民族利益爲中心的民族意識即新的中華民族性，並以此爲基礎建設近代民族國家，從而使中國跟上時代前進的步伐，實現民族的偉大復興。」張

〔註11〕呂希晨：《張君勱哲學思想論析》，載於《學習與探索》，1994 年第 6 期。
〔註12〕柴文華：《論張君勱的科學觀與人生觀》，載於《貴州社會科學》，2004 年第 5 期。
〔註13〕公茂虹：《張君勱三十年代政治思想略論》，載於《史學月刊》，0993 年第 2 期。

君勱所從事的仍然是一種遠離社會現實的文化救國工作，這種工作雖然具有深刻的社會意義，還是無法適應中國社會特定政治形勢的需要。雖然如此，陳先初先生認爲張君勱圍繞著復興中華民族這一中心課題而進行的多方面的理論思考以及在此基礎上形成的中國近代化構想，即使在今天看來也仍然是一份不無價值的思想遺產。〔註14〕而許紀霖先生則認爲，現代中國的自由民族主義所致力的，是將民主的法律政治共同體與民族的文化語言共同體以二元化的方式結合起來。張君勱的民族主義思想，既尊重個人的自主性，也強調其所賴以存在的特定的民族文化歸屬感。他是自由主義者，也是民族主義者，他所追求的是以個人自由爲基礎的、具有民主政治內容和民族文化認同的民族國家共同體。不過，張君勱所代表的自由民族主義印有中國儒家深刻的特徵，從他對個人、社群和國家的相互關係的處理，對公德與私德的理解以及精英主義的態度而言，可以說是一種現代儒家式的自由民族主義。在全球自由主義和民族主義的思潮中，現代中國所留下的這一傳統，顯然有其獨特的思想價值。〔註15〕對於張君勱的「修正的民主政治」的主張，學界的認識比較一致，陳先初先生的觀點很具有代表性：「『修正的民主政治』是張君勱鑒於西歐議會民主制的弊端以及30年代中國日益深重的民族危機而精心設計的「第三種」政治方案。張的政治設計力圖從理論上解決自由與權力的平衡問題，同時通過加強政府的權力以適應民族主義的需要。然而在現有體制內，張的目的不僅無法達到，相反，其偏於一端的權力主義傾向極有可能成爲論證現存政權的藉口。結果是，民族主義無法實現，民主、自由的價值也必然喪失。」〔註16〕值得一提的是，陳先初先生還專門撰文探討了張君勱的政黨觀，陳老師認爲，「在 1949 年之前的二三十年時間裏，張君勱經過自己的獨立思考形成了具有特色的政黨觀。他不贊成無條件引入西方模式，先是主張政黨專心於國民政治教育，爲政黨政治創造條件；繼而採取政黨合作、「舉國一致」之立場，旨在避免政黨競爭之「流弊」，並集中力量共赴國難。同時他在借鑒西方經驗的基礎上，就如何進行「理想政黨」之建設提出了不少建

〔註14〕 請參見陳先初：《張君勱中國近代化構想述論》，載於《湖南師範大學社會科學學報》，2001 年第 2 期。

〔註15〕 許紀霖：《在現代性與民族性之間：張君勱的自由民族主義思想》，載於《學海》，2005 年第 1 期。

〔註16〕 陳先初：《評張君勱「修正的民主政治」主張》，載於《湖南師範大學社會科學學報》，1999 年第 4 期。

設性意見。它體現了張氏不滿於令人沮喪的政黨現狀並力圖改變這種現狀，以使中國政黨健康發展、中國政治步入正軌所作的努力。當然張君勱努力的基本方向仍然是西方意義上的議會政黨，這決定了他的政黨觀不可能有根本性的理論突破。」〔註17〕近年來，學界對張君勱政治思想探討的焦點開始轉移到其憲政思想，這一點容後文再敘。

　　三是對張君勱文化思想的研究。鴉片戰爭以來，在歐風美雨的滌蕩中，東西方文化的問題特別是關於中國文化的出路的問題一直是中國思想界爭論不休的話題，到新文化運動前後更是達到了巔峰。張君勱基於對中國、西方和印度文化的發展和特性的比較，分析了西方文化爲什麼在今天能夠得到成功的原因，並從政治、社會、學術、宗教和藝術等方面對中國傳統文化進行了具體分析和批判，最終提出中國文化建設的根本任務就是要造成「以精神自由爲基礎之民族文化」。對於張君勱的文化觀，學界的評價也經歷了一個從基本否定到傾向於肯定的過程。呂希晨先生認爲：「張君勱是中國現代新儒學文化觀的典型代表，他的文化思想在中國現代文化思想發展史上佔有重要地位。他站在資產階級學者的立場上，以復興中國傳統儒學爲本位，以吸收現代西方文化爲本質內容，以中西文化互相融合爲主要形式，以思想「雙方並重」爲基本方法，構築了一個具有中國民族特點的和現代世界意義的中國資產階級文化思想體系。……張君勱在文化觀上的理論與實踐，衝擊了封建主義文化的腐朽性，促進了中國資產階級文化的形成和發展，強調了中國文化在世界文化中的地位和作用，豐富了現代文化理論思維的內容，給人以許多有益的啓迪和教益。但是，這種資產階級文化是爲在中國建立資本主義制度製造文化輿論的，是與無產階級的意識形態相對抗的，因此，在中國的革命與建設的實踐中是根本行不通的。」〔註18〕陳先初先生則認爲「張君勱所提出的『以精神自由爲基礎之民族文化』的總綱領，……主張是中西文化並重，既強調以精神自由爲基礎，又強調以民族文化爲本位。他希望通過二者的結合或融合，形成一種具有西方近代文化之時代特點的民族文化，或具有中國民族特色的西方式文化。張君勱的這種文化思維模式以及按照這一模式構建起來的未來中國文化方案，

〔註17〕請參見陳先初：《以理想之政黨改造中國──淺議張君勱的政黨觀》，載於《安徽史學》，2007 年第 2 期。

〔註18〕呂希晨：《評張君勱新儒學的文化觀》，載於《吉林大學學報》，1990 年第 3 期。

反映出張氏關於中國文化問題的思考達到了相當的深度，是對五四『新青年』文化思考的進一步深化。這種深化將使建設中的中國文化與近代化方向更爲貼近」。〔註 19〕而中國社會科學院近代史研究所的鄭大華先生則指出：「如果從純文化理論的角度來分析，張君勱提出學習西方引進西方文化必須以中國文化爲本位、爲根據，必須符合中國的具體國情，這完全是對的，顯示了他文化思想的深刻性。但問題的關鍵在於他講的『中國文化』是什麼？從他一貫的主張來看，張君勱講的『中國文化』，也就是孔子創立的儒家文化或以儒家思想爲核心。後來在《儒學之復興》等文中他更明確指出，向西方學習，引進西方文化，必須『以儒學爲本，而溝通東西思想』……『儒學爲本，而溝通東西思想』，這實際上是早年賀麟在《儒家思想的新開展》一文中提出的『以儒家精神爲體，以西洋文化爲用』『儒學西洋文化』主張的翻版……也不是對中國文化出路的正確選擇。」

　　四是張君勱的新儒學思想。雖然貌似學界已普遍認爲張君勱是現代新儒家的重要代表人物之一，但事實上關於張君勱是不是新儒家的爭議未曾停止過，雖然張君勱致力於對儒家文化的現代闡釋，甚至第一個使用了「新儒家」的概念。根據余英時的理解，「新儒家」在今天至少有三種不同的用法：第一種主要在中國大陸流行，其涵義也最寬廣。幾乎任何二十世紀中國學人，凡是對儒學不存偏見，並認眞加以研究者，都可以被看成「新儒家」，這樣的用法似乎已擴大到沒有什麼意義的地步了。第二種比較具體，即以哲學爲取捨的標準，只有在哲學上對儒學有新的闡釋和發展的人，才有資格取得「新儒家」的稱號。第三種是海外流行的本義，即熊十力學派中人才是眞正的「新儒家」。〔註 20〕因此學界普遍承認，張君勱至少是第二種意義上的新儒家。鄭大華先生將現代新儒學的發生與發展大致分爲三個階段：第一階段，從「五四」到 1949 年中華人民共和國成立，這一時期現代新儒家的活動基地在中國大陸；第二階段，從中華人民共和國成立到 70 年代末，這一時期現代新儒家的活動基地主要在香港和臺灣；第三階段，從 70 年代末到現在，這一時期現代新儒家的活動基地逐漸轉移到北美。鄭大華先生認爲，在現代新儒學的發展歷程中，對第一和第二階段現代新儒學的發展都做出過貢獻的僅有張君勱

〔註 19〕陳先初：《精神自由與民族文化——張君勱文化思想透視》，載於《求索》，2000 年第 1 期。
〔註 20〕余英時：《錢穆與中國文化》，上海遠東出版社，1994 年版，第 55 頁。

一人。只有張君勱，無論其地位，還是其影響，在第一階段可以與梁漱溟、熊十力、馮友蘭和賀麟相提並論，在第二階段可以與唐君毅、牟宗三、徐復觀比肩，他是現代新儒學當之無愧的代表人物。〔註 21〕鄭大華先生還進一步認為，張君勱從現代與古代是不能完全割裂的以及在現代化過程中起主導作用的是人的心知或思想方法這兩點認識出發，認為中國的儒家思想不僅不是現代化的障礙，相反可以導致一種新的思想方法，這種新的方法能成為現代化的基礎。因此，我們今天要在中國實現現代化，就必須從復興儒家思想入手。換言之，復興儒家思想是中國現代化的途徑，而儒家思想的復興又主要是宋代新儒學的復興。復興儒家思想的道路是「自力更生中之多形結構」，亦即「以儒家為本，而溝通東西思想」。〔註 22〕清華大學的青年學著翁賀凱則認為，在根本的思想方法和思想氣質上，張君勱基本上就是儒家的。那些批評新儒家「開出說」格局太緊、太小的學者們，多認為張君勱的思想格局更大，有更豐富的思想資源來面對現代政經問題；在另外一方面，張君勱豐富的西學資源在一定程度上也制約了他對中學的歸向與深入，導致其相關論述的原創性、精緻性和精神深度均有所不足。〔註 23〕

五是張君勱的經濟思想。對張君勱的經濟思想的研究，主要集中於其「國家社會主義」的主張。「國家社會主義」這一主張是張君勱在組建國家社會黨後不久首先在《我們所要說的話》〔註 24〕中作為「可致中華民族於復生」的方案提出來的，後來在《國家民主政治和國家社會主義》、《經濟計劃和計劃經濟》等文中，特別是在《立國之道》一書中又做了翔實、系統的闡述。張君勱認為：「今後之國家（經濟）建設，既不能如英國之放任主義，以私有企業之主體建設國民經濟；亦不能採取共產主義之主張，以階級鬥爭為手段，將私有企業制度整個打倒，代之以整個的國有企業。我仍認為今後我國之經濟建設，唯有國家社會主義而已。一方求國家之自足自給，或民族自活；他

〔註 21〕鄭大華：《張君勱與現代新儒學》，載於《天津社會科學》，2003 年第 4 期。

〔註 22〕鄭大華：《張君勱論中國現代化與儒家思想的復興》，載於《孔子研究》，2004 年第 1 期。

〔註 23〕翁賀凱：《張君勱晚年儒家思想復興論再探析》，載於《中國文化研究》，2009 年第 2 期。

〔註 24〕《我們所要說的話》最初以「記者」的筆名發表於《再生》創刊號，對於其真實作者學界存在爭議，一說是張君勱、張東蓀和胡石青三人共同寫成，一說係張東蓀為最後起草人。請參見左玉河：《鄭大華著〈張君勱傳〉》，載於《歷史研究》，1999 年第 4 期。

方求社會公道之實現，而獎勵個人自發自動的精神。」〔註25〕對於張君勱經濟思想之評價，巴圖認為，儘管張君勱對兩種體系本質特徵的把握還有明顯錯誤的地方，但畢竟對這兩種思潮和實踐運動做了一些比較研究，基本上摸清了兩種主義的不同傾向，用自己的立場、觀點、方法得出獨立的思考和判斷。不管其結論是否正確，他這種比較研究的方法在當時還是需要勇氣的。張君勱得出的一個結論，即「實際的經濟狀態無不是複雜的與混合的」，這是有道理的。但，在新民主主義革命環境中，張君勱經濟策論集中體現了與封建經濟與政治特權聯繫密切的少數資產階級上層知識分子的經濟觀點。在國民黨統治秩序下，他呼籲在經濟上效法蘇聯，主觀上是對官僚買辦資本的否定。當然張的策論中非科學甚至反動的一面更為明顯，這表現在他對蘇聯單一社會主義模式下計劃經濟所存在主要問題分析和對法西斯德國戰時經濟的盲目肯定上。儘管在他的文章中頻繁使用階級的概念，但他堅決反對馬克思主義的階級鬥爭理論，對於中國共產黨領導的階級鬥爭實踐，他予以抵制，在大陸活動時是如此，在晚年客居美國時亦是如此。作為中國民族資產階級的代表，張君勱一生孜孜以求經濟立國之道，但從沒有實現動機與效果的統一。〔註26〕鄭大華先生則認為張君勱「受30年代國際國內形勢的影響，即國際上因希特勒的上臺法西斯主義猖撅，國內因日本的侵略民族危機加深，他的『國家社會主義』具有濃厚的國家集權傾向。」〔註27〕

　　公開發表的論文還涉及了張君勱的教育思想〔註28〕和新聞思想〔註29〕，這裡不再展開。在對研究張君勱思想的論文的爬梳中，我們可以看出，研究領域廣泛，幾乎了涉及了張君勱思想的方方面面。以呂希晨、鄭大華、陳先初為代表的學者們從多角度、多層次對張君勱的思想進行了挖掘，顯示了學界張君勱思想研究的廣度與深度。而學界出版的關於張君勱思想評傳和研究的專著，則凸顯了張君勱思想系統性研究的一面，這些專著主要有：呂希晨、陳瑩合著的

〔註25〕張君勱：《立國之道》，桂林出版社，1938年版，第71～72頁。
〔註26〕巴圖：《張君勱經濟策論評析》，載於《中央財經大學學報》，2001年第6期。
〔註27〕鄭大華：《張君勱的社會主義思想及其演變》，載於《浙江學刊》，2008年第2期。
〔註28〕請參見甄建均：《張君勱對科學教育的批判及其改良》，載於《福建論壇》，2008年第2期。張君勱曾經出掌政治大學，創辦學海書院和民族文化書院，作為教育家的張君勱的思想研究還待進一步深入。
〔註29〕請參見徐文策：《張君勱新聞思想研究之我見》，載於《合肥聯合大學學報》，2001年第3期。

《張君勱思想研究》〔註30〕；劉義林、羅慶豐合著的《張君勱評傳》〔註31〕；
鄭大華獨著的《張君勱傳》〔註32〕與《張君勱學術思想評傳》〔註33〕；許紀霖

〔註30〕 該書是大陸學界第一部比較系統研究張君勱思想的著作，作者對張君勱的政
治、憲政、人生觀、儒學、文化、教育、西學、佛學等10個方面的問題，進
行比較全面而系統的梳理和論述。從不同的層面上展現了張君勱思想體系的
主要內容、時代特徵、思想實質及其歷史作用。請參見呂希晨、陳瑩：《張君
勱思想研究》，天津人民出版社，1996年版。

〔註31〕 該書系「國學大師叢書」其中一本，是中國大陸學界第一部全面評述張君勱
思想與生平的研究專著，作者全面深入地介紹了國學大師張君勱的文化理念
與學術生涯，展示了張君勱在學術與政治之間往復遊移的一生，評述了他卓
爾不群的哲學理念、中西文化比較觀、人生觀及政治思想尤其是憲政思想。
作者以中國傳統思想在中國現代化歷程中的創造性轉化爲經，以張君勱縱橫
捭闔於哲學、文化、法學、政治等領域爲緯，突現了一代學人在風雲變幻的
中國現代史上的風範。請參見劉義林、羅慶豐：《張君勱評傳》，百花洲文藝
出版社，1996年版。

〔註32〕 該書是國內外第一部全面系統研究張君勱的傳記著作（耿雲志先生在爲該書
所作序中語），該書的總體構思頗有新意，將通常側重人物的生平活動的傳記
與關於人物思想的專題研究結合起來，以生平活動爲經，以思想評述爲緯，
將人物的重大活動和思想主張放在其生平發展的不同階段進行評述。作者以
張君勱一生的主要活動爲線索，按照時間順序敍述了張氏在不同歷史階段不
同方面的活動，在張君勱最富思想性的時期，對其政治、哲學和文化思想進
行了專題研究。該書遠遠超出了一般人物傳記所能涵蓋的範圍，不僅給讀者
以知識性的瞭解，而且提出了作爲研究者分析評判性的意見，給讀者以深刻
的啓迪。請參見鄭大華：《張君勱傳》，中華書局，1997年版。關於該書的評
價請參見左玉河：《鄭大華著〈張君勱傳〉》，載於《歷史研究》，1999年第4
期。學界對該書的評價很高，臺北「中央研究院」近代史研究所的潘光哲教
授在書評中稱該書是中國大陸出版的一部最客觀公正、最少意識形態的人物
傳記著作，對於張君勱的研究具有標誌性的重要意義。武漢大學哲學系的郭
齊勇教授和中國社會科學院近代史研究所的左玉河教授也在他們各自的書評
中充分肯定了該書所取得的成果，他們甚至斷言，在相當長的一段時期內，
如果沒有新的資料發現，後來的張氏生平和思想的研究者很難在整體上超越
該書。請參見鄭大華、喻春梅：《咬定青山不放鬆——著名學者鄭大華教授訪
談錄》，載於《歷史教學》，2006年第9期。

〔註33〕 該書是比較正統的人物學術思想評傳，作者分五部分對張君勱的學術思想展
開了梳理，系統闡述了張君勱的思想淵源（德法的哲學思想、英國的自由主
義、中國的儒家思想）、發展軌跡（政治思想的演變、新儒家思想的發展、社
會主義思想的變化）、主要著作（《民族復興之學術基礎》、《明日之中國文化》、
《立國之道》、《新儒家思想史》）、學術貢獻（闡發儒家思想、輸入西方學理、
重視治學方法）及歷史地位（批判西化思潮、反對馬克思主義、現代新儒家
重鎮）。請參見鄭大華：《張君勱學術思想評傳》，北京圖書館出版社，1999
年版。

獨著的《無窮的困惑——黃炎培、張君勱與現代中國》〔註34〕；以及湖南師範大學陳先初的博士論文《精神自由與民族復興——張君勱思想綜論》〔註35〕、南京大學丁三青的博士論文《「中國史境」下的自由主義話語——張君勱與1946年中國自由主義的命運》（出版時更名爲《張君勱解讀——中國史境下的自由主義話語》）〔註36〕與清華大學翁賀凱副教授著的《現代中國的自由民族主義：

〔註34〕該書採用傳記體裁，擷取了中國現代史上兩個富有代表性的知識分子——黃炎培、張君勱做了深度的比較，探討了現代中國知識分子在精神與行爲上面對「入世與出世、改制與啓蒙、統一與民主、獨立與依歸、超然與介入、正義與生存」的困惑，試圖揭示兩位知識分子爲什麼會投入現實政治，爲什麼又會做出不同的選擇：一個選擇了中國共產黨，在新中國建立後受到了禮遇，一個則率眾參加國民黨包辦國大，最終被迫流亡國外客死異鄉。許紀霖先生作爲一個具有高度人文和現實關懷的學者，對中國知識分子彷徨而又無奈的命運的描述，感性中滲透了理性，不失爲一部鶴立雞群的著作。然我個人認爲，許紀霖先生對於兩位主人公的評價過於簡單，有「以成敗論英雄」之嫌，特別是對張君勱缺乏某種「同情的理解」，而事實上，或許張君勱對民主憲政的體認與追求比黃炎培更深刻更執著。請參見許紀霖：《無窮的困惑——黃炎培、張君勱與現代中國》，上海三聯書店，1998年版。

〔註35〕該書是國內學術界第一部對張君勱的思想進行系統研究的學術著作。該書以嚴謹求實的態度，對張氏的心路歷程進行了縱向考察，並就其思想的不同側面進行了具體剖析，指出張以復興中華民族、建立近代民族國家爲其思想主張的最高目標；以開發國民心力、培養新的中華民族性爲社會改革的下手處；以破除人治、實行憲政爲主要的政治訴求；以這種調和作爲構築思想體系的主要方法。陳先初先生認爲，張君勱是近代中國歷史上稱得上建立了自己思想體系的少數重要思想家之一。請參見陳先初：《精神自由與民族復興——張君勱思想綜論》，長沙：湖南教育出版社，1999年版。有人認爲，以往學術界對於張的研究，大多僅限於生平活動和「新儒學」思想的評介。陳先初教授的這部著作首次對其整個思想體系進行了條分縷析和綜合考察，眞正開創了對張氏思想進行系統學術研究的先河。請參見邱若宏：《解讀張君勱——評〈精神自由與民族復興〉》，載於《中國圖書評論》，2000年第12期。

〔註36〕該書擷取了張君勱的自由主義思想作爲研究的對象，作者的撰述目標既非張君勱的思想評傳，亦非對中國自由主義的歷史述評，而是以張君勱自由主義流變爲個案，專題研究和解讀「中國史境」下的自由主義話語體系及其歷史命運。爲此，作者設定了5個分論題來破解上述命題：1、「對張君勱自由主義思想價值的現代性解讀，主要是對其與現代化關係的探究」；2、對張氏自由主義思想的「勘源探奧，察流觀變」；3、張氏自由主義的特性及其與其他流派的差異（歧異性）；4、1946年張氏在「國大」問題上與民主革命陣營分道揚鑣的複雜動因；5、從「中國史境」深入探究自由主義在中國的命運。請參見丁三青：《張君勱解讀——中國史境下的自由主義話語》，南京大學出版社，2009年版。崔之清教授對該文評價甚高，認爲是近期有關中國自由主義和張君勱思想研究的力作，居於學界的前沿水平。請參見崔之清爲該書出版所作的序。

張君勱民族建國思想評傳》〔註37〕，這些著作的出版，代表了大陸學界對張君勱的研究取得了長足的進步。

　　大陸學界在對張君勱的研究取得長足進步的同時，檢視這些論文和著作，不免令人感到遺憾的是，各個學者都囿於自己的專業領域，對張君勱的思想缺乏整體的審視。或許，這是一種苛求。〔註38〕

　　另外，據陳先初博士介紹，在國外主要是美國，也有少數學者開展過一些關於張君勱的研究，主要成果有 R.B. Jeans 的 *Syncretism in Defense of Confucianism: An Intellectual and Political Biography of Early of Chang Chun-mai* 和美籍華人學者紀文勳所著的《現代中國的思想衝突——民主主義和權威主義》。〔註39〕

　　綜上所述，海內外主要是海峽兩岸對張君勱的研究都投入了一定的人力物力，取得了一些階段性的成果，但也存在著一定的差異。這首先表現在大陸的研究還正處於重新認識和步入正軌的起步階段，而臺灣則無論在數量還是質量上都處於領先地位；其二是大陸對張君勱的研究主要集中於其生平與新儒家思想，而臺灣則在於其政治思想；其三是大陸對張君勱基本持批判和否定的態度，而臺灣則是充分肯定了張君勱的思想尤其是憲政思想。這種現狀的出現主要是源於政治上的原因，這也恰恰說明了對於張君勱思想的學術探究還有很大的空間。

〔註37〕清華大學劉北成教授評價該書在「自由民族主義」的總體認識下，對張君勱思想作了重新梳理，精彩見解溢灑各處。該書對張君勱自由民族主義思想淵源有重要發現。以前論者注意德國思想對張君勱的影響，但限於哲學、文化、民族主義和國家社會主義方面，翁賀凱洞幽燭微，發現德國自由主義、憲政民主思想亦在張君勱思想上留有印痕。又如，以前論者多將張君勱在科玄論戰中的主張視爲其畢生民族文化觀的指標之論，翁賀凱則力證其即便在張君勱1920年代的思想脈絡下亦屬歧出。該書對張君勱1930年代的「修正的民主政治」思想、中華新民族性思想和新文化觀念這些關涉其民族建國思想總體內涵的重要問題，亦富含新論。本書的這些新見新論多建立在紮實的文獻分梳、比對根基之上，很有份量。請參見翁賀凱：《現代中國的自由民族主義：張君勱民族建國思想評傳》，法律出版社，2010年版。

〔註38〕對張君勱思想研究現狀及其局限的闡述，另請參見張軍強：《近十五年來中國內地張君勱思想研究綜述》，載於《理論導刊》，2008年第12期。

〔註39〕請參見陳先初：《張君勱思想研究述評》，載於《湖南師範大學社會科學學報》，1997年第6期。

二、張君勱憲政思想研究現狀檢視

或許對張君勱憲政思想的研究情況，最能體現張君勱的政治思想在海峽兩岸受到的截然不同的待遇。

（一）臺灣張君勱憲政思想研究現狀

臺灣的學者十分重視張君勱的憲法及其憲政思想的研究，相關的研究成果有沈雲龍的《憲法之父——張君勱先生》；楊永乾的《中華民國憲法之父——張君勱先生傳》；薛化元的《民主憲政與民族主義的辯證發展——張君勱思想研究》；李鴻禧的《張君勱先生的民主憲法思想》以及程文熙的《張君勱先生與中國憲政》等。對張君勱的憲政思想，他們普遍作了高度的評價，並把憲政思想視爲「張君勱先生學術思想的冠冕」，認爲「中華民國憲法的起草和促成，是他一生思想學問和政治活動的結晶，而也是民國史上應該大書特書之事。」〔註40〕甚至有人認爲張君勱先生「始終誠實而正確的紹述西方立憲主義思想與制度之眞諦，擇善固執數十年而不變；其憲法思想與其磊落人格，相互輝映，同受憲法學界及其他各界人士之贊仰」，「對我國憲政之實現有不可磨滅的功勞」，是「近七十年中，於立憲行憲制憲方面」「貢獻最多之一人」，是「民主憲政方面的北辰南魁。」〔註41〕紀文勳對於張君勱的憲政思想及其憲政實踐也給予了很高的評價，認爲「對於意圖在中國建立一個以憲法和議會政治爲基礎之政府的民主運動，他比任何人都要熱情、執著，爲此奉獻了整個人生」；〔註42〕「張君勱對民主政體尤其是議會制度的堅定信仰和不懈宣傳，在中國是並世無雙的。」〔註43〕

臺灣學者還高度評價了由張君勱起草現在仍實行於臺灣的那部《中華民國憲法》。蕭豐樑先生認爲這部憲法最主要的特色「既非總統制，也非內閣制，而是君勱先生所主張的折衷調和制。」〔註44〕而對於該憲法之折衷特點，臺

〔註40〕　胡秋原：《張君勱先生之思想》，見羅義俊主編：《評新儒家》，上海人民出版社1989年版，第360頁。

〔註41〕　《紀念張君勱先生百年冥誕學術研討會論文集》，稻香出版社1987年版，第12～15頁。

〔註42〕　紀文勳：《現代中國的思想衝突：民主主義和權威主義》，山西人民出版社，1989年版，第138頁。

〔註43〕　紀文勳：《現代中國的思想衝突：民主主義和權威主義》，山西人民出版社，1989年版，第141頁。

〔註44〕　蕭豐樑：《秀異分子與全民參與——張君勱的政治觀》，見蕭公權等著：《近代中國思想人物論——社會主義》，時報文化出版有限公司1985年版，第495頁。

灣學者均給予了高度評價。胡秋原認爲「民國初年我國憲政之流產或夭折始於袁世凱與國民黨之衝突，這主要是總統制或內閣制之對抗」，而張君勱起草之憲法「不僅巧妙的折衷於英美二制之間，而也避免了民初的失敗之覆轍」，而且，「三權憲法與五權憲法之對立……可謂都有著落」，並「綜合當時乃至多年來中國知識界之一般政治主張之多數意見」，因而是一部「民主國家」「現代國家」的憲法。〔註45〕張君勱不僅起草這部《憲法》，而也盡力促其實現。當年即奔走國共之間，希望和平建國。俟「這部《憲章》帶到臺灣，不僅是中華民國有統一法統的根據，而且在臺灣實行，表現優良的成績。使臺灣能完成政治經濟的進步固由人民與政府之努力，而這部《憲法》保持臺灣安定、秩序之功，是基本條件。」〔註46〕

臺灣的王世憲先生在《追憶君勱先生》一文中說，張君勱「所發表的所有文字，包括政論式的文章，乃至於他的譯著，儘管文字發表的方式，與表達的情緒，有所不同，都可以歸納爲簡單的幾個字，就是他希望中華民國早日眞正實行憲政與政黨政治。我想他在這偉大工作上的貢獻，是不可否認地太大了！而且他是成功了的，因爲他的確看到我們現在這一部中華民國的憲法，並且現在，乃至於今後，凡提到這一部憲法的，大家都會想到他。」〔註47〕我想，這或許可以代表臺灣學者對其比較客觀的一個評價。

張君勱之憲政思想之所以在臺灣受到關注並得到高度評價，我想很大的原因在於國民黨退居臺灣後，政局動盪、修憲頻仍，陽明山上風雲迭起，致使張君勱——這位中華民國的「憲法之父」有關立憲政治的理念，再度受到矚目。而中國素來有爲長者諱的傳統，再者，如前文所述，臺灣從事張君勱研究的學者除了張君勱的學生大都是與張君勱抱有共同理想和抱負的志同道合者，那麼其對張君勱的高度評價亦是合情合理。但是作爲一項嚴肅認眞的學術研究，臺灣學者們的研究缺陷也是顯而易見的，這主要表現在評價過高而不能客觀的認識張君勱憲政思想中的局限性。

（二）大陸張君勱憲政思想研究現狀

對張君勱憲政思想的研究，大陸方面經歷了一個從完全忽略到日益關注

〔註45〕 請參見胡秋原：《張君勱先生之思想》，見羅義俊主編：《評新儒家》，上海人民出版社，1989 年版，第 364～365 頁。

〔註46〕 胡秋原：《張君勱先生之思想》，見羅義俊主編：《評新儒家》，上海人民出版社，1989 年版，第 365 頁。

〔註47〕 王世憲：《追憶君勱先生》，載於《傳記文學》，1976 年 3 月號。

的過程。2001 年，筆者開始寫作碩士學位論文《張君勱憲政思想研究》時，公開發表的研究成果中，僅有一篇論文《張君勱與抗戰時期的民主憲政運動探析》將張君勱和憲政聯繫在一起，該文初步對張君勱民主憲政思想在抗戰時期的發展及其對民主憲政運動的作用做了一個探析。〔註 48〕此前出版的專著中，一開始僅僅在一些關於中國憲法史的論著中稍有涉及，如張晉藩、曾憲文的《中國憲法史略》以《反動派最後的一部憲法》為題以僅僅 10 頁的篇幅提到了張君勱起草的《中華民國憲法》。〔註 49〕值得一提的是，鄭大華先生在其《張君勱傳》中，對張君勱於 1940～1945 年期間致力於民主憲政運動以及起草《中華民國憲法》做了較為詳盡的描述，對在第一次和第二次憲政運動期間張君勱發表的一些關於民主憲政方面的文章作了梳理，特別是對張君勱起草的《中華民國憲法》與「五五憲草」做了一個比較研究，受到了學術界的肯定。較為系統的研究成果，則是前文已經述及的陳先初先生的博士論文《精神自由與民族復興——張君勱思想綜論》第三章《法律意識和立憲政治——憲政思想》，對張君勱的憲政思想做了專題研究。該文第一部分描述了張君勱終其一生的憲政追求與憲政實踐，試圖闡明在中國這樣的半殖民地半封建社會，軟弱而富於妥協性的資產階級企圖通過和平的立憲方式實現他們所追求的憲政理想，不可能獲得成功。第二部分通過張君勱起草的憲法文本《國憲草案》和《政協憲草》比較分析了張君勱憲政模式的具體設計，指出從《國憲草案》到《政協憲草》，張君勱對中國憲政體制設計的主要參照糸一直是歐美「先進」國家的憲政模式，只是前者所依照的主要是德國憲法，後者主要是依據英美憲法。當然在參照歐美憲法的同時，張氏並未忽視按照中國的「國情」以及自己的好惡，而是將其與本國既有的憲法加以「調和」、「折衷」，以便凸顯出區別於其他憲法的特色來。最後還剖析了張君勱關於憲法和憲政相關問題的一般理論，指出張君勱一生所追求是目標是中國能像歐美那樣成為一個近代國家，故張氏的憲政主張，吸取了近代歐美資本主義國家憲法中所具有的如強調人民主權、尊重基本人權、法治主義等基本原則，是其為中國走向近代國家而提出的全面設計的一部分。〔註 50〕

〔註 48〕　請參見王玉祥：《張君勱與抗戰時期的民主憲政運動探析》，載於《歷史檔案》，1996 年第 2 期。

〔註 49〕　請參見張晉藩、曾憲文：《中國憲法史略》，北京出版社，第 189～198 頁。

〔註 50〕　請參見陳先初：《精神自由與民族復興——張君勱思想綜論》第三章《法律意識和立憲政治——憲政思想》，湖南教育出版社 1999 年版，第 73～121 頁。

　　2002 年以來，特別是中國共產黨的第十六次全國代表大會（十六大明確提出發展社會主義民主，建設社會主義政治文明，其關於民主、法治、權利等方面的許多提法，爲我國建設以民主政治爲核心的憲政國家指引了方向）以來，憲政研究迅速成爲學術界的研究焦點，而作爲 20 世紀最執著於立憲政治的政治家與思想家，張君勱的憲政思想也受到了廣泛的關注。以「憲政」爲關鍵詞檢索中國知網中國期刊全文數據庫 2002 年以來的篇名，得到的數據多達 2700 多條，而 2002 年以來關於張君勱的研究論文中，關於張君勱憲政思想研究占到了將近 1／3。這些論文，或是從整體上審視張君勱憲政思想的演變或內容，譬如陳先初的《張君勱憲政思想平議》、李秋成的《理性的國家與自由的消解──張君勱憲政思想評析》、王仰文的《自由與權力之間──張君勱憲政思想的演變》以及拙文《張君勱憲政思想論綱》；或是截取了張君勱憲政思想的一段展開論述，譬如鄭大華的《張君勱與抗戰時期的民主憲政運動》、劉福生的《抗戰勝利後張君勱的憲政思想》、王本存的《立憲的隱微與顯白──評張君勱的〈穆勒約翰議院政治論〉》與《立憲的藥方──張君勱的清末憲政想像》以及翁賀凱的《張君勱憲政民主思想的起源──以〈穆勒約翰議院政治論〉爲中心的考察》與《張君勱憲政民主思想的成熟（1944～1969）》；或是對張君勱與其同時代人的憲政思想進行了比較研究，譬如張振國的《孫中山與張君勱的憲政思想比較》與《胡適與張君勱的憲政思想比較》、蕭俊的《蕭公權憲政思想述評──兼與張君勱比較》以及周驍男的《初踏憲政之路的張東蓀與張君勱》；張振國的兩篇論文《張君勱對中央政制的具體設計──簡析〈國是會議憲草〉及〈政協憲草〉設計的中央政制》與《〈政治協商會議憲法草案〉設計之中央政制的比較分析》還對張君勱起草的憲法的中央政制的設計展開了深入的研究；黃多婭的《精神自由與民主憲政──張君勱自由觀淺析》一文雖未對張君勱的憲政思想作正面的介紹和系統的研究，但是其從精神自由與民主憲政的衝突和聯繫中考察了張君勱的自由觀，重點分析了憲政這種外在的制度對自由的保護和促進作用，這是一個獨特的研究視角。

　　另外需要提及的是，學位論文特別是博士學位論文作爲一個學者的第一個甚至一生中最重要的系統性的學術研究，有時候甚至代表了一個學者一輩子最高的研究成就，所以在各方面都具有重要意義和重要地位。所以我個人認爲一個研究對象或研究課題能否進入博士學位論文的選題，亦是衡量其在

學術界的關注程度和重要程度的標誌之一。如前文所述，成爲張君勱思想研究的標誌性成果的《精神自由與民族復興——張君勱思想綜論》和《張君勱解讀——中國史境下的自由主義話語》即是兩篇博士學位論文。事實上，2002年以來，有兩篇博士論文即是以張君勱的憲政思想爲研究對象，它們是張振國的博士學位論文《張君勱的憲政思想研究》（北京大學，2002年4月）和王本存的博士學位論文《憲政與德性——張君勱憲政思想研究》（重慶大學，2007年10月）。張振國博士在其論文中，認爲張君勱的憲政思想主要包括兩方面的內容：宏大的文化改造工程和具體的制度設計。文化改造工程是要造成以「精神自由」爲基礎的明天的中國文化，以爲具體的制度設計奠基。張振國博士認爲張君勱的致思方向抓住了憲政的核心，但張君勱的「精神自由」脫胎於引入康德哲學而證成的宋明儒的心性學說，它屬於積極自由的路數，而積極自由常與專制結盟。故張君勱的文化改造工程與其具體制度設計內存著巨大矛盾，因此，張君勱的文化思想是其憲政思想中的敗筆。具體的制度設計則是張君勱憲政思想的精華，張振國認爲中國的思想家們總是長於、樂於論道而拙於、鄙棄具體的制度設計，近代的思想家中能夠像張君勱那樣關注具體的制度設計並產生巨大影響的，再也找不出第二個人。1922年，張君勱起草的《國是會議憲法草案》直接影響了1923年的曹錕賄選憲法；1946年起草的《政治協商會議對五五憲草的修正案草案》（《政協憲草》）被國民黨政府用作了1947年公佈的《中華民國憲法》的底本。兩部憲草有關中央政制及中央與地方關係的規定，都有其獨到之處。〔註51〕可以說，張振國博士學位論文對張君勱憲政思想的研究是國內第一個關於張君勱憲政思想的系統研究，在該研究領域具有重要的地位。遺憾的是，張振國博士的論文一直未能出版，使得這一成果未能得到有效傳播，甚至於後來的研究者不曾得知或者由於畏於資料收集的難度放棄了對這篇論文的借鑒。王本存博士則將張君勱思想的主題概括爲政治與哲學，並將其歸納爲憲政與德性，作者嘗試順著張氏思想的內在脈絡，貼近解讀張氏的思想文本，按照時間的順序以呈現張氏思想本身。作者通過四大部分即「立憲與省制」「政治德性與自由教育」「民族國家的憲政形態」以及「民主憲政與儒家傳統」的闡述，揭示了張君勱之憲政思想循著時間順序，在與憲政內在關聯的推動下，最終彙聚於新儒家政治哲學

〔註51〕請參見張振國：《張君勱的憲政思想研究》，北京大學，2002年4月，摘要。

中，爲中國憲政找到一堅實基礎。〔註52〕研讀全文，個人認爲作者的寫法、個別語言的表述以及結論還有待商榷。

與臺灣學者高度評價張君勱之憲政思想與實踐及其起草的憲法相比，大陸學界的評價經歷了一個簡單地基本否定到嚴肅地積極尋找合理性因素的過程。如中國著名法律思想史學家張晉藩先生在其《中國憲法史略》評價「所謂《中華民國憲法》，完全是國民黨反動派一手非法制定的僞憲。……這個僞憲法，其實質與《訓政時期約法》的法西斯法統一脈相承，其內容是早已被人民唾棄的《五五憲草》的翻版，並經過張君勱之手抄襲了曹錕「賄選憲法」的某些條文拼湊而成。僞憲法體現著作爲帝國主義走狗的封建地主、官僚資產階級的意志，把有利於反動統治階級的社會制度和國家則度固定下來，強加在人民身上，這是一部反共反人民反革命的法西斯獨裁法、內戰法、賣國法。」〔註53〕吉林大學教授陳瑞雲在其著作《現代中國政府》中也認爲這是「一部在『民有民治民享』詞句掩飾下的維護封建買辦勢力和帝國主義侵華勢力在中國進行專制統治的憲法」。〔註54〕即使是鄭大華先生，我個人認爲其對《中華民國憲法》的評價還是有些簡單化之嫌，鄭大華先生認爲，該部憲法雖然「多多少少還具有一些民主性質或色彩」，但張君勱起草的《中國民國憲法》「至少在 1949 年國民黨逃離大陸前，它除了替蔣介石的獨裁統治裝飾門面外，沒有給中國人民帶來任何的民主與自由」，故這部憲法在本質上是「反動」的。〔註55〕陳先初博士則認爲張君勱憲政模式的設計「無論就其形式還是就其內容看，都達到了近代中國資產階級憲法的新高度」，其憲政思想是「近代中國政治思想史中具有相當進步意義的一部分」。〔註56〕張振國博士也認爲張君勱在這部憲法中關於中央政制的設計用五權之名雜糅進三權貨色「固然有些不倫不類，但它確實是一個天才的設計，而且其政治意義尤其需要受到重視」。〔註57〕王本存博士也認爲「但無論如何，張氏長久思索並精心設計的

〔註52〕請參見王本存：《憲政與德性——張君勱憲政思想研究》，重慶大學，2007 年 10 月，第 3～6 頁。
〔註53〕請參見張晉藩、曾憲文：《中國憲法史略》，北京出版社，1979 年版，第 189～190 頁。
〔註54〕陳瑞云：《現代中國政府》，吉林文史出版社，1988 年版，第 344 頁。
〔註55〕請參見鄭大華：《張君勱傳》，中華書局，1997 年版，第 428、442 頁。
〔註56〕請參見陳先初：《精神自由與民族復興——張君勱思想綜論》第三章《法律意識和立憲政治——憲政思想》，湖南教育出版社 1999 年版，第 73～121 頁。
〔註57〕張振國：《張君勱的憲政思想研究》，北京大學，2002 年 4 月，第 56 頁。

憲草成爲了憲法，並且至今仍在我國臺灣地區適用，並最終在這個憲政框架下結束了國民黨的一黨專政。即使在今日，我們對憲政的想像與構建也沒有能夠超出張氏的框架……」

　　張君勱之憲政思想及其實踐在兩岸受到的截然不同的待遇，其原因前已述及，不再贅述，可喜的是，兩岸學者特別是大陸學者對張君勱的認識與評價愈來愈去政治化與意識形態化，正在逐漸地接近客觀。學術研究自有其獨立性，如果過多地摻雜個人的情緒與政治的考慮，就會失去其原貌。

第八章　張君勱憲政思想的演進及其
踐履

　　臺灣學者紀文勳曾如是評價張君勱：「張君勱在中國近現代思想史上佔有特殊的位置。對於意圖在中國建立一個以憲法和議會政治爲基礎之政府的民主運動，他比任何人都要熱情、執著，爲此奉獻了整個人生。」憲政是張君勱爲之奮鬥一生的理想。

一、憲政思想的發端：《穆勒約翰議院政治論》

　　張君勱（1887～1969），原名嘉森，君勱則是他的字。「嘉森」兩字在上海方言中的發音用拉丁字母拼寫是「Carsun」，因而西方人通常稱其爲「Carsun Chang」，中國人則一般叫他的字「君勱」。張君勱 1887 年 1 月 18 日生於江蘇嘉定（今屬上海市），是年，那位後來曾經統治了全中國，並與張君勱有著較爲複雜關係的蔣介石（1887～1975）也出生於浙江的一個小鎮上。6 年後，那位後來也統治了全中國，卻與張一直未曾謀面的毛澤東（1893～1976）則出生於湖南的一個小山村。張、蔣、毛三人的政治思想，在中國現代史上成爲三個不同發展方向的代表。〔註1〕

　　張君勱 6 歲即開始在叔父執教的家塾讀書，接受舊式傳統教育。張君勱常於黎明時分焚香淨手，誦讀經典，這種對讀書的神聖感，培養了他溫良恭儉讓的性情和書生意氣，這種性格或許已經決定了他政治生命的結局。兒時的君勱素有「軍師」雅號，似乎也昭示了日後張君勱介入現實政治的方式：

〔註 1〕 劉義林、羅慶豐：《張君勱評傳》，百花洲文藝出版社，1996 年版，第 2 頁。

作為設計者。12 歲，張君勱奉母命考入洋學堂——江南製造局附設的上海廣方言館，習國文、英文和數理化等，開始接受西方文化的洗禮，才知道「世界上除了做八股及我國固有的國粹外，還有若干學問」。〔註 2〕廣方言館是張君勱人生的第一個轉折點，特別是廣方言館的英文訓練，奠定了張君勱日後跨國界學習和交流乃至融通中西的語言基礎。張君勱就讀廣方言館期間，康有為、梁啓超於光緒二十四年（1898 年）發動戊戌變法，然變法歷時僅百日，慈禧即輕而易舉地挫敗了這一試圖全面改革中國政治生活的嘗試，康、梁以大逆罪名被通緝。當時，廣方言館門口高懸著通緝康、梁的巨幅畫像，這給張君勱以極其深刻的印象，自此「即有委身國事壯志，亦心儀康、梁之言行，為梁啓超書報之忠實讀者」。〔註 3〕

　　光緒二十七年（1901 年），在經歷了庚子事變以及隨後的八國聯軍入侵的危機後，「西狩」至西安的清廷實際統治者慈禧太后以光緒皇帝的名義，頒佈了明確宣佈清廷變革意向的詔書，標誌著清末新政的開始。新政的一項內容就是廢除八股、科舉改試策論，這為張君勱提供了機會。1902 年，上海寶山縣鄉試經義策論，張君勱輕鬆取中秀才。翌年春，有一天，張君勱看到刊登在《新民叢報》上的招生新聞暨梁任公（梁啓超）所做的《祝震旦學院之前途》一文。梁任公言「中國之有學術，自震旦學院始」，這句話非常刺激張君勱的腦筋，於是籌措了半年的學費百多兩銀子，進入了震旦學院。該校功課與從前完全不同，讀的全是拉丁文，並由馬相伯先生親自任教，但第二學期即因學費昂貴而輟學。〔註 4〕1904 年，張君勱考入南京高等學校求學，然不到一年，就因報名參加抗俄義勇軍而被校方勒令退學。張君勱生平第一次參加的實際政治活動失敗了，至此，張君勱在國內的學生生涯也告結束。

　　在度過了兩年的英文教師生涯，積累了一定的薪資之後，1906 年 3 月，在一股「航東負笈，絡繹不絕」的留日熱潮中，張君勱告別了父母和新婚燕爾的新娘沈氏，剪去了盤在頭頂的辮子，脫去長衫換上西服，航海東渡，開始了其嚮往已久的留日生涯。是年秋天，張君勱斷然放棄了高等師範理化部

〔註 2〕張君勱：《我的學生時代》，見程文熙編：《中西印哲學文集》（上冊），學生書局，1981 年版，第 164 頁。

〔註 3〕吳相湘著：《民國百人傳》（第 3 冊），《傳記文學》雜誌社，1979 年版，第 2頁。

〔註 4〕請參見張君勱：《我的學生時代》，見程文熙編：《中西印哲學文集》（上冊），學生書局，1981 年版，第 164 頁。

享受公費資助的名額，考入早稻田大學政治經濟科，初進是預科，不久轉入大學部研習法律和政治學，對於自己的這一選擇，張君勱很多年後曾這樣回憶道：「由清末至民國初年，吾國知識界對於學問有一種風氣：求學問是爲改良政治，是爲救國，所以求學問不是以學問爲終身之業，乃是所以達救國之目的。我在日本及在德國學校內讀書，都逃不出這種風氣。」〔註5〕張君勱留日前夕，時値日俄戰爭爆發，沙俄的慘敗，震驚了中國朝野，人們分析彈丸之國日本戰勝大國沙俄的原因，認爲「在於日本是立憲的國家，沙俄是專制國家。」〔註6〕日本對俄國的勝利，實際上就是君主立憲國對專制君主國的勝利，中國的思想界隨之形成了一股立憲思潮。正是在這種思潮的影響下，張君勱開始關注憲法和憲政問題：「我當時已經很注意日本的憲法，尤其注意日本憲法起草者伊藤博文。……我感覺到幾個少數人，能左右一國的大法，我們遠東的青年，爲什麼不應該努力呢？總之，憲法起草者的工作，這時候都深鑴在我的腦中。」〔註7〕初識憲法和憲政的張君勱，便立志要作中國的伊藤博文。

　　張君勱留日的幾年，在其思想的演進中有著不同尋常的意義，也是其爲之奔走一生的憲政思想的發端。張君勱曾自況：「對哲學與政治，均有極大興趣。哲學，我喜歡德國的。政治，喜歡英國的。」〔註8〕所謂政治喜歡英國的，即源於其留日期間接受了英國自由主義思想傳統的薰陶。在早稻田，張君勱主修的是西方的法律和政治學，但其所用教材基本上都是英國自由主義思想家的著作，甚至「當時日本所用參考書，大概都是英文本，除講堂講義是日文外，我自己所讀的是英文書。譬如政治學所用的參考書是威爾遜的《國家論》，柏基士的《憲法》，經濟學是薩禮門的《經濟原理》，國際法的參考書是奧本海的《國際法》。……在日本五六年，學校給我最深刻的印象，是浮田和氏所教的政治哲學。政治哲學是選科，選者甚少，就只是我一人，讀的是陸

〔註 5〕　張君勱：《我從社會科學跳到哲學之經過》，見程文熙編：《中西印哲學文集》
　　　　　（上冊），學生書局，1981 年版，第 64 頁。
〔註 6〕　張君勱：《我與憲法——在廣州中山大學法學院的演講》，載於《再生》，第 2
　　　　　卷第 9 期，1934 年 6 月 1 日。
〔註 7〕　張君勱：《我與憲法——在廣州中山大學法學院的演講》，載於《再生》，第 2
　　　　　卷第 9 期，1934 年 6 月 1 日。
〔註 8〕　張君勱著：《社會主義思想運動概觀》（引言），稻香出版社，1988 年版，第 6
　　　　　頁。

克的政府論〔註9〕。」〔註10〕可以說，張君勱在日幾年，接受了系統的英美文化特別是自由主義思想傳統的洗禮，並且早於西方哲學（主要是德國）的影響，對其一生政治思想的發展具有奠基的意義。

儘管在早年的讀書生涯中，張君勱已抱有朦朧的改良思想和救國意識，但他是在結識梁啓超後才確立了自己的政治立場和政治理念。1906年，張君勱在日本與戊戌變法後避難東瀛的梁啓超的結識，成了張君勱思想和政治上的重要轉折點。此前，孫中山在東京成立了全國性的革命政黨——中國革命同盟會，以「三民主義」為綱領，積極從事和領導全國人民的反清革命活動。清政府為了挽救王朝統治於岌岌可危，尋求擺脫困境之出路，下詔派五大臣〔註11〕出洋考察各國憲政，翌年又頒佈了仿行立憲的詔令，假意宣佈預備立憲。而以康、梁為代表的立憲派則假戲真做，掀起了一場聲勢浩大的立憲運動，他們在敦促清政府加快行憲進程的同時，最主要的就是與革命派就「要不要以革命手段推翻清王朝」展開了激烈的論戰。張君勱也加入了這場論戰，並先後在梁啓超主編的《新民叢報》上發表了若干反對革命、主張立憲的文章。

1906年（光緒三十二年），《新民叢報》第4卷第18號發表了張君勱以「立齋」署名的《穆勒約翰議院政治論》，這是張君勱研讀穆勒《代議政治論》摘譯而成的，可謂是其生平的第一篇譯著，也是他憲政思想的發端。

張君勱為什麼要摘譯穆勒的《代議政治論》呢？在譯文的前面，張君勱寫了一段「小引」說明原委：

利愷氏（Leeky）之評法國革命曰，國之大患，莫如其人民取往昔親密之關係一旦裁而斷之。而其論英國人種之成功，則曰，英人種政治之天才，在善通舊制以適新需。故雖無赫赫之名，而善舉幸

〔註9〕 陸克，現譯為洛克，是西方最有影響的政治思想家之一。他最早系統論述了天賦人權的理論，被奉為自由主義思想的創始人。洛克關於人的天賦自由權利、自由是任意處置自己的財產、政府的建立基於人民同意、政府權力是有限的、政府必須實行法治與分權等觀點，奠定了17、18世紀自由主義的基本原則，對法國啓蒙運動和19世紀自由主義的發展有著重要的影響。我們有理由相信，洛克的自由主義政治觀對張君勱一生的政治理念產生了最為直接的影響。

〔註10〕 請參見張君勱：《我從社會科學跳到哲學之經過》，見程文熙編：《中西印哲學文集》（上冊），學生書局，1981年版，第63～64頁。

〔註11〕 最終確定下來的五位大臣，他們分別是宗室鎮國公載澤、戶部左侍郎戴鴻慈、兵部侍郎徐世昌、湖南巡撫端方、商部右丞紹英。

福之實。嗚呼！是乃盎格魯人種與拉丁人種得失之林也。竊讀此言，
而反觀吾國今日愛國志士之所以導其民者，則又不能不悚然懼懼者
何。何其不善以西方歷史之所垂戒告吾國人，乃獨於其覆轍之循，
追之若恐不及。夫西方政史上微言大義，一旦東來，每爲學者所傅
會，亦既於日本見之矣。若今日號稱先覺之士之所鼓吹者，竊恐今
後之革新，竟乃背於西方政治進化之成例，而不免爲昔日歷史一度
之纆染，是寧國家前途之福哉？然論者則以各種族利害之分歧，夫
事務交換，不能無代價，物質公性，屈伸必依定比。矧以四千載古
國再造之大業，徒憑一紙空文，而責效於年月，不亦太早計乎！是
故今後之中國所賴於志士之犧牲者，或舌或筆或頭顱，皆爲國民應
有之責任。而當今日活動準備之期，取西方先哲之說爲國民鑒戒，
或亦有心救國之士所樂聞乎？作穆勒約翰議院政治論。〔註12〕

　　在小引中，張君勱思索了法國革命沒有成功而英國革命得以成功的原
因，張君勱援引利愷氏的觀點，認爲其原因在於英國人善於變通，善於改革
舊制度以適應歷史發展的新需要。而以此反觀中國今天所謂的的愛國志士，
又是如何的不善於借鑒西方國家的歷史來告訴國人，以避免西方國家的覆
轍，這絕非中國前途之福。中國的前途，有賴於中國志士做出犧牲，或以口
舌、筆端甚至頭顱，這都是國民應有之責任。但當前是實現中國前途之準備
時期，當迻譯西方先哲之學說，以爲中國人之借鑒。職是之故，作《穆勒約
翰議院政治論》。從中我們可以得出，張君勱摘譯《穆勒約翰代議政治論》的
目的是要反對革命派暴力流血革命的主張，而爲立憲派的立憲主張提供理論
上的依據。抱著這樣的一種目的，張君勱不僅對摘譯的內容進行了精心選擇，
而且和嚴復翻譯穆勒《論自由》（嚴復譯爲《群己權界論》）一樣，採取了意
譯的方式，並間或在譯文中插入一些自己的見解，以起到畫龍點睛的作用，
從而服務於當時的革命與立憲之爭。

　　在摘譯的《穆勒約翰議院政治論》中，張君勱闡述了改革政體必備之三
條件。當今世界，關於政體有兩派不同的學說即器械派和有機派，前者「以
政治爲應用之術，政體爲方便之門。謂凡所設施，無不可一由人擇，故我之
所認爲善制而能造大利益於眾生者，則鼓吹其說，使輿論之我歸而政策之行

〔註12〕張君勱：《穆勒約翰議院政治論》，載於《新民叢報》，第 4 卷第 18 號，1906
年 11 月 1 日。

隨之，此蓋以國家大政等之製造發明之器而爲盡人能力之所及。」後者則「以政體爲自然發生之物，視政治如博物之一枝，故謂凡理其業者，應如對於庶品群倫，先識其自然之狀態而後吾人之行動隨之，此其意謂一國之政制，必與其民族之性情習慣相緣以俱，而決非深計熟慮之所能爲力。故使進化之階級有所未至，強以他人之所謂宜者施之，亦徒枉費精力耳。」〔註13〕而張君勱則認爲，兩派之學說皆非也「以政體爲可任意改革者非也，以政體爲不可改革者亦非也」，改革固可，但必須具備三個條件：

（一）政體必與其國民之性情行誼，毋相鑿柄。

（二）此政體之永續，必其民之行動力足以維持之。

（三）凡消極積極之行爲，政府之所需於民，賴此而後能善其事者，必爲其民之所樂爲，而力能任之。〔註14〕

爲什麼「政體必與其國民之性情行誼，毋相鑿柄」呢？張君勱摘錄了穆勒舉的兩個例子。一是「野蠻游牧之民，自成部落，決不爲他族所同化。且戴一家焉以爲之長，有羈縻、無服從，使稍干涉之，則變端隨起。故使一國之內有此等民族，苟欲以文明嚴整之法治他族者治之，非特不足以致治安，反招其民之厭惡耳。」二是「久困專制之民，素不聞外事，一旦使之與聞政治，彼不識公權自由之可貴，反以多事瀆身自怨艾者。夫遇此等之民，則政之行也難。」〔註15〕張君勱摘譯的政體改革的三個條件，尤其是其對「政體必與其國民之性情行誼，毋相鑿柄」的說明，無疑爲立憲派提供了反對流血革命的理論依據。立憲派反對革命派以暴力革命推翻滿清政府、建立資產階級民主共和國主張的一個重要理由，就是認爲中國人長期以來困於專制政體之下，民智、民德、民力之未開，還不具備實行民主共和制度的條件和能力。譬如梁啓超就曾公開宣稱：「今日之中國萬不能行共和立憲制，而所以下此斷案者，曰，未有共和國國民之資格也。」〔註16〕張君勱特在此加上按語：「如

〔註13〕請參見張君勱：《穆勒約翰議院政治論》，載於《新民叢報》，第 4 卷第 18 號，1906 年 11 月 1 日。

〔註14〕張君勱：《穆勒約翰議院政治論》，載於《新民叢報》，第 4 卷第 18 號，1906 年 11 月 1 日。

〔註15〕請參見張君勱：《穆勒約翰議院政治論》，載於《新民叢報》，第 4 卷第 18 號，1906 年 11 月 1 日。

〔註16〕梁啓超：《答某報第四號對於本報之駁論》，見張丹等編著：《辛亥革命前十年間時論選集》（第二卷），三聯書店，1978 年版，第 179 頁。

前之說，則他日滿蒙回藏之行政，不可不大注意。由後之說，則吾國民今日之狀態不可不大警省。」中國擔當政體改革之大任者，「斷不可徒偏於利益之一方面，而於民智、民德、民力（活動力）三者漫不加察而鼓吹過其度耳。」

在摘譯的《穆勒約翰議院政治論》中，張君勱緊接著闡述了立憲政體之必要性及其效果與條件。論證立憲政體的必要性，是在專制政體和立憲政體的優劣比較中得出的。張君勱指出，在專制政體下，國民「日夕惟刑憲之是懼，又安敢放言高論，思自效於國家前途，則其國民之思想活動又安有進步之可期？然而習久成風，必成一麻木不仁之世界，此乃必至之結果，而自然驗也。」但「驗之東方支那，西方羅馬希臘，殆無不同出一轍，然而此專制之君主，則遂得而長治久安乎？」事實並非如此，而是「幸而不遇外族之逼，猶足以保一日之小康。使當競爭劇烈之場，相與馳騖角逐，則安得而不居劣敗淘汰之數耶？」所以，專制國之末路，惟坐以待斃耳。故所謂專制者，斷非國家前途之幸，不待言矣。〔註17〕而隨著國民的政治能力和道德水準的提高以及由此引發的社會進步，「二十世紀之列國，其必盡趨於立憲者。」因為在立憲政體下，「（一）凡憲法既定，人民權利之確保，各得安心活動之自由，以致社會個人之進步；（二）人民既享有議政之權，自然熱心於各般事業。即一市一邑，亦迥非專制國之比，而其理亂之狀態自異。」〔註18〕

張君勱在譯文中還進一步指出，雖然立憲政體固然為最良之政體，但是僅僅依靠制度的良善是無濟於事的，「政體者，機關也；主持之者，人也。使主持之者非其人，主持者之所自出又不足以監視之，雖有良制，無益也。」所以能否行良政的關鍵在於立憲國國民是否具備了邊沁所說的智力、德力和活動力。「必是三者具，然後憲政之運用靈，而其民乃能長享自由之福。非然者，有一之不具，或具焉而程度不及，雖有憲法，適足以自害其民、自弱其國耳。」張君勱還列舉了「憲政所忌」「不足以言憲政」的六種國民：「第一草昧無知，固執舊習者」「第二野蠻暴橫，不識秩序者」「第三徒知服從者」「第四國民之智識差者」「第五保持地方思想者」「第六功名心過重者」。〔註19〕張

〔註17〕　請參見張君勱：《穆勒約翰議院政治論》，載於《新民叢報》，第 4 卷第 18 號，
　　　　　1906 年 11 月 1 日。
〔註18〕　請參見張君勱：《穆勒約翰議院政治論》，載於《新民叢報》，第 4 卷第 18 號，
　　　　　1906 年 11 月 1 日。
〔註19〕　請參見張君勱：《穆勒約翰議院政治論》，載於《新民叢報》，第 4 卷第 18 號，
　　　　　1906 年 11 月 1 日。

君勱目的是想論證，在國民尚不具備實行憲政最基本的智力、德力和活動力的當今中國，不能搞激進的暴力革命，而只能走漸進的改良的道路，而當務之急則是興教育、開民智，爲立憲創造必要的前提條件。

張君勱在譯文中還指出了代議制政體兩方面的缺點：「代議政體之缺點有二，有屬之積極者，有屬之消極者。屬之消極者，行政部之行動，常爲議會所掣肘，故有運轉不靈之困，一也；代議政治，操主權者民，故於三力不如專制政府能使爲充分之發達，二也。……茲其積極之缺點，世俗之所評判者，亦不外二說，智識之程度低劣，一也；階級利害之偏私，二也。竊謂二者之中，後說得之，而前說則未爲審也。」〔註20〕張君勱在譯文中認爲，「最良之代議制應如是：平分其議員爲二部，而二部之上各有其贊成附和者，而其人必須顧全公益、主持正論者。如是，則兩黨之議之行與不行，皆視此公正無私者爲輕重。而所謂全國國民之利害，殆近之乎？」張君勱還認識到，這雖然只不過理想中的架構，但要研究議院政治者，不可不研究議會之組織與其多數取決之方法。

總而言之，穆勒在張君勱的譯文中所闡述的上述思想，對張君勱一生的政治思想和政治實踐產生了極其重要的影響。張君勱終其一生極力擁護民主憲政，堅決反對專制政體，認爲民主憲政的優點在於它能夠挖掘和釋放國民的潛力，提升國民的道德水平，從而有利於實現國家的獨立與富強，而缺點則在於三權的分立制衡導致運轉不靈，執行不力，故極力調和民主與獨裁的對立，一生既反對保守，也反對革命，主張走第三條道路，主張漸進的體制內改革等等，這些都可以從他摘譯的《穆勒約翰議院政治論》中找到注解。臺灣學者江勇振甚至認爲：「就某種意義上來說，《穆勒約翰議院政治論》奠定了君勱一生政治思想的一個里程碑……決定性地確定了他此後政治活動所採行爲方向。」〔註21〕

張君勱發表在《新民叢報》上的文章，引起了梁啓超的注意和賞識。1907年秋，梁啓超在東京成立立憲派組織政聞社，張君勱獲邀參加，並擔任評議員一職。張君勱自此追隨梁啓超達 20 多年之久，正是梁啓超那「筆端常帶感

〔註20〕 請參見張君勱：《穆勒約翰議院政治論》，載於《新民叢報》，第 4 卷第 18 號，1906 年 11 月 1 日。

〔註21〕 江勇振著：《中國歷代思想家‧張君勱》，臺灣商務印書館，1978 年版，第 13～14 頁。

情」的文字宣傳和其對張的言傳身教，最終促成張君勱站到立憲主義的旗幟之下。張君勱嘗自謂「雖未執贄於任公門下，然其關係是在師友之間」，梁啓超對張君勱一生思想趨向和政治旨趣的意義，許紀霖先生曾經做了這樣的評價：「梁任公給予張君勱的影響是多方面的：那種對功名和不朽的強烈渴慕，那種學而優則仕，仕不優則學的進退風格，那種以千變（現實手段）求不變（憲政理想）的政治個性，等等。從某種意義上可以這樣說，張君勱的一生凝聚著梁任公的靈魂。」〔註22〕我認爲這個評價是中肯的和符合事實的。

政聞社成立之後，社員紛紛被派遣回國內進行立憲宣傳活動，廣泛聯絡各地華僑、士紳、學生各階層，開會演說、通電請願，把立憲的輿論造得充塞朝野，各地也紛紛成立了各種立憲團體。立憲人士一致認爲，欲救神州，除了「開國會、設議院、頒憲法」，別無它途。但是，在何時召開國會的問題上，立憲派又產生了分歧，有人認爲應當即開國會，有人則認爲國民素質太低，須從長計議。在此背景下，1907 年年末，張君勱再次在《新民叢報》發表《論今後民黨之進行》，對兩種觀點進行評判，並闡述自己的看法。

文章第一部分是「立憲政治無正當不正當之別」，主要是批駁了部分革命黨人認爲「當前中國滿漢兩族並存，利益相背，故只有通過革命方式推翻滿清，才能實現正當立憲政治，才能確立一部賦予人民監督政府之權力的憲法」的觀點。張君勱認爲，立憲的原動力並非政府的畀與，而是國民的的要求，故憲政能否建立，關鍵在於國民的能力如何，只要中國國民的能力能夠得到提高，立憲政治就定能在中國建立，而勿需先推翻滿清政府。再者，國民實際享受之權利，也不視乎憲法之條文，而視運用之能力，根據西方立憲國家之經驗，「凡國會初開之國，不患民黨無可以監督政府之途，特患其民黨能力之幼遲不足以盡監督政府之實耳。」故張君勱認爲，當前中國的當務之急，「莫若速定立憲政府是已。……以我國今日之大勢，使眞有志於國家之改造，而勿徒持異種排斥之觀念者，則以一議會數百人之力，足以干涉國家全盤之施政而有餘，而豈復有正當不正當之可言，是則我儕所以以是爲獨一無二之法門也。」〔註23〕

文章第二部分「開國會之遲速」則主要批駁部分立憲派人士關於何時開國

〔註22〕許紀霖著：《無窮的困惑──黃炎培、張君勱與現代中國》，上海三聯書店，1998 年版，第 34 頁。
〔註23〕請參見張君勱：《論今後民黨之進行》，載於《新民叢報》，第 4 年第二十三號，1907 年 11 月 15 日。

會的兩種觀點。張君勱批評要求即開國會者，徒陷於狂熱的激情之中，只知道國會之利，天真地認爲只要國會一開，民主政治立至，而不去研究國會之所由開和如何解決開國會後必然帶來的一系列問題。在張君勱看來，開國會行憲政，未必就能帶來民主政治，在已經行憲的國家譬如意大利，慕倣英國行憲，卻引起閣潮不斷。故在中國經濟落後，特別是國民愚昧的情況下貿然即開國會行憲政，必將帶來不少諸如閣潮、政變問題，若不及時解決，對於希望鞏固國本、抵禦外侮的中國來說，無疑是雪上加霜，甚至阻礙國家之進步。故中國的實際情況不允許中國即開國會，而應該先做好開國會的準備工作，擴充立憲派的實力。對於普及教育後再開國會的主張，張君勱同樣持批評態度。張君勱認爲，那些主張普及教育後再開國會的立憲派人士，未能深諳教育之普及、國民素質之提高與施行憲政三者之間的關係。前兩者的確爲召開國會施行憲政所急需，但並非先決條件，況且代議士非教育所能培養，國民性更非一時所能改變。所以，張君勱認爲，中國的當務之急，宜先召開國會施行憲政，然後再以一種堅韌的精神，做改造國民性的工作。張君勱還非常重視領袖人物的作用，強調凡是進步的東西，需要依靠先覺人士去推動，在國家民族危亡之際，更需要大智大勇之人去力挽狂瀾。〔註24〕張君勱具有一種很強的精英政治的意識，這一點從他對伊藤博文的崇拜中亦可得出，事實上，這種精英政治的理念滲透了張君勱的政治人生。對此，臺灣的江勇振教授的評價頗爲中肯：張君勱「一生服膺不輟的傳統儒家秀異統治主義的觀點之下，他已開始──雖然未成體系──建構一種秀異分子鞠躬盡瘁於上，自由解放的國民如眾星拱月一般勤奮於下，以至上下和諧的政治哲學。」〔註25〕

　　1908 年 2 月，政聞社總部遷往上海，東京方面的社務交由張君勱等人負責。是年 8 月，政聞社被查禁。翌年 6 月，張君勱在梁啓超的支持下，在東京發起成立「諮議局事務調查會」，8 月，創辦會刊《憲政新志》。1910 年夏，歷盡艱辛的張君勱在早稻田大學終得順利畢業，獲得了政治學學士學位。不久張君勱即起程回國，參加清學部專門爲留學生舉行的考試。1911 年 5 月，張君勱以優等的成績，被清政府授予爲「翰林院庶吉士」。

〔註24〕請參見張君勱：《論今後民黨之進行》，載於《新民叢報》，第 4 年第二十三號，1907 年 11 月 15 日。

〔註25〕江勇振著：《中國歷代思想家：張君勱》，臺灣商務印書館，1978 年版，第 18 頁。

二、早期的憲政主張及其實踐

　　正當張君勱躊躇滿志，準備實現自己的政治抱負時，1911 年 10 月 10 日晚，駐紮在武昌的新軍革命黨人打響了辛亥革命的第一槍，各地紛紛響應宣佈獨立，清政府的統治頃刻崩潰。武昌起義後，張君勱返回故鄉寶山，擔任保山縣議會會長，又力勸梁啓超聯合袁世凱，發起成立共和建設討論會和民主黨。然張君勱與袁世凱畢竟在政治理念和追求上截然不同，遲早要與袁世凱發生政治衝突。恰值「外蒙問題」爆發，袁世凱政府外交大失敗，這使得對袁世凱上臺以來實行的內政措施已心懷強烈不滿的張君勱終於忍無可忍。1912 年 11 月 21 日，張君勱與著名記者黃遠生等創立《少年中國》周刊，抨擊袁世凱政府的倒行逆施。張君勱特別撰寫《袁政府對蒙事失敗之十大罪》一文，以非常激烈的言辭批評袁世凱政府，認爲「禍胎所蘊，皆現政府之不識有以致之」，並號召全國人民「急起直追，自負責任，徑行詰問政府誤國之罪，並決定全國大政」。〔註26〕《袁政府對蒙事失敗之十大罪》有如一篇討袁檄文，在全國激起熱烈反響，也激怒了袁世凱，張君勱本人也被袁世凱派人監視。爲躲避袁世凱可能的迫害，張君勱決定避難德國。

　　1913 年 1 月，張君勱以憲法新聞社《憲法周刊》旅德通信員的身份取道西伯利亞，踏上了赴德避難也是求學的旅程。4 月，張君勱抵達德國，入柏林大學攻讀博士學位。然由於多種原因，「雖兩三年中讀書甚勤，但始終站在學問之外，學問與自己尚未打成一片。」〔註27〕

　　張君勱來到德國的第二年，第一次世界大戰爆發，熱衷於政治的張君勱毅然決定留在德國觀戰，深深地感受到了國破家亡、任人宰割的處境，也認識到如今的戰爭是全體性戰爭，更沒有前方與後方的區別，不僅是參戰國軍事實力的較量，更是各國教育、工業和科學技術水平的較量。張君勱在歐洲觀戰期間，在中國國內，也是鬧劇連連。1915 年 8 月，袁世凱授意楊度等成立「籌安會」，意欲「帝制自爲」，至 12 月 13 日，袁世凱接受百官朝拜，大加封賞，帝制復辟達到了高潮。袁世凱的倒行逆施，引起了全國人民的強烈反抗，流亡國外的張君勱亦撰文批判袁世凱變更國體之非。而一度與袁世凱聯合的梁啓超也幡然醒悟，並策動與幫助雲南原都督蔡鍔起兵討袁，12 月 25

〔註26〕轉引自鄭大華著：《張君勱傳》，中華書局，1997 年版，第 36～37 頁。
〔註27〕張君勱：《我從社會科學跳到哲學之經過》，見程文熙編：《中西印哲學文集》（上冊），學生書局，1981 年版，第 64 頁。

日，雲南宣佈獨立，梁啓超隨即電召正在做博士論文的張君勱啓程回家，襄助反袁起義。1916 年 4 月，張君勱回到國內杭州，留任浙江交涉署署長，參與領導反袁鬥爭。不久，袁世凱在全國人民的聲討和唾罵聲中與帝制一起壽終正寢灰飛煙滅。

在張君勱回國的前後，國內知識界鑒於民國創立以來的政局，尤其是袁世凱政府借中央集權之名行專制政治之實，紛紛呼籲中國實行聯邦制。張君勱也將多年前寫的《省制條議》一文加以修改擴充，以《聯邦十不可論》爲題名發表在 1916 年 9 月 20 日出版的《大中華雜誌》第 2 卷第 9 期。張君勱在該文中指出，「世間富強盛治治國，無不採用聯邦制」，由此可見聯邦制是一種很好的制度。但考察實行聯邦制的西方各國的經驗，實行聯邦制必須具備三個條件，即省或州憲法的釐定、省或州主權的確立和省或州自治基礎的形成。而比對中國的現實，三個條件無一具備，故國內主張採用聯邦制的人徒憤中央政府之暴戾，轉而求政治基礎於地方，乃盛創聯邦之說，只能是一廂情願。

11 月，張君勱出任上海《時事新報》總編輯。張君勱根據自己在歐洲的觀察和分析，認定德國必敗，於是力主對德宣戰，並四處奔走，游說有影響的政治人物。張君勱爲何如此熱心於對德宣戰，對此，張君勱自己曾如此解釋：「倒袁之後，繼以對德宣戰問題。我自己因爲目擊歐戰初期情形，我料歐戰中德國勝利是不可能的，回來之後曾經同朋友說過中國應參加戰爭。我當時的宗旨，認定國家在國際上能立功，然後才可以取消不平等條約；徒託空言，是無濟於事的。我們讀意大利建國史，知道加富爾曾參加與意大利無關係的克利米戰爭，其目的是要在國際上立功，而後在和會裏陳述意大利的苦衷，一方面要排除奧國的壓迫，他方面要求英法人的同情。我當時所以主張對德宣戰，實含有此意。」〔註28〕張君勱秉持一顆愛國的赤子之心，奔走呼號，豈料卻因此捲入了一場政治風波。張君勱本人亦因參戰問題、府院之爭及張勳復辟問題，奔走於京、津、滬寧之間，從事游說與斡旋活動，然結果是「求治心願未達，分裂之局反成」，成爲近代中國軍閥政治的犧牲品。多年以來，張君勱熱衷政治，常爲國事四處奔走，內心深處卻又時時湧上失落與迷惘，其心態，程文熙的《君勱先生之言行》中的描述深得其味：「蓋

〔註28〕 張君勱：《我從社會科學跳到哲學之經過》，見程文熙編：《中西印哲學文集》
　　　　（上冊），學生書局，1981 年版，第 66 頁。

先生所學，既爲政治，興趣所在，感應甚速，有不能自己於言動者，故遇事變之來，每自謂責無旁貸。持之愈堅，而事與願違。反之，初衷有非然者，其自述『平生所志，往往牽於外物，又復捨此它求』。實有自知之明。惟其對於政治行動，以國內制政治環境，欲實現其理想中之政治，是知其不可而強爲之。十餘年來，反對當值，努力不懈，捨其平生所愛好之潛研默想，而從事於政見之奔走呼號，夙夜深思，每惘惘不置也。」遭遇了政治上的挫折，張君勱不免心灰意冷，於是他暫時告別了政治舞臺，轉而當上了北京大學教授，埋首學問，反求諸己。他在日記中寫道：「歲云闌矣！問此一年來，所爲何事，則茫然不知所以。蓋自來救國者，未有不先治己。方進海內鼎沸，已同瓦解，求所以下手之方，而不可得，惟有先盡其在我，此治己之謂也。」〔註 29〕

1918 年 11 月，正如張君勱所料，第一次世界大戰以德國的投降而告結束。是年 12 月 28 日，梁啓超以中國赴巴黎和會代表團非正式顧問的身份，率張君勱、丁文江等 6 人前往歐洲參觀訪問。臨行前，他們與張東蓀等徹夜長談：「著實將從前迷夢的政治活動懺悔一番，相約以後決然捨棄，要從思想界盡些努力。這一席話要算我們朋輩中換了一個新生命了。」〔註 30〕

對於張君勱而言，這第二次歐遊的確是他生命的一個新起點。梁啓超一行此次歐遊的目的，是以個人身份爲出席巴黎和會的中國代表團出謀劃策。然 1919 年 4 月 30 日，美、英、法三人會議對中國的山東問題做出了最後裁決，中國在巴黎和會上的外交努力徹底失敗，張君勱深感痛苦，更覺得自己以往所學皆是於世界人類無益處，甚至要將所收藏之國際法書籍付之一炬，6 月 6 日，梁啓超一行郁郁離開巴黎。1920 年 1 月 1 日，梁啓超、張君勱一行遊歷德國時，順道拜訪了德國著名的哲學家倭伊鏗。在將近一個半小時的交談中，倭伊鏗的「誠懇態度」使張君勱大爲感動，並因而萌發了「研究他的哲學的興趣」，特別是「以倭氏七十老翁，精神矍鑠一如年少，待異國之人親切眞摯，吾乃生一感想，覺平日涵養於哲學工夫者，其人生觀自超人一等，視外交家以權謀術數爲唯一法門者，不啻光明黑暗天堂地獄之別，吾於是棄

〔註 29〕程文熙：《張君勱先生年表長編》（七），載於《民主潮》（臺灣），第 21 卷第 5 期，轉引自鄭大華著：《張君勱傳》，中華書局，1995 年版，第 57 頁。
〔註 30〕丁文江、趙豐田著：《梁啓超年譜長編》，上海人民出版社，1983 年版，第 874 頁。

其歸國之念，定計就倭氏而學焉。」〔註31〕不久梁啓超等人回國後，張君勱便「移居耶納，從倭攻哲學，並讀哲學史與其他有關哲學之書」。〔註32〕

師從倭伊鏗攻讀哲學，這的確是張君勱一生中最重要的一個新起點。他在給好友林宰平的信函中寫道：「度歐以還，將自己生世細細一想，覺十年來爲經世一念所誤，躑躅政治，至今不得一當，其鍥而不捨乎？其棄之而別圖安心立命之所乎？此兩念往來胸中，不能自決，近月以來痛下功夫，斷念吾第二生命之政治已略決定，此在共之知吾生平者必聞而深駭。然要知此兩者不決，吾精神上受一種支解之刑，非唯一生終於無成已焉。此念既定，胸境頓然開朗，去了一政治國，又來了一學問國；每日爲此學問國之建設作種種打算。」最後，張君勱還請林宰平「轉達國內同志者，數年來以政治爲飲食水火之君勱，已斷念政治矣。吾同志誠有出生入死之舉，以急國家之難，則弟之赴湯蹈火，絕不人後。若夫現實之政譚，則敬謝不敏。吾且暫別加富爾、卑士麥、格蘭斯頓，而與康德、黑格爾爲儔侶矣。」〔註33〕

張君勱曾自謂：「初窺哲學門徑，從倭伊鏗、柏格森入手。」〔註34〕故西方唯心主義哲學是其思想的一個重要來源，也正是循此爲路徑，張君勱成爲20 世紀中國著名的學問家。張君勱對於引導其步入學問之殿堂的倭伊鏗與柏格森二人，雖有其肯定之一面，然而同時亦指出：「倭氏柏氏書中，側重於所謂生活之流，歸宿於反理智主義，將一二百年來歐洲哲學系統中之知識論棄之不顧。……倭氏柏氏提倡自由意志、行動與變之哲學，爲我所喜，然知有變而不知有常，知有流而不知潛藏，知行動而不知辨別是非之智慧，不免爲一副奇峰突起之山水，而平坦康莊大道，摒之於視野外矣。倭氏雖念念不忘精神生活，柏氏晚年亦有道德來源之著作，然其不視知識與道德爲文化之靜定要素則一也。」〔註35〕我們大致可以得出結論，張君勱認爲一味訴諸直覺

〔註31〕張君勱：《學術方法上之管見——與留法北京大學同學諸君話別之語》，載於《改造》，第 4 卷第 5 號，1922 年 1 月 15 日。

〔註32〕張君勱：《我從社會科學跳到哲學之經過》，見程文熙編：《中西印哲學文集》（上冊），學生書局，1981 年版，第 67 頁。

〔註33〕張君勱：《致林宰平學長函告倭氏晤談及德國哲學思想要略》，見程文熙編：《中西印哲學文集》（下冊），學生書局，1981 年版，第 1116〜1118 頁。

〔註34〕張君勱：《我之哲學思想》，見程文熙編：《中西印哲學文集》（上冊），學生書局，1981 年版，第 44 頁。

〔註35〕張君勱：《我之哲學思想》，見程文熙編：《中西印哲學文集》（上冊），學生書局，1981 年版，第 44〜45 頁。

的洞徹式的哲學，是對西方近代以來重科學知識潮流之反動，而非哲學研究之正常形態。張君勱由此而將其哲學基礎，立基於康德哲學之上，並由此與中國之儒家哲學彼此會通。〔註36〕

　　張君勱隨梁啓超歐遊的前後，恰值德國國內發生政治劇變的時期。1918年11月3日，德國基爾港水兵在俄國十月革命的影響下，打響了十一月革命的第一槍，革命風暴席卷全國，德皇威廉二世倉皇出逃。次年2月，德國召開立憲會議，建立了資產階級共和國；7月國民議會在魏瑪通過德國歷史上的第一部資產階級憲法《德意志國憲法》，史稱《魏瑪憲法》。對此，張君勱深有感觸：「中華民國成立已經七年，還沒有憲法，而德國革命後不到九、十個月，憲法便完全成立。」〔註37〕張君勱高度評價了魏瑪憲法，認爲其和1787年之美國憲法、1793年之法國憲法一樣，都代表了一個時代：「美憲法所代表者，十八世紀盎格魯撒遜民族之個人主義也；法憲法所代表者，十九世紀民權自由之精神也；今之德憲法所代表者，則二十世紀社會革命之潮流也。」〔註38〕具體來說，張君勱認爲這部憲法的精神主要體現在以下六個方面：

　　　　一是單一國制與聯邦國制之調和；

　　　　二是總統制與責任內閣制之調和；

　　　　三是代表民主制與直接民主制之調和；

　　　　四是蘇維埃政治與代議政治之調和；

　　　　五是個人主義與社會主義之調和；

　　　　六是勞工階級與資本階級之調和。〔註39〕

　　張君勱結合中國現實指出，中德兩國有著明顯的相似之處，即它們都經歷過革命，推翻了帝制，建立了共和。但中國自辛亥革命後的七八年間，既沒有

〔註36〕張君勱之推崇康德，一方面是因爲康德訴諸理性而非純任直覺，另一方面則基於知識與道德在康德的哲學系統中，有其經過批判之後的適當定位。張君勱認爲，康德除著《純粹理性批判》一書批判知識外，同時又有《實踐理性批判》說明道德之來源，其知識、道德二者並重，與儒家之仁智兼顧，佛家之悲智雙修之途轍，實相吻合。請參見張君勱：《我之哲學思想》。

〔註37〕張君勱：《我與憲法——在廣州中山大學法學院的演講》，載於《再生》，第2卷第9期，1934年6月1日。

〔註38〕張君勱：《德國新共和憲法評》，載於《解放與改造》第2卷第9號，1920年5月1日。

〔註39〕張君勱：《中國之前途：德國乎？俄國乎？》，載於《解放與改造》第2卷第14號，1920年7月15日。

建立起一個穩定的政府，也沒能制定出一部民主的憲法，而德國僅用七八個月的時間就將這兩項任務都完成了。爲什麼「吾所不能得於七八年之間者，而彼乃能得之於七八月之間」呢？張君勱認爲這首先是因爲兩國國民完全不同的民族性格。德國人特別是其政治傢具有一種「交讓之精神」和「和衷共濟之精神」。他們道德知識健全，「守紀律，愛秩序」，服從法律。而這一切，中國人都不具備。同時張君勱認爲：「憲法之所以能成者，乃國民統一的意思之表示焉」，而中國卻「南與南分，北與北分，黨中有派，派中有派，則統一的意思，何由表現？吾誠恐海枯石爛，而中國憲法無一而能成立也」。〔註40〕

制憲離不開少數政治精英的特殊努力，德國立法者在起草憲法中所表現出來的「度量和知識」使張君勱堅信：「凡世界政治社會變革無不始於一二人之心力」，〔註41〕也再一次增強了張君勱在留日時即立下的宏願：要作中國的伊藤博文和漢密爾頓。歷史總是眷顧那些有所準備的心靈，1922 年，當張君勱偕同來華講學的杜里舒回國不久，上海八團體召開的國是會議便邀請他代爲草擬憲法，張君勱欣然應允，起草了其生平的第一部憲法文本《國是會議憲法草案》，簡稱《國憲草案》。憲法草案擬成之後，張君勱又撰寫了《國憲議》一書公開出版，闡述其憲政思想。有臺灣學者如是評價張君勱的《國憲草案》和它的說明書《國憲議》：「以之作憲法比較讀，可；以之作政治學讀，可；以之作民國初年政治思想史讀，可；以之作公民課本讀，可。就中國近數十年之政治或憲法著作言之，雖謂爲第一稀有之著作可焉。」〔註42〕張君勱在《國憲草案》和《國憲議》中爲我們設計了一副國家基本政治制度的藍圖。

《國憲草案》之後，張君勱「對於憲法的興趣，從此便告一結束」，爲什麼暫時放下自己情繫一生的制憲事業呢？「唯一的原因就是在於『憲法之前提』問題。憲法爲全國上下共守的公法，在未實行前，一定有許多基本條件，即所謂前提，前提具備後，憲法才能運用，前提未立，又何從談憲法？」因爲在張君勱看來，比起憲法文本的制定，「憲法之前提」這個問題的解決似乎

〔註40〕張君勱：《德國新共和憲法評》（二續），載於《解放與改造》，第 2 卷第 12 號，1920 年 6 月 15 日。

〔註41〕張君勱：《德國新共和憲法評》（二續），載於《解放與改造》，第 2 卷第 12 號，1920 年 6 月 15 日。

〔註42〕程文熙：《張君勱先生與中國》，見《張君勱傳記資料》（一），臺灣天一出版社，1981 年版，第 121 頁。

更爲重要。而所謂「憲法之前提」，張君勱認爲有兩個方面，「一方面是政府，一方面是人民，最要緊的，還是人民的能力。」國民素質高，參政能力強，憲法便具備了實行的條件，反之，條件不具備，則憲法即使頒行，也只能是一紙空文。正因爲如此，張君勱決定在「憲法之前提」尚不具備的情況下，暫時「不談憲法，而注意國民身上」。〔註43〕其後十多年，張君勱在憲政領域中的努力主要集中在創辦大學、講學、翻譯西方政治法律著作、創辦雜誌並發表政論以及組建政黨上，以期改造國人之思想面貌，提高國人之素質能力，爲最終實現憲政奠定一堅實之基礎。

　　1923 年 2 月 14 日，張君勱在清華大學爲一批即將赴美學習科學的學生作題爲《人生觀》的演講，張君勱在該演講中比較分析科學與人生觀的特點：科學爲客觀的，人生觀爲主觀的；科學爲論理的方法所支配，而人生觀則起於直覺；科學可以以分析方法下手，而人生觀則爲綜合的；科學爲因果律所支配，而人生觀則有自由意志的；科學起於對象之相同現象，而人生觀起於人格之單一性。最終得出結論，人生觀「惟其有此五點，故爾科學無論如何發達，而人生觀問題之解決，絕非科學所能爲力，惟賴人類之自身而已。」〔註44〕孰料卻引起了一場被胡適稱之爲「空前的思想界大筆戰」〔註45〕，在這場被後人稱爲「科玄論戰」或「人生觀論戰」的思想交鋒中，論戰結果似乎張君勱失敗了，因爲科學似乎贏得了廣大青年的擁戴，張君勱本人還被貼上了「玄學鬼」的標籤「遺臭萬年」。而事實上，張君勱和近代中國的那一代人，卻都被科學給綁架了。認眞審視論戰本身，正如陳獨秀在爲《科學與人生觀》所作的序中所評價的，攻擊張君勱、梁啓超的人們，表面上好像是得了勝利，其實並未攻破敵人的大本營，，……暗中卻投降了。「科學何以不能支配人生觀」，敵人方面卻舉出一些似是而非的證據出來；「科學何以能支配人生觀」，這方面卻一個證據也沒有舉出來，我以爲不但不曾得著勝利，而且幾乎是卸甲丟盔的大敗戰。〔註46〕著名哲學家李澤厚先生如是評價：「如果純從學術角

〔註43〕張君勱：《我與憲法——在廣州中山大學法學院的演講》，載於《再生》，第 2
　　　　卷第 9 期，1934 年 6 月 1 日。
〔註44〕請參見張君勱、丁文江等著：《科學與人生觀》，山東人民出版社，1997 年版，
　　　　第 35～38 頁。
〔註45〕胡適：《〈科學與人生觀〉序》，見張君勱、丁文江等著：《科學與人生觀》，山
　　　　東人民出版社，1997 年版，第 9 頁。
〔註46〕陳獨秀：《〈科學與人生觀〉序》，見張君勱、丁文江等著：《科學與人生觀》，
　　　　山東人民出版社，1997 年版，第 1～2 頁。

度看，玄學派所提出的問題和所作的某些（只是某些）基本論斷，例如認爲科學並不能解決人生問題，價值判斷與事實判斷有根本區別，心理、生物特別是歷史、社會領域與無機世界的因果領域有性質的不同，以及對非理性因素的重視和強調等等，比起科學派雖樂觀卻簡單的決定論的論點論證要遠爲深刻，它更符合於二十世紀的思潮。」〔註47〕這場論戰，使得張君勱的名字伴著「玄學鬼」的綽號出現在近代中國思想中，也使得張君勱成爲研究中國近代思想史無法迴避的思想家之一。張君勱的演講以及他後來的論戰文章，從某種意義來說，形塑了現代新儒學的致思方向，張君勱本人也因此而成了現代新儒學的「開啓者」之一。〔註48〕

科玄論戰後的張君勱，在之後的若干年內一直未能從事現實的政治活動，而從事政治啓蒙活動。1926 年，張君勱翻譯出版了英國政治理論家、社會民主主義和政治多元主義的重要思想代表拉斯基（Laski, Harold Joseph, 1893～1950，張君勱譯爲賴斯幾）的著作《政治典範》，對拉斯基的學說作了介紹。拉斯基學說的主要觀點，張君勱在《賴斯幾學說概要》中概括爲：「賴氏總之，簡括言之，曰國家社團個人三者，宜求其相劑於平，國家非主權體液，委之以平均酌劑之任務，個人則設爲權利系統以保障之，俾達於自我實現之境。至於社團，如教會如工會之活動範圍，有爲國家所不應侵入者，更許社會以選舉職業代表之權，俾得參與政策之決定。」〔註49〕張君勱對拉斯基的多元主義政治觀是比較認同的，從以後其政治活動也可以得到印證，張君勱的政治思想注意協調「個人自由」與「政府權力」兩者的關係，正是來自拉斯基的啓發。

30 年代初，張君勱開始投入現實政治，創建中國國家社會黨，但一直未能進入中國政治的核心。對此，臺灣的江勇振如是評價，張君勱在其有生之年：「一直試圖找尋並創造機會來扮演在他的政治哲學裏，以政治做爲專門職業的秀異分子的角色。然而，雖然他一生致力于政治改革的工作，卻可以說一生都在實際政治的外圍，一直未能得到一展抱負的機會。他一直盼望做一個偉大的政治家，做一個傳統中國最感缺乏的實行家。然而，在客觀環境的

〔註47〕李澤厚著：《中國現代思想史論》，東方出版社，1987 年版，第 59 頁。
〔註48〕鄭大華著：《張君勱傳》，中華書局，1995 年版，第 177 頁。
〔註49〕張君勱：《賴斯幾學說概要》，見程文熙編：《中西印哲學文集》（上冊），學生書局，1981 年版，第 264 頁。

限制下，他卻一再地被迫做為一個政論家和學者。」〔註50〕這個評價是符合事實的，在某種意義上，張君勱始終扮演著政治教育家和政治評論家的角色。

三、制憲事業的巔峰：《政協憲法草案》

九・一八事變宛若一聲驚雷，震撼了大革命失敗後「萬馬齊暗」的中國大地。面對國土淪喪、國將不國的生存危機，素有「齊家治國平天下」傳統的中國知識分子，在「以天下為己任」的救國精神的感召與激勵下，紛紛捨身投入現實政治，以謀求政治制度與政治環境的根本改造。以西安事變為契機，國共兩黨結束了綿延近 10 年的敵對狀態，揭開了艱難的第二次合作的大幕。正是在這種背景下，張君勱高舉民主憲政的大旗，懷著尋找民主與獨裁之外「第三條道路」的願景，介入了現實政治。

1937 年 7 月 7 日，震驚中外的「盧溝橋事件」爆發。迫於大敵當前及全國人民的壓力，國民黨當局擺出了開明的姿勢，決定設立全國國防最高決策機關「國防最高會議」，並在其下召集了具有民意咨詢機構性質的「國防參議會」，由國防最高會議主席蔣介石指定或聘任「在野黨派、社會人望和具有專長的人」〔註51〕擔任國防參議會議員，張君勱是第一批被聘任的 16 個參議員〔註52〕之一。翌年 3 月，迫於在野黨派、社會團體和國內輿論的要求，國民黨當局宣佈「組織國民參政機關，團結全國力量，集中全國之思慮與視見，以利國策之決定與推行」。〔註53〕4 月又宣佈「國民政府在抗戰時期，為集思廣益，團結全國力量起見，特設國民參政會。」〔註54〕同時制定和通過了《國民參政會組織條例》，規定了參政員產生的條件、分配名額以及職權等。成立參政會的決議更為重要的影響是事實上默認了其他黨派的合法存在，張君勱

〔註50〕 江勇振：《我對君勱先生政治思想的點滴認識》，載於《傳記文學》，1976 年 3 月號。

〔註51〕 梁漱溟：《我的努力是什麼──抗戰以來自述》，見《梁漱溟全集》（第六卷），山東人民出版社，1993 年版，第 186 頁。

〔註52〕 16 個參議員除了張君勱，還有張耀曾、梁漱溟、曾琦、胡適、蔣百里、陶希聖、傅斯年、張伯苓、蔣夢麟、李璜、沈鈞儒、黃炎培、馬君武、毛澤東、晏陽初，後來增補到一共 25 人。

〔註53〕 《中國國民黨抗戰建國綱領有關國民參政會部分》，見四川大學馬列教研室編：《國民參政會資料》，四川人民出版社，1984 年版，第 1 頁。

〔註54〕 《國民參政會組織條例》，見四川大學馬列教研室編：《國民參政會資料》，四川人民出版社，1984 年版，第 5 頁。

領導的國家社會黨從此開始了公開活動。1938 年 7 月 6 日，國民參政會一屆一次會議在漢口召開，張君勱以最高票當選爲休會期間行使職權的 25 駐會委員會委員之一，從此，張君勱和其所代表的第三勢力一起在國民參政會積極爲抗戰救國和民主憲政奔走呼號。

張君勱在漢口期間，「流離失所之餘，大變其平日伏案讀書之環境，書桌上既乏圖書，寫作有無應交之稿件，除每星期出席國防參議會一二次外，終日悶坐，心念國家阽危，來日大難而已。繼而自思，與其浪費時日於胡思亂想，何如將胸中積鬱者，分章寫出，積稿既久，乃成此書。」〔註 55〕這就是張君勱非常重要的著作之一，《立國之道》。《立國之道》包括「國家民族本位」「修正的民主政治」「國家社會主義下之計劃經濟」「文化政策」和「結論」五部分，系統地闡述了如何建設好一個名副其實的民族國家。張君勱認爲應當從兩個方面下手，一是復興民族，二是搞好國家的基礎建設，具體的方案則是「修正的民主政治」。修正的民主政治實質上仍然是西方資本主義民主政治，但張君勱將「社會公道」引入了民主的制度安排，對議會制和內閣制進行了修正，力圖建設一種「中國式民主」。張君勱還對資本主義的自由放任的經濟政策和共產主義經濟政策都進行了批判，而提出了所謂「國家社會主義下之計劃經濟」，力圖實現兩者的完美結合。《立國之道》反映了張君勱的某種政治理想以及實現理想的具體路徑，但當時的情況下雖然無法實現，卻亦有其合理因素。

國民參政會成立之初，諸參政員對其期望甚大，希望以此爲契機，改革政治建立民主憲政。然國民黨五屆五中全會制定「防共、限共、反共、溶共」方針，設立防共委員會，頒佈《限制異黨活動辦法》等，將在野黨派先前取得的所有民主權利一概取消，引起了第三勢力方面參政員和社會賢達的強烈不安。爲推進中國政治民主化的進程，第三勢力掀起了一場要求「結束黨治、實施憲政」的憲政運動。張君勱在憲政運動中發揮了重要作用，尤其是作爲國民參政會憲政期成會的委員，召開憲政問題座談會，發起成立憲政促進會，發表演講和評論文章等，極大地推動了憲政運動的興起和發展。

國民參政會憲政期成會二次會議後，陸續收到各界人士對「五五憲草」〔註

〔註 55〕 張君勱著：《立國之道》，桂林出版社，1947 年版，《立國之道》新版序，第 1 頁。

〔註 56〕 即國民黨立法院於 1936 年通過的《中華民國憲法草案》，因公佈日期爲 5 月 5 日，所以又稱爲「五五憲草」。這部憲法草案是國民黨中央在 1932 年 12 月開

56〕、《國民大會組織法》和《選舉法》的修改意見，於是在羅隆基等 9 人提出的《五五憲草修正草案》的基礎上，1940 年 3 月 20 日，由黃炎培、張君勱、周炳琳召集舉行了憲政期成會第三次會議，在整整 10 天的會期中，與會者逐條認真討論，完成了對「五五憲草」的修改，名曰《國民參政會憲政期成會提出：中華民國憲法草案（「五五憲草」）之修正草案》。4 月 1 日，國民參政會一屆五次會議在重慶召開，審議憲政期成會之修正案，張君勱代表在會上分六個方面對修改的內容和理由作了詳細的說明。然而，由於修正案增設相當於國會的國民大會議政會，事實上使得政府行政部門的權力受到了很大的限制，最終卻被蔣介石束之高閣。9 月，國民政府以交通阻塞為由，宣佈原定 11 月召開的國民大會延期，至此，第一次憲政運動宣告失敗。

面對憲政運動陷入低潮，而第三勢力和無黨派人士受到國民黨當局的排擠和迫害，經張君勱提議，黃炎培、左舜生、梁漱溟等計劃發起成立第三勢力的統一組織「中國民主政團同盟」。1941 年 3 月 19 日，在重慶上清寺特園，中國民主政團同盟正式成立，張君勱被選為五位中央常委之一。至 1942 年救國會加入，同盟由中國青年黨、國家社會黨、第三黨、中華職業教育社、鄉村建設派組成，號稱「三黨三派」。10 月，中國民主政團同盟發佈政治綱領，要求國民黨結束黨治實現政治民主化，同時又要求共產黨交出軍隊，實現軍隊國家化，體現了第三勢力的政治立場。然隨後張君勱卻因積極參加第一次憲政運動和組建中國民主政團同盟，被蔣介石軟禁於重慶南岸汪山長達兩年。

第一次憲政運動失敗後，以中國民主政團同盟為代表的現代中國第三勢力並沒有放棄對民主憲政的呼吁，美國也向蔣介石政府施加壓力，希望其能夠改革政治，推進民主。在國內外的這種形式的壓力下，蔣介石政府在 1943 年 9 月召開國民參政會三屆二次會議，決議成立直屬於國防最高委員會的「憲政實施促進會」，張君勱被指派為 11 人常務委員之一。張君勱等巧妙地利用了憲政實施促進會的合法地位，以其為突破口，再次發動了反對國民黨一黨專

始的籌備憲政活動的具體成果。五五憲草在形式上、文字上都具有資產階級民主色彩。五五憲草是在正式的《中華民國憲法》頒佈前所擬定的憲法草案之一，草案由國民黨組織的憲法起草委員會制定，基本上反映了孫中山五權憲法的思想，是五權憲法的正式草稿。此草案在隨後的政協會議上被大幅度更改，修改後的政協憲草於 1946 年 12 月 25 日由制憲國民大會議決通過成為正式的中華民國憲法。摘自百度百科和維基百科「五五憲草」詞條，具體網址為：http://baike.baidu.com/view/475145.htm；http://zh.wikipedia.org/wiki/%E4%BA%94%E%BA%94%E6%86%B2%E8%8D%89。

制、要求實現中國民主政治的第二次憲政運動。在第二次憲政運動中，張君勱連續發表《人民基本權利三項之保障——人身自由、結社集會自由、言論出版自由》、《兩時代人權運動概論》、《威爾斯氏政治思想及其近作人權宣言》、《法國人權協會之人權宣言》、《丘吉爾氏民主政治標準七事釋義》、《英美法德日俄六國制憲由來及憲政實行之條件》等文章，呼籲保障人權，實行憲政，建立中國的民主政治。

抗日戰爭取得勝利後，國共兩黨在重慶舉行談判，並於 1945 年 10 月 10 日簽訂了《政府與中共代表會談紀要》，即「雙十協定」。協定規定「由國民政府召開政治協商會議，邀集各黨各派代表及社會賢達協商國是，討論和平建國方案及召開國民大會各項問題」。〔註57〕1946 年 1 月 10 日，政治協商會議在重慶開幕，與會代表就改組政府和軍隊問題展開了討論，張君勱所在的憲法草案組更是圍繞今後中國應該採取什麼樣的憲法問題，各黨派展開了激烈的交鋒。當時國民黨主張採取孫中山的五權憲法，要求以「五五憲法」為制定憲法的藍本，而民盟等第三勢力黨派、無黨派人士以及共產黨則多數傾向於英美式的憲法。正當大家左右為難、一籌莫展的時候，張君勱提出了以五權憲法之名行英美式憲法之實的方案，使「在野各方面莫不欣然色喜，一致贊成」，國民黨方面孫科表示支持，共產黨方面周恩來也表示「佩服」。〔註58〕於是，憲法草案組遂以張君勱的方案為基礎，結合其他各方面的意見，形成了憲草修改的十二條原則，提交政協會議並獲得了通過。

政協會議閉幕後，根據《憲法草案案》的有關規定，2 月上旬成立了集中各方面代表的 35 人「憲草審議委員會」，其職責是「根據政協會議擬定之修改原則，並參酌憲政期成會修正案、憲政實施協進會研討成果及各方面所提之意見，彙綜整理，製成五五憲草修正案，提供國民大會採納」。〔註 59〕又經過一個多月的爭執，3 月上旬各方終於達成了關於憲草修改原則的協議，並擬分十個委員會分部分起草憲法條文。但張君勱認為「憲草有如一篇文章，有如一副

〔註57〕《政府與中共代表會談紀要》，見中共重慶市委黨史工作委員會、重慶市政協文史資料研究委員會、紅巖革命紀念館編：《重慶談判紀實：一九四五年八～十月》，重慶出版社，1984 年版，第 250 頁。

〔註58〕梁漱溟：《國共兩黨和談中的孫科》，見《梁漱溟全集》（第六卷），山東人民出版社，1993 年版，第 195 頁。

〔註59〕《政治協商會議決議案》，見單兆恒編：《政治協商會議資料》，四川人民出版社，1981 年版，第 282 頁。

畫，不能分期來作。若由十個委員會合作，甲會以乙會為不對，乙會以丙丁等
會為不對，將來不知甚麼時候才能完成」。因此，他本著「歐美民主政治與三
民五權原則之折衷」、「國民黨和共產黨利害之協調」和「其他各黨主張的顧到」
的基本原則，自己起草了一部憲草，抱著「大家要也好，不要也無所謂」的心
態交給了憲草審議委員會召集人孫科，「誰想就被接受了，由雷秘書長（震）
印出來，作為討論的基礎」，〔註60〕是為《政協憲法草案》〔註61〕，最終經國
民黨方面的修改，成為《中華民國憲法》頒佈實施。為了宣傳自己的憲政理念，
論證憲草具體內容的合理性，張君勱借上海八仙橋青年會就中華民國未來憲法
發表了系列演講，將 10 次演講稿略加整理後，以《中華民國民主憲法十講》
為題名，由商務印書館正式出版。收入此書的系列講演中，張君勱主要回答了
「國家為什麼要憲法」「中國憲政何以至今沒有確立」「實現憲政有什麼前提」
等憲政的一般理論問題以及《政協憲法草案》的基本設計理念與制度。

　　然正當國共兩黨、第三勢力民主黨派及各方代表就憲草修改問題爭論不
休的時候，國共兩黨的軍事衝突卻在不斷升級，雖有美國方面和第三勢力的
居中調停，然國共兩黨的內戰還是不可避免地大規模地爆發了。在遍地烽火
中，張君勱卻對通過政黨政治實現民主憲政的理想癡心不改，1946 年 8 月，
張君勱將一脈相承的中國國家社會黨與中國民主憲政黨合併為中國民主社會
黨。《中國民主社會黨政綱》主張：「民主社會主義為今後唯一立國之道；根
據民主方法實現民主社會主義的國家；民主社會主義之鵠的，在使個人得自
由之發展，社會盡分工合作之能事，國家負計劃與保護之責任，國際進於各
國之協調與世界政府之建立；在計劃與組織原則之下，以社會全體利益為基
本概念，分期確定並實施關於政治、經濟、社會、文化之整個具體計劃，以
達到革新社會之目的。」〔註62〕

〔註60〕　請參見張君勱：《中國新憲法起草經過》，載於《再生》（上海），第 220 期，
　　　　　1948 年 6 月 20 日。
〔註61〕　必須指出的是，在國民黨黨方面召開的制憲國大開幕前夕，為欺騙輿論，誘
　　　　　使第三勢力和無黨派人士出席國大，蔣介石決定採用張君勱起草的這部憲
　　　　　法，並派王寵惠、吳經熊等人對之加以修改，最後以「政協憲草」為名提交
　　　　　國民大會審議。這是違背歷史事實的，因為政協並未就張君勱起草的憲法草
　　　　　案達成任何協議，故經國民黨單方面修改的所謂「政協憲草」在法律上與事
　　　　　實上均非「政協憲草」。為以示區別，本人特將張君勱起草之憲法草案稱之為
　　　　　《政協憲法草案》。
〔註62〕　《中國民主社會黨政綱》，見中國第二歷史檔案館編：《民國時期黨派社團檔
　　　　　案史料叢稿·中國民主社會黨》，檔案出版社，1988 年版，第 152 頁。

　　然而歷史再一次愚弄了張君勱，爲促使國名黨通過一部民主憲法，從而結束國民黨的一黨專政，使中共走上民主憲政的道路，1946 年，張君勱冒天下之大不韙率民主社會黨有條件出席國民黨一手包辦的僞制憲國大，受到了時論的廣泛指責。而制憲國大審議和通過的以張君勱的《政協憲法草案》爲底本、經過王寵惠、吳經熊修改的《中華民國憲法》，已經嚴重違背了政協通過的憲草修改的十二條原則，篡改了《政協憲法草案》的基本精神。張君勱本人也黯然被民盟開除，並被毛澤東在 1949 年的新年獻辭《將革命進行到底》中點名爲以蔣介石爲首的 43 名頭等戰犯之一，成爲人民的公敵。〔註63〕此後十多年，張君勱環球講學，致力於儒家哲學之復興，晚年則流亡海外，靠稿費和一個月 100 多點的養老金維持生計，1969 年病逝於舊金山，享年 82 歲。

〔註63〕請參見毛澤東：《將革命進行到底》，載於《人民日報》，1949 年 1 月 1 日。

第九章　張君勱的憲政理念與憲政模式

張君勱在《中華民國民主憲法十講》指出：「謂近代國家，就是一個民主國家，對內工商業發達，注意科學研究，乃至於軍備充實；對外維持其主權之獨立，領土之完整，且能與各大國相周旋；至於政府機構方面，一定有內閣、議會以至選舉制度。這都是現代國家的特色，亦即近代國家應具備的種種特點。此種現代國家之特點，萌芽於英倫，至法國革命後而大成於歐洲。鴉片戰爭後，歐洲國家踏進我們國土，我們最初所認識的是船堅炮利，最後乃知道近代國家的基礎在立憲政治，在民主政治，在以人權為基礎的政治。」[註1] 這段話反映了張君勱憲政理念的基本內核及其憲政設計的基本思路。

一、張君勱的憲政理念

（一）國家為什麼要憲法

張君勱是一位受過西方嚴格學術訓練的思想家，在其回答「國家為什麼要憲法」這個問題之前，張君勱非常熟練地先界定了現代國家的概念，以為後文論證的展開奠定了一個嚴謹的邏輯前提。

國家是一個眾說紛紜、智者見智的一個概念，至今在政治學界無法形成一個公認的定義，我想造成這個現象的一個可能的原因就是不同時代、不同文明和不同民族，對國家本質的理解有所不同。德國思想家馬克斯·韋伯對國家的定義影響深遠，他將國家定義為：「國家者，就是一個在某固定疆域內

〔註1〕　張君勱：《憲政之道·中華民國民主憲法十講》，清華大學出版社，2006 年版，第 136 頁。

肯定了自身對武力之正當使用的壟斷權利的人類共同體。」〔註2〕韋伯在此強調的是，國家作爲一種具有強制性的人類政治組織，其本質在於其成功地壟斷了合法使用暴力的權利，國家乃是合法地使用暴力的權利的唯一來源。英國著名政治學家安東尼·吉登斯認爲韋伯所界定的國家定義包括了三個要件：「（1）存在固定的行政官員；（2）他們能夠堅持合法地壟斷暴力工具這一要求；（3）他們還能在既定的地域內維持這種壟斷。」〔註3〕韋伯所定義的國家，是一種現代意義上的國家（Modern State），是相對於傳統國家而言的。韋伯的國家觀後來爲吉登斯所繼承和發展，吉登斯指出，「只有現代民族——國家（Nation State）的國家機器才能成功地實現壟斷暴力工具的要求，而且也只有在現代民族——國家中，國家機器的行政控制範圍才能與這種要求所需的領土邊界直接對應起來。」〔註4〕在吉登斯那裡，現代國家就是民族國家，而所謂的民族國家，吉登斯將其定義爲：「民族國家存在於由其他民族國家所組成的聯合體之中，它是統治的一系列制度模式，它對業已劃定邊界（國界）的領土實施行政壟斷，它的統治靠法律以及對內外部暴力工具的直接控制而得以維護。」〔註5〕

韋伯和吉登斯關於國家的定義，揭示了理解現代國家的雙重維度：民族國家與民主國家。張君勱深諳西方現代政治學的原理，其正是從前述兩個維度來理解現代國家。

張君勱目睹日寇入侵，東北淪陷，不禁發出疑問：「（一）爲什麼東北四省三千萬民眾於外患來時絲毫不加抵抗，竟不如數百萬人口的比利時抵禦德國至一星期之久？（二）爲什麼我們政府在外患壓迫時，還不能團結一致？（三）同是中國人，何以只有極少數人熱心抗日，而大多數人還是漠然無動？」張君勱認爲，這種種問題與其說是外交上、軍事上的失敗，毋寧說是民族性的缺陷。在國家受重大壓迫時，國民還是漠然無動，還是冥然罔覺，好像與自己毫無關係一樣，這實在是國家觀念未養成的緣故。換句話說，中國人的

〔註2〕【德】馬克斯·韋伯著，錢永祥等譯：《韋伯作品集I·學術與政治》，廣西師範大學出版社，2004年版，第197頁。

〔註3〕【英】吉登斯著，胡宗澤等譯：《民族——國家與暴力》，生活·新知·讀書三聯書店，1998年版，第19頁。

〔註4〕【英】吉登斯著，胡宗澤等譯：《民族——國家與暴力》，生活·新知·讀書三聯書店，1998年版，第20頁。

〔註5〕【英】吉登斯著，胡宗澤等譯：《民族——國家與暴力》，生活·新知·讀書三聯書店，1998年版，第147頁。

腦筋內還沒有養成以國家爲中心的政治觀念，仍然在中世紀的世界觀念樊籠之下。〔註6〕在張君勱看來，鴉片戰爭以來中國的歷史，就是一部「改建舊邦爲近世國之運動」的歷史。而所謂的近世國——也就是現代國家——張君勱接受了西方政治學的觀點，認爲現代國家就是民族國家。所以，近代國人的最大任務就是16世紀以後的歐洲一樣，將舊中國改造成爲一個近代型的民族國家。而所謂民族的國家者，「全國人民之公共組織體，所以保持民族之獨立，尤注重固有文化之獨立，且以求個人之自由平等的發展爲目的者也。」〔註7〕近代以來，中國的仁人志士爲實現建立民族國家的目標進行了很多嘗試，遺憾的是，這些嘗試都無一例外的失敗了，中國尚未踏入現代國家之林，其根本的原因就在於中國人缺乏民族觀念和國家觀念。

　　那中國人爲什麼缺乏民族觀念和國家觀念呢？張君勱認爲，那是因爲「幾千年來的中國，所以支配人心者，只是一個天下觀念。」〔註8〕在張君勱看來，自古以來，中國人天下的觀念便深入人心，譬如在春秋的時候，明明是120國的對立，而在孔子的心目中，卻有一個牢不可破的觀念，其念念不忘者，還是一個統一的天下。所以孔子云：「天下有道，則禮樂征伐，自天子出；天下無道，則禮樂征伐，自諸侯出。」孔子考慮問題的出發點與歸結點，皆是天下。不僅如此，《禮運》作爲孔子的最高理想之所在，孔子云：「大道之行也，天下爲公，選賢與能，講信修睦，故人不獨親其親，不獨子其子。」張君勱認爲孔子在這裡邊只提到三個階段，一是天下，二是家庭，三是個人，卻獨獨忽略了國家。不僅單單儒家如此，我國儒、墨、道三家對於有爲、無爲、兼愛、別愛之說，所持各有不同，決不能相容，而獨以「天下」爲人類之最高理想，三家恰恰是殊途同歸，我國古代的天下觀念竟是如此的發達。「我祖宗只知注重文化，故其對天下觀念與國家觀念，其間並無劃分之界限。僅以文化爲標準，只須異族承受我之文化，即可把他當做自家人看，這哪裏還有國家觀念，這完全是天下觀念。」〔註9〕

〔註6〕　請參見張君勱著：《民族復興之學術基礎》，中國人民大學出版社，2006年版，第203頁。

〔註7〕　張君勱：《中華民族之立國能力》，載於《再生》(上海)，第1卷第4期，1932年8月20日。

〔註8〕　請參見張君勱著：《民族復興之學術基礎》，中國人民大學出版社，2006年版，第204頁。

〔註9〕　張君勱著：《政制與法制》(《立國之道》)，清華大學出版社，2008年版，第10頁。

　　當然，張君勱也指出，並非只有古代中國有天下觀念，事實上歐洲各國在天下觀念的支配下，也少則一千三百餘年，多則一千八百餘年，與中國從秦統一以後一直到現在二千餘年相比較，也不過相差二三百年。張君勱還拿東西方各國的歷史互相比較參照後，得出結論是，中國與歐洲各國當時在思想上、政治局面上，正復相同，只是有一點大不相同，那就是歐洲統一的局面，後來又分裂了，但中國自統一之後，便從未分裂。為什麼他們的發展會出現如此的不同呢？為什麼歐洲由合而分呢？張君勱認為其原因就在於宗教：宗教革命，為歐洲歷史中劃分時代之界限。首先，全歐為「上帝之城」的世界的觀念被打破，民族國家觀念代之而興，各國君主離教皇，而自為主權者；其次，各國自有其教會，非統一於教皇一尊下之教會；最後，政治與宗教分而為二。國家不立於教會之下，而超然於教會之外，此國家之性質，顯然較「天下」為狹小，因為從以後，世界主義之觀念消滅，民族國家代之而興了。所以，歐洲正是有了宗教革命，於是眾多之民族國家就形成了，而我國自秦漢以後，民族疆域雖日益擴大，但是因為和外敵接觸少，這「天下觀念」的心理，始終未能消滅，而民族國家的觀念也始終未能養成，所以中國也始終未曾踏上近世的道路。〔註 10〕張君勱感歎：「民族觀念之混沌如吾國者，世所罕見也，凡為人民者，於自身之種族與其種族之歷史尚不能真切認識，其朝秦暮楚，抑何足怪，至於所以扶植本國所以抵抗外國者，在彼視之直為不關痛之事，此乃數十年改建新國之舉，屢試而無成之總原因也。」〔註 11〕

　　既然找到了癥結所在，那麼，如何破解這個困境呢？張君勱認為：「昔日以改革章制為言者，以為中國之病在枝葉，在手足。今日以民族生死為號召者，以為中國之病在根本，在心臟。蓋章制云者僅為民族生活之一部，若其本體上不知力爭上游，不求有所建樹，雖按日提出一枝一葉之改革案，有何用處哉？曰軍制如何，曰政治如何，曰教育如何，曰經濟財政如何，此所云云，皆不足以挽救中國，以其為枝葉之謀而無補於不覺悟之民族之本身也。青年人溺於驕奢淫逸之習者，告之曰用錢宜儉，處事宜勤，彼置之如不聞，及一旦迴心向道，不獨惡習全去，且自進而效法歷史上之偉大人物，蓋心理

〔註10〕　請參見張君勱著：《民族復興之學術基礎》，中國人民大學出版社，2006 年版，第 206～207 頁。
〔註11〕　張君勱：《中華民族之立國能力》，載於《再生》（上海），第 1 卷第 4 期，1932 年 8 月 20 日。

既變，一切行動，自隨之而變，所謂以民族生死爲出發點者，亦日吾同胞對於國事之應大徹大悟耳。……質言之，全國人民身中心所蘊蓄之力量開發之、積蓄之，以爲國家對外競爭之用，此種以民族本身爲一切軍事、政治、經濟、教育之出發點，即我所謂大徹大悟，亦即吾族起死回生之良劑也。」〔註12〕故在張君勱看來，改章建制那僅僅是治標不治本，達不到目的，中國要做到改建新國，踏上近世國，必須從改造國民之習性和心理開始，用那時候流行的話語來說，即從改造國民性開始。而改造國民性，其核心就是中華民族性之養成。當然，中華民族性之養成，也並不那麼容易。我們一方面有本國的國民性，有本國的語言、風俗，有本國的歷史；一方面卻又處處模仿人家，忘卻自己，這實在是我們的生死關頭，我們要從這夾縫中求中國的出路，求中國的民族性。

首先，我們要樹立民族信心。要做到的是曉得自己文化之優點，曉得自己文化與自己有利益，然後相信自己，尊崇自己，也就是說，我們首先要以本國民族爲出發點，樹立對自己民族之信心：「今後民族性之第一礎石，即建築於各國民信仰本族的義務心中。」其途徑是以現代爲標準，對於歷史上的事跡和人物加以一番選擇工作，以培養對於本民族思想、政治、人物等方面的自信。〔註13〕

其次，我們要教養民族意識。所謂民族，即居民之同宗教、同語言、同習慣、同血統，且當同患難者也。民族猶如個人，個人生於天地間，不能離物質與精神，民族亦然、一方爲地理氣候之所造成，他方則有其宗教學術與政制方面之精神產物。人之所以異於動物者在意識；民族之所以爲民族，亦在於意識。故民族意識，乃民族志第一基本也。民族意識，乃人民能巍然雄立於宇宙之要素，亦日民族自覺。而所謂民族自覺，簡言之，即民族自知其爲民族之謂。而我國四境環而居者，多屬蠻夷，其文物制度，遠不如我，文化亦不能與我們相提並論，而我只待遇鄰封，復議寬大爲懷，所以數千年來，我國養成民族意識之環境，缺然不備。〔註14〕我國人口號稱四萬萬，而無教

〔註12〕請參見張君勱著：《民族復興之學術基礎》，中國人民大學出版社，2006年版，緒言第2～3頁。

〔註13〕請參見張君勱著：《民族復興之學術基礎》，中國人民大學出版社，2006年版，緒言第222～223頁。

〔註14〕請參見張君勱著：《民族復興之學術基礎》，中國人民大學出版社，2006年版，緒言第244頁。

無養之民，竟達三萬萬九千萬，此三萬萬九千萬之民，一旦加以教養，其民族思想之強烈，當遠在一般士大夫之上。

再次，我們要培養民族心力。所謂民族心力，主要表現在知情意三個方面。所謂情，即民族情愛，我中華民族之情感表現，若有社會崩潰民族覆亡之日，惟有提倡民族情愛而救之；所謂知，即民族智力或民族思想。民族之有思想者，同時亦即有文化。一國文化思想，莫不有其特點，故獨立民族必有獨立學術，此我中華民族所當致力者也；所謂意，即民族意力（National Will），即民族之所欲云云者，是一個民族所具有的共同意志。張君勱最後指出，我國人民缺乏民族思想，至今日而已極。鄭孝胥、羅振玉與天津、閘北便衣隊之願為虎作倀，誠不免令人悲觀。然從他方而言之，如海外僑胞之捐資抗日，定縣平民之縮食犒軍，無一不流露民族復興之曙光。余覺我中華民族，若加以培養，假以時日，定有復興之望。不過民族復興，先則須從教養入手，俾三萬萬九千萬人民，咸認識其為中華民族之人民，乃當今根本問題。人民有教有養，民族情愛、民族知識乃能逐漸提高，其後乃由意志之統一，終則為行動之統一。如是民族可以自存，國家可以獨立矣。〔註15〕

張君勱關於民族國家的界定，其核心在於認定國家是全國人民的公共組織體，是全國人民的「公器」，而不是某一個階級、某一個政黨甚至是某一個人的「私產」。張君勱的民族國家，對外是以「民族」為本位，對內則是「以國家為基本或以民為主之大義」，〔註16〕這就導出了現代國家的第二個維度：現代國家亦是民主國家。所以在張君勱那裡，「所謂近代國家，就是一個民主國家，對內工商業發達，注意科學研究，乃至於軍備充實；對外維持其主權之獨立，領土之完整，且能與各大國相周旋；至於政府機構方面，一定有內閣、議會以至選舉制度。這都是現代國家的特色，亦即近代國家應具備的種種特點。此種現代國家之特點，萌芽於英倫，至法國革命後而大成於歐洲。鴉片戰爭後，歐洲國家踏進我們國土，我們最初所認識的是船堅炮利，最後乃知道近代國家的基礎在立憲政治，在民主政治，在以人權為基礎的政治。」〔註17〕

〔註15〕請參見張君勱著：《民族復興之學術基礎》，中國人民大學出版社，2006 年版，緒言第 245～248 頁。

〔註16〕張君勱：《中華民族之立國能力》，載於《再生》（上海），第 1 卷第 4 期，1932 年 8 月 20 日。

〔註17〕張君勱著：《憲政之道‧中華民國民主憲法十講》，清華大學出版社，2006 年版，第 136 頁。

　　張君勱信奉近代歐洲的政治哲學，特別是著名政治思想家如盧梭、洛克、孟德斯鳩等闡發的民主政治哲學。張君勱認為他們的學說與貢獻雖然各不相同，但是他們有他們的共同點：第一，人與人之平等，不論是皇帝、貴族還是平民，既然是人，就應該是平等的，在人格上都應得到尊重；第二，各個人有他不可拋棄的權利。任何人都具有人身自由、言論自由、信仰自由和集會結社的自由，故人權運動實在是民主政治最重要的基礎，因為沒有人權，就沒有民主政治了；第三，政府之設立，所以保護人民的生命財產。一個國家最低限度的責任，就是在保護人民的生命，使人人有飯吃，有衣穿，乃至於安居樂業；第四，政府既有保護人民生命財產的責任，所以它行使權力，是有限制的，是受憲法限制的。以上四點，就是人權運動時代各國政治學者所提出的共同要求，到了十九世紀，皆規定於憲法之中，成為具體的表現。〔註18〕

　　由此，張君勱認為國家存在的意義在於：「第一，國家的目的是在國家維持人民的生存，所以要保障他們的安全。譬如說，有一群人聚在一塊兒，就要問他們怎麼住，怎麼吃，怎麼行動。衣食住是靠生產靠買賣得來，不能靠搶劫得來的。他們自己一批人要吃要穿，不能從人家搶來，同時他們自己的東西，也不願意被人家搶去。所以一個國家有農工商及交通等事業，同時又有軍隊與警察，無非在維護人民的生命與安全。第二，人民所以要國家是在（國家能）保障人民的自由。一個國家有了幾千萬、幾萬萬的人口，你想吃得好，我也想吃得好，你想住得好，我也想住得好，你想種種享受，我也想種種享受，所以彼此之間不免有爭執與不平。國家為要使此等互相爭執之人民能相安起見，一定要有辦法保障人民的自由與權利。第三，造成一種法律的秩序。」〔註19〕

　　既然國家存在的必要性在於保障人民的自由與權利，那麼，國家應當通過什麼方法實現這個目的呢？在張君勱看來，恐怕沒有比法律更有效的手段了。人類面對稀缺的社會資源時，必然會產生利益上的衝突，如果不解決這種衝突，人類社會就可能走向毀滅；但如果衝突只用武力來解決，其後果勢

〔註18〕請參見張君勱著：《憲政之道·中華民國民主憲法十講》，清華大學出版社，2006年版，第137～138頁。
〔註19〕請參見張君勱著：《憲政之道·中華民國民主憲法十講》，清華大學出版社，2006年版，第139～140頁。

必產生一個靠「叢林法則」維持的弱肉強食的社會，那人類社會的秩序和正義就無從談起了，更談不上保護人民的合法權利了。故必須有個權威的第三者來主持稀缺資源的權威性分配，國家或者說政治產生的必要性正在於此。國家要設計一個大家普遍遵守的規則來調整人們之間的利益關係，這個規則就是法律，而法律的意義就在於其超越了人與人之間面對面的服從，從而建立可預期的普遍意義上的秩序。「所以從國家本身看，沒有法律，國家便無法維持其秩序，從人民全體看，沒有法律，也不能保障其安寧。簡單說一句，沒有法律，便不能成為國家了。」因此所謂近代國家，就是「法治國家」，即「以法律治國，不是以人治國」。〔註20〕

而法律又可以分為「私法」和「公法」，前者規定的是「人與人之間的關係」，譬如物權債權親屬法等，而後者則是「規定國家與人民的關係，同時規定國家中甲機關與乙機關的關係，譬如政府與議會及政府與司法的關係如何。」這兩大類——第一，國家與人民的關係，第二，國家中各個機關相互的關係——是屬於公法或憲法的範圍，因為它所管的，是國家的公共權力如何行使。所以憲法簡單來說，是規定公共權力如何行使到人們身上去，及其與立法、行政、司法相互間之關係。所以憲法是公法之一種，憲法是在種種法律之上的根本法。憲法「乃是一張文書，所以規定政府權力如何分配於各機關，以達到保護人民安全與人民自由的目的。」〔註21〕為什麼一定要在憲法中規定上述兩方面的關係呢？

首先，憲法要規定國家與人民的關係。張君勱認為，沒有國家是一件很可怕的事情，因為沒有國家，就對外言之，就是沒有國家來保護人民，就是亡國之民；就對內言之，就是國內沒有秩序，就是陷於混亂。但是有了國家，亦是件極危險的事，因為國家手上有兵權有警察有法院，它就可以隨便逮捕人民，它又可以借國家的名義一定要人民服從它，或者徵收人民財產或者要人民的性命，。國家權力既如此之大，所以憲法上每件事就是要防止國家的專擅，就是防止國家濫用權力。其次，憲法要規定國家權力如何確立與如何限制。一個國家，離不了立法、司法、行政三種權力，後者如中山先生再加

〔註20〕張君勱：《法治與獨裁》，載於《再生》（北平），第 2 卷第 9 期，1934 年 6 月 1 日。

〔註21〕請參見張君勱著：《憲政之道·中華民國民主憲法十講》，清華大學出版社，2006 年版，第 140 頁。

上考試、監察兩種。這三種權力，各有它的組織，各有它的職掌，各有它的限界。〔註22〕

　　張君勱就這樣通過對近代國家的界定這種近乎政治哲學的思辨方式，回答了國家為什麼要有憲法的問題。當然，張君勱也指出，憲法本身所以能夠存在，並不是一張紙片就能夠的，而是要靠國民時刻不斷的注意，然後憲法的習慣方能養成，然後憲法的基礎方能確立。就譬如我國，「從民國成立以來，所謂憲法、約法，或草案，已經不止一次」，然而「吾國憲政何以至今沒有確立」？這是為什麼呢？張君勱就此展開了闡述。

（二）吾國憲政何以至今沒有確立

　　從民國成立以來，所謂憲法、約法或草案，已經不止一次。明白一點來說，三四次，或者說七八次，也沒有什麼不可以這麼說。所謂約法所謂憲法之既已頒佈多次，何以條文自條文，政治自政治，好像有了憲法，也不過是一種具文？總而言之，吾國憲政何以至今沒有確立？

　　在回答上述問題前，張君勱首先提出了一個概念叫心態（Mental Attitude）或心習（Mental Habit）。張君勱認為人一方面是血液肉體，他方面有性靈，如瞭解力記憶力之類。所以人生是合肉體心靈兩面構成的，在他每天應付環境之中，就養成了習慣或心態。譬如說有人早起，有人晚起，有人勤儉，有人奢華，有人勤勞，有人懶惰，這都是一種習慣，不但個人如此，同時個人所處的社會也是如此，社會裏邊多數人中往往發現一種共同習慣。張君勱認為，中國近代以來的憲法得不到切實實施，就是因為國人存有的不良心態，即視憲法為具文的習慣。〔註23〕張君勱列舉並分析了導致吾國人「視憲法為具文」之不良心態的幾種原因：

　　第一，帝制自為。中國人的思想，都拿國家當為私產。買田地是置私產，貴為天子，富有四海，也不過是私產的擴大而已。可怕的是，這種思想到了現在還存在，不然何以有洪憲帝制、宣統復辟？帝王思想，還存在於吾國四萬萬人腦筋中，實在是民主政治的大障礙。

　　第二，割據一方。歷代帝王都抱有一種「帝制自為」的思想，而到了分

〔註22〕請參見張君勱著：《憲政之道‧中華民國民主憲法十講》，清華大學出版社，2006年版，第141～142頁。

〔註23〕請參見張君勱著：《憲政之道‧中華民國民主憲法十講》，清華大學出版社，2006年版，第146～147頁。

崩離析的時候，雖不能作一統天下的雄圖，卻未嘗沒有割據一方的思想。民國時代的張作霖，後來的孫傳芳、盧永祥等，也都受割據一方的思想的影響。

第三，越軌為能。我國人向來處於帝皇專制之下，既不知有國家，更不知法規為團體生活之所必需。反而時常以處於法外為自己的本領。為什麼國家既有法令，人民卻以不守為得意呢？因為吾國法律本來不公道，就是本來公道，一半人民也以不守法而自鳴得意。這是古代封建時期特權階級的殘餘憑契，但是時至今日還未能除根，而存在於一般土豪劣紳思想之中。

第四，舞文弄法。國家法律之所以頒佈，必有一種不得已的理由，才會有這種法律。所以法律的施行必需公平。人民看到政府施行法律是公平的，自然也認守法為當然的義務。但是我們聽見國民口頭常有幾句話：如視法令為紙上空文，官樣文章，敷衍塞責。這種話無非說拿法令不當一回事，而且能想出一種妙法，把法律的嚴重性躲避了過去。表面上看來，好像並沒有違法，實際上已經將法律的原意加以伸縮變通了。譬如米糧定額分配，每人一石，但是填報戶口時，不管家裏是否有五人，一律填寫五口，這就是舞文弄法的一端。這種欺騙行為，大家都知道，但是大家存心讓它過去，充分凸顯了我國人藐視法律的心理。

第五，治亂循環。我們在孔夫子時已有「人存政舉人亡政息」的說法，《三國演義》中的「天下大勢，合久必分，分久必合」或者說治亂循環四個字，最能代表中國人對政治的看法。我們國家從來沒有一種很好的政治制度，能使第一代好人所為，即便到了第二第三代，照樣繼續下去，中國政治是沒有制度基礎的。所謂制度的基礎有三個意義：一是法規確立；二是合議辦事，三是傳統繼續。

第六，人民愚昧。幾千年來愚民政策的結果，就是多數人的愚昧與窮苦。他們既不知道自己的人格，更不知道憲法上給予他們種種基本權利，自然想不到他們有選舉人資格，可以投一票來決定在野黨在朝黨的進退。試問人民在這種狀態中，如何能行使人民權利，擔當國家的責任呢！

除以上六種原因外，不關於一般社會情形，而是受歐戰以來世界潮流的影響的，就是領導革命的人，舉棋不定。民國初年，大家的思想，是走向英美的民主政治，所注重的是憲法、議會。政黨、責任內閣與地方自治等事。這些事實便為革新政治的目標。及蘇俄革命與德意志兩國法西斯主義橫行之日，我們的政治又走到世界革命無產者獨裁，乃至一黨獨裁的路上去了。所

以這種自己認識也忽東忽西起來，這也是造成國內政治混亂的一個原因。
〔註24〕

張君勱認定，以上七種，即是民國以來我國憲政不能確立的原因。這七種原因，表面上似乎很複雜，但是國家的治亂興衰，不外乎兩種人，即治者和被治者，所以只要我們瞭解這兩種人的地位及其權利義務所在，就不怕國家不上軌道，不怕人民不能安居樂業了。

首先對於治者，張君勱指出治者係「手握大權，決定政策，頒佈法令，賞罰進退天下人物，他的地位是很高的。但是他不過是一副大機器中一個發動機而已，他的地位是在全副機器若干連環中之一環，並不能拿國家的事，當為一己家事」。作為治者，必須有這個觀念，特別是治者「假定社會黨領袖或一國總統，應先得到黨的擁護和民眾的擁護。就是說他的事業在謀黨和國家的發展。在二者有衝突時，應該先國而後黨。他在執行職務時，第一，應該遵守國家基本大法的憲法，第二，應忠實執行一切法規，如預算法、征兵法。處處依法行事，不可稍有逾越。」張君勱列舉了美國的例子指出，美國歷屆總統，有的是庸人，有的是非常人，所以他們的政策，有高明與不高明之分，但他們看憲法與法律，是神聖不可侵犯的這態度是各人一致的。就是在與敵黨競爭時，也不敢因為他要奪取政權，把道德的規律一切破壞毫無顧忌。美國廣播電臺，係私人事業，要用電臺做政治廣播要花幾百萬美金。羅斯福與杜威競爭時，如羅斯福講了一個鐘頭，那就不能不讓杜威也講一個鐘頭，以表示對於彼此雙方，是同樣的公平的。惟其雙方能公平競賽，所以政治競爭中，也有道德規矩存在。假定甲黨為求勝利之故，置道德法律於不顧，他黨亦復如此，這樣一個國家，除成為無法無天外，尚有何話可說。〔註25〕法律特別是憲法首要的是要限制治者的權力，治者尤其要注意在法律的範圍內行事，張君勱認為，這是治者首先要認識到的。

而對於被治者，張君勱認為其四萬萬人，不管高至領袖，低到乞丐，都使國家的主人翁。因為從主權屬於國民來說，他們都是國家主人翁。張君勱認為國內經常有人認為我國國民程度不夠，事實上人民程度夠與不夠，完全看人民有無衣食有無智識。在張君勱看來，有了衣食，才有智識，有了智識，

〔註24〕　請參見張君勱著：《憲政之道‧中華民國民主憲法十講》，清華大學出版社，2006年版，第147～149頁。
〔註25〕　請參見張君勱著：《憲政之道‧中華民國民主憲法十講》，清華大學出版社，2006年版，第150頁。

自然有禮義廉恥之心。假定國家年年內亂，人民求安居而不得，再燃無教無養。可見人民程度足與不足，全看國家有無教養。假定國家天天在內亂之中，人民程度永不會夠的。可見人民程度之提高，在於教養之普及，而教養方法之普及，又看國內和平是否確立。簡單地說，人民程度夠與不夠，責任在治者身上，不在被治者身上。第一，要有衣食足，而後知榮辱；第二，要他有教育，既富矣，又何加焉，曰教之。這樣，張君勱將「吾國憲政何以至今沒有確立」的根源落到人民的程度即民主憲政意識不夠，程度即民主憲政意識不夠又源於人民的教養不夠，人民的教養不夠則在於治者不夠重視，最終將責任落實到治者身上，「治者」必須負起對「被治者」的教養責任。所以張君勱在中山大學法學院的演講中曾一針見血地指出，「中國愚昧的人占多數，不識字的文盲，較其他國家為多，平民教育，至今空有其名。」所以國家或者說「治者」必須大力普及教育，使人民掌握一個現代人所應該具有的「知識與做人的道理」，形成對國家大事、行政好壞等等問題的「判斷力」，而萬萬不可以傳統的「民可使之不可知之」的愚民態度對待人民。〔註26〕

但是對於現代民主國家中的國民來說，教養兩端還是遠遠不夠的。張君勱認為，現代民主國的國民，他們有「參預政治之權利，須辨別哪個人應當選，哪個人不應當選，所以他得有參預政治的熱心或行使公民權利的能力。」人民不應但居於袖手旁觀地位，因為他只知道從旁批評，會養成「看人挑擔不吃力」的習慣。所以張君勱認為政府一定要使熱心政治的人到議會裏去當議員，親聽見政府報告，與實際政治情形相接觸。同時允許國民做反對黨，使國民批評政府的時候，同時須拿出自己的政見，自己的辦法來，這樣國民對國家政治自然就養成責任心。〔註27〕只要全國人民都養成了這種對國家政治的責任心，那民主政治的實現也就指日可待了。

張君勱非常注重制度的作用，他指出，即使有了良好的治者與被治者，假定沒有好制度，民主政治還是不能長久的。所以張君勱又提了三點建議，所謂對症發藥的一部分。

〔註26〕張君勱：《我與憲法——在廣州中山大學法學院的演講》，載於《再生》，第2卷第9期，1934年6月1日。另請參見張君勱：《英美法德日俄六國制憲由來及憲政實行之條件》，載於《再生》（重慶），第94期（憲政專號），1944年4月30日。

〔註27〕請參見張君勱著：《憲政之道·中華民國民主憲法十講》，清華大學出版社，2006年版，第151頁。

　　第一，基本事項的調查。所謂基本事項，分爲人口與土地，張君勱認爲這在西方現代國家的非常普遍卻又非常重視的，沒有這兩種調查，現代國家的民主政治，是無法施行的。

　　第二，公開。張君勱現代民主政治的最大要點，就是公開。所謂公開，就是不管行政司法立法一切都可讓人民知道。帝皇時代，皇帝深居宮中，靠太監或大臣傳達命令，而在傳達命令中乃由擅作威福、狐假虎威等事；但是在民主國中，這些現象都不見了，就因爲一切公開之故。故「公開」二字除了議事、審判有記錄，政府發佈公告有記錄外，還有一個意義，就是任何事情，不許有第二人可以假託命令。公開的好處，就是發動人的意思和執行人的意思，一切擺在公衆面前，無法播弄是非，顛倒黑白。行政、立法、司法的公開，就是民主政治之特色。

　　第三，制度基礎。張君勱非常重視制度建設，因爲現代的民主政治基礎決不建築在一個人身上，國家大政至少分在三個機關手上：立法、行政和司法。而由三個機關來分擔國事，能夠做到一面相互牽制，一面相互合作，所以國事的處理不只靠一兩個人還是要靠制度來保證。立法院通過並頒行全國的法律，行政部執行這種法律，司法部則是根據法律判決民刑訴訟。〔註28〕

　　總而言之，明白了中國民國憲政不能成立的原因，也就明白了今後補救的方法，而其最關鍵之處就在於改造治者與被治者的資格，一言以概之，就是要養成新的心理態度，然後才有新的民主政治。

（三）人權・自由・民主

　　在破解吾國憲政何以至今沒有確立這個問題中，張君勱事實上提出了一個關於憲政之前提的問題。關於憲政之前提，如前所述，張君勱認爲應該從兩個方面看，一方面是政府，一方面是人民，而張君勱認爲最重要的還是國民要有憲政意識。

　　張君勱在《民主憲法十講》第一講的最後特別著重指出：「憲法本身所以能保存在，並不是一張紙片就夠的，而是要靠國民時刻不斷的注意，然後憲法的習慣方能養成，然後憲法的基礎能力方能確立」。〔註29〕張君勱指出，有了

〔註28〕請參見張君勱著：《憲政之道・中華民國民主憲法十講》，清華大學出版社，2006年版，第151～153頁。
〔註29〕張君勱著：《憲政之道・中華民國民主憲法十講》，清華大學出版社，2006年版，第142頁。

憲法，國家也並不一定就能走上和平的途徑。譬如法國革命之後，忽而皇帝，忽而君主，忽而共和，就可以證明一篇憲法的文章是靠不住的。「要憲法靠得住，就要看人民對憲政的警覺性如何。譬如說憲法規定人民有言論自由，而政府隨便封閉報紙，倘若人民恐怕提出問題之後，政府便來與他爲難，便不敢說話，這樣的言論自由是無法保障的。所以人民或訴之於輿論，或訴之於法律，使政府不敢封閉報紙或停止郵遞之權，然後人民的言論自由乃有眞正保障。」假定人民對自己的權利及政府的不法橫行，一切淡然處之，不以爲意；人民的心理如此，憲法是決不會有保障的。所以張君勱最後奉告諸位的一句話就是：「你們對自己的權利有警覺性，自然就有憲法，否則若是你們自己沒有膽量維護自己的權利，那麼儘管有一篇美麗的憲法，也就是孟子所說的『徒法不能以自行』了」。總而言之，張君勱認爲人民對於他的權利的警覺性，乃是憲政的第一塊礎石。〔註30〕著名政治學家薩托利在分析憲政時曾精闢地指出，憲政是「保衛個人自由的體制」，〔註31〕由此可見，憲法對於個人權利的法律保障是憲政有別於其它任何政治體制的一個核心要素。正是在這個意義上，張君勱一針見效地指出：憲法對於個人權利的保障是憲政的第一塊基石。

張君勱呼籲保障基本人權，主要在40年代第二次憲政運動期間。此前，國民黨爲加強其一黨專政，肆意剝奪和踐踏人民的各種自由權利，打擊迫害包括張君勱本人在內的民主和愛國人士。張君勱等借國民黨成立憲政實施協進會之機，巧妙地利用其合法性，在全國範圍內發起了一場反對國民黨一黨專政，要求在中國實現民主憲政的運動。1944年1月，張君勱聯合黃炎培等在重慶發起「民主憲政座談會」，呼籲開放黨禁，改革政治，實施憲政，保障人權。1月3日至5日，張君勱在成都的《新中華日報》上發表了《人民基本權利三項之保障——人身自由、結社集會自由、言論出版自由》一文，呼籲保障人民的基本人權。在該文中，張君勱開門見山直奔主題：「吾國之語曰：民爲邦本；西方之語曰：國之主權在民。然民之所以爲民之地位，苟在國中一無保障，而期其成爲邦本，期其行使主權，蓋亦難矣。」〔註32〕在這裡，

〔註30〕張君勱著：《憲政之道・中華民國民主憲法十講》，清華大學出版社，2006年版，第142～143頁。

〔註31〕請參見（意）薩托利著、曉龍譯：《「憲政」疏議》，見劉軍寧等編：《市場邏輯與國家觀念》，三聯書店，1995年版，第103頁。

〔註32〕張君勱：《人民基本權利三項之保障——人身自由、結社集會自由、言論出版自由》，載於《新中華日報》，1944年1月3～5日。

張君勱明確提出，沒有人權之切實保障，民爲邦本和行使主權的目標斷難實現。張君勱接受西方政治理論關於人權的理念，認爲人權包括人身自由、結社集會自由、言論出版自由、信仰思想自由、通信秘密自由以及享有選舉權和擔任公職的權利等等，而其中，最重要的是前三項，張君勱視之爲基本人權。

　　首先關於人身自由，張君勱認爲這是最最基本的人權，而其它人權皆立基於其上。在張君勱看來，既然是一國之公民，那理所當然就享有選舉權與任公職權等各項權利，但這些權利均是以人身自由權爲基本前提的，如果人身自由都不能得到保障，那就是有選舉權和任公職權等種種權利又有何用呢？正因爲人身自由權爲最基本之人權，故各國憲法都規定要限制或剝奪人身自由必須以法律爲依據，也就是說，若無具體的法律規定，國家不得隨意限制或剝奪人民的人身自由。譬如比利時憲法第七條規定：「人身自由與其保障，除法律所規定並依法律所規定方式外，任何人不受告發。除現行犯外，非有法庭所發之拘捕狀在拘捕時提出，或在二十四小時內提出外，任何人不受拘捕。」又有蘇聯憲法第一二七條規定：「公民身體有不受侵犯的保障。任何公民非經法院之判決或檢察官之批准，不受逮捕。」〔註33〕然而在今日之中國，政府不但不積極保護人民的自由權利，反而任意蹂躪人民的人身自由，長此以往，實非國家前途之福。爲此，張君勱特意提出了五點補救之計：

　　（一）政府以明令昭告對於人民之人身自由，予以保障。

　　（二）非法院命令不得拘捕人民，或限制人民自由。

　　（三）法院倘對於人民限制其人身自由或拘捕之者，應立即說明理由，通知家屬。

　　（四）政府應許被拘及被限制自由者以申訴之權利。

　　（五）人民倘果有罪，應限期提審，不得長令其居於囹圄中，而無可告訴。〔註34〕

關於結社集會自由，張君勱指出這也是近代西方民主政治的產物。但由於結社集會並非個體行爲而均集體行爲，所以近代歐洲各國的憲法也未曾許以無

〔註33〕張君勱著：《憲政之道・中華民國民主憲法十講》，清華大學出版社，2006 年版，第 159 頁。

〔註34〕張君勱：《人民基本權利三項之保障——人身自由、結社集會自由、言論出版自由》，載於《新中華日報》，1944 年 1 月 3〜5 日。

限制之自由或無限制之權利，而是視其目的是否平和，只要不以擾亂治安爲目的，不以牴觸刑法爲目的的集會法律還是予以保護的，政府不得干涉。張君勱特別指出，歐洲各國憲法同時還明確規定了判定人民的結社集會是否平和是否與刑法相牴觸，應由司法局審決，而不允許行政機關自由衡量。譬如比利時憲法第十九條規定：「比利時人民不必須要事前的准許，即有平和的且不攜帶武裝的集會之權利。但須遵照規定此項權利行使之法規。」瑞士憲法第五十六條規定：「人民有結社之權利，但其目的及行使方法，不得對於國家有危險或違法之事，各州得以法律頒佈必要之處分，以防止其弊害。」〔註35〕張君勱特別強調保障人民政治結社自由權的積極意義：「第一，政治結社可以使人民能集體發表意見；第二，各種政治結社可以互相切磋；第三，政治結社可以養成民間領導政治人才，使其發爲負責的言論；第四，政治結社可以使朝野各黨各有互相監督的機會。」結合當今中國的現狀，張君勱亦提出兩條方法來解決中國一直未能解決的結社問題：「（一）關於普通結社，國民政府曾頒佈有人民團體嘴直條例，此事既關係到人民的基本權利，應以法律明確規定，以昭愼重。（二）關於政治結社，其宗旨不與民國立國大原則相牴觸者，一律許其公開，並由法院根據憲政精神，制定政治結社法，以昭信守，其要旨有二：（甲）養成各政團的合法活動；（乙）促成各政團在抗戰期內及戰後對於國事之團結。」〔註36〕

關於言論出版自由，張君勱認爲這也是民主憲政不可或缺之要素，有之則爲民治，無之則爲專制。近代歐美各國的憲法也都有關於人民言論出版自由之規定，譬如比利時憲法第十八條規定：「報紙是自由的，檢查制度不許設立，不得向著作人、出版人及印刷人要求保證，如著作人爲大家所知道的，並且是比國居民，此項出版人、印刷人或販賣人不應受控告」。〔註37〕在張君勱看來，人民的言論出版自由關係著兩方面的利益：一是人民，言論出版自由這是人民的基本權利，必須承認，假若人民而無言論自由，那麼學術上必然無進步，政治上必然無改良。二是國家，倘若許多人發癲狂無忌之言，則

〔註35〕 張君勱著：《憲政之道・中華民國民主憲法十講》，清華大學出版社，2006年版，第160頁。

〔註36〕 張君勱：《人民基本權利三項之保障——人身自由、結社集會自由、言論出版自由》，載於《新中華日報》，1944年1月3～5日。

〔註37〕 張君勱著：《憲政之道・中華民國民主憲法十講》，清華大學出版社，2006年版，第160頁。

治安混亂、法紀蕩然無存，影響政治的穩定。故所有國家都應該考慮人民之基本權利和國家之政治穩定這兩方面的利益，在憲法上准許人民享有言論出版自由，同時又以具體指出版法規定言論出版自由的範圍，使人民之言論出版自由有法可依。

綜上所述，張君勱認為人身自由、結社集會自由和言論出版自由是三項最基本的人權，唯有首先使這三項自由權利得到切實保障，而後憲政才有堅實之基礎，這就猶如造屋之應有石基、治水之應究其源頭一樣。後來，張君勱又將此文提交給憲政實施協進會討論，引起了委員們的關注。

因為自己的切身之痛，更是為了喚起人們對人權保障問題的關注與重視，張君勱又先後發表了《兩時代人權運動概論》《威爾斯氏政治思想及其近作人權宣言》《法國人權協會之人權宣言》等一系列文章，將西方的人權思想系統地介紹給國人。張君勱指出，人權的出現是「人的發現」的後果，人權運動起源於歐洲的文藝復興和宗教革命，人權運動是對專制王權與貴族的反抗，其理論依據是社會契約論，即謂國家由人民統一而成，故政府權力不得超出人民統一之範圍，政府之職責在於保障和發展人民的權益。張君勱認為社會契約論「雖不必與歷史上之事實相符，然而立國之正當理由就殆無一而能逃出與社會契約與人權學說之外圍之外者」。〔註38〕應當說，張君勱對社會契約論的認識是非常深刻的，社會契約論主張國家源於人們的契約，故政治權力來自於參與契約的人們的授予，故政府存在的依據就在於保障人們的權利，張君勱將人權與社會契約論聯繫起來，可謂深得其味。

目睹一戰以來生靈塗炭、哀鴻遍野，人權不僅沒有得到切實保障反而遭到蹂躪和摧殘的不堪現狀，張君勱作了深刻的反思。在張君勱看來，人權之所以被蹂躪和摧殘，是起於三個方面的原因，「一曰起於政治，二曰起於經濟，三曰起於國際」。所謂「起於政治」，張君勱指的是以 1917 年俄國開其端，法西斯德意繼其後並變本加厲的專制政權的建立。張君勱認為，這兩種政治「皆以一黨獨主國家大政，其不為在朝黨之黨員或與之意見相左者，則不得有言論結社之自由與夫予聞政治之權利，甚且投之囹圄之中，是專制之制毀壞人民自由權利者一。自美國獨立、法國革命以來，其最重要之立國原則，曰主權屬於人民全體，曰法律為人民總意之表示，今採專政之制者，皆明標一黨

〔註38〕請參見張君勱：《兩時代人權運動概論》，載於《民憲》，第 1 卷第 9 期，1944年 11 月 12 日。

治國之旨，雖人民尚能投票選舉，不過徒有虛名而已，此專政之制推翻主權在民之原則者二。專政制度之下其最大之罪名爲政見不同，最恨反對黨或主張不同之人，若此人者逮捕之、拘禁之，或置之於死地，彼等本此見地以定人之有罪無罪，則不待法庭之審判而罪案已定矣，此專政之制違反司法獨立者三」。所謂「起於經濟」，張君勱指的是，19 世紀以來人們爭取財產保障、營業自由和放任政策，以爲有了從事於農工商業之自由和財產之保護，則全社會人民就能自臻於幸福與欣欣向榮之境。誰知工業革命以還，資源開發矣，富力增進矣，新發明之事物日出不窮矣，然而眞正能享受科學與技術上所產生之成果的只是少數資本家，大多數勞工其恃工資度日如故，不能有所蓄積如故，居室之破敗如故，生無以養、死無以葬如故。而「社會公道之實現，以達於多數勞工之各得其所者，猶甚遼遠」。而所謂「起於國際」，張君勱則指出，近代大工業之興，起於科學的發明，而其出現於市場，則爲國際資本主義壟斷，日處於相互競爭之中，繼則以利害相同而結爲國際間的壟斷組織。這樣使得那些本來工業生產比較落後的國家，處境艱難，民族工業無以自存而紛紛破產。更爲嚴重的是，爲了爭奪原料產地和銷售市場，各資本主義國家加強了對弱小國家的掠奪和侵略，或把他們變成自己的殖民地，或把他們變成自己的勢力範圍，使這些弱小國家的民族既受人壓迫，其人權也就必然「受人踐踏」。〔註39〕所以二十世紀之人權，不像十九世紀僅在憲法上加以規定，現在更要加上一種國際法的保障了。聯合國會議開會後，就在其序言中明白規定：「吾人對於基本人權，對於人身的尊嚴及價值，對於部分國家大小，不分男女之平等權利，重新聲明吾人之信念。」其憲政第六十八條中，更規定須設立經濟及社會事項委員會，並促進人權之委員會。現在此項社會經濟委員會正在提議一種國際人權法案，以備拿國際條約來對各國人權予以保障。〔註40〕

張君勱還指出，歐美人權運動由來甚久，特別是 1774 年 9 月美國弗吉尼亞州之權利宣言，1776 年 7 月美國獨立宣言和 1789 年 7 月法國人權宣言，更是人權運動中之最重要的文獻。但是我中華民國的革命，雖然也同受法國革

〔註39〕以上請參見張君勱：《法國人權協會之人權宣言》，載於《民憲》，第 1 卷第 12 期，1945 年 3 月 15 日。
〔註40〕請參見張君勱著：《憲政之道·中華民國民主憲法十講》，清華大學出版社，2006 年版，第 156 頁。

命和美國獨立的影響，但是心目中認為最重要的對象，就在於推翻滿清建立共和，乃至成立政黨政治之類，至於所謂人權運動，始終沒有成為重要因素。張君勱還特別提到革命領袖孫中山先生在三民主義演講中，雖也討論到人權問題，但他受歐洲歷史學派及邊沁學派駁斥天賦人權的影響，主張革命人權。張君勱對此深不以為然，張君勱認為，所謂人權，即所以保障全國人民之權利，就是說凡稱為人都應有同樣的權利，不能說你參加革命，便享有人權，而不參加革命者，便不能享有人權，革命的工作是要確立人權，而非限制人權。〔註41〕

那麼到底所為「人權」，其意義何在呢？張君勱認為，既成為國家，大權操之於國家之手，人民對於政府，不能不服從其命令。但國家對於人民，無論權力怎麼強大，總要劃定一個範圍，說這是你的命，這是你的財產，這是你的思想和你的行動範圍。在這範圍內，便是各個人民天生的與不能移讓的權利。在這範圍內，國家是不能隨便干涉強制的。再在範圍內，各個人所享有的權利，便叫人權。當然，人權觀念是因時代而進步的，人權的具體內容也是與時俱進的。〔註42〕但無論如何，惟有保障人權，然後政府地位愈加鞏固。因為人民有人格，明禮義，知廉恥，自然成為一國中之中堅分子。所以尊重人民，即所以保障政府尊嚴。一國要希望人權得到保障，第一，要拿人民當人，不可拿人民當奴隸；第二，保障人權，政府權力自然受到限制，但政權上之限制，即所以擡高人民地位，為國家百年大計，是合算的；第三，萬不可拿一部分人民作為一黨之工具，蹂躪其他人民之權利，這種做法無非政府自身才去卑劣手段，徒使國家陷於混亂，夠不上說什麼治國平天下的道理。〔註43〕

張君勱還指出了今後人權思想的發展方向，他認為，昔日的人權思想可以說是個人的，放任的，國內的，那麼今後的人權思想則應為社會的，計劃的，國際的，人權問題不僅僅是一個人、一個民族、一個國家的事情，而是公共事務，是全世界範圍內的事務，是國際民主政治的基礎。而就目前中國

〔註41〕請參見張君勱著：《憲政之道・中華民國民主憲法十講》，清華大學出版社，2006年版，第155～156頁。

〔註42〕請參見張君勱著：《憲政之道・中華民國民主憲法十講》，清華大學出版社，2006年版，第157頁。

〔註43〕請參見張君勱著：《憲政之道・中華民國民主憲法十講》，清華大學出版社，2006年版，第167頁。

而言，張君勱認爲我們應該在強調個人種種自由權利的同時，不要妨害集體或社會的利益和需要，在重視集體或社會的利益和需要的同時，也應保障個人的種種自由。〔註44〕總而言之，張君勱之人權思想可以說是達到了其同時代人的高度，爲其憲政思想奠定了一堅實基礎。

張君勱聲嘶力竭地呼籲保障人權，其最終目的就是保障人民的自由。張君勱在其早期的著作《立國之道》一書中指出：「一國之中最不可少者有二：甲曰政府之權力；乙曰國民之自由發展」。〔註45〕而事實上，任何個人都不能離開社會與國家而單獨存在，故如何在社會政治生活中，兼顧國家的政治秩序、社會的普遍福祉與個人的自由發展，乃是現代民主政治的核心問題。

張君勱指出，歐洲自民主運動開始以來，有所謂天賦人權說，以爲人類生而自由平等，享有人身、言論、結社等自由。天賦權利之說，雖一再爲歷史學派所痛駁，然其影響甚大。西人自由以至成年，隨處都養成其自己獨立、自己負責、自動自發的精神。惟認定各人獨立平等之人格與權利，且以教育方法從而養成之，各人在家既能措置一家的事，及其爲國奔走，自能爲國家擔當大事。遠涉國外時，能獨立主持殖民地事務。如英人之往美、澳、非各洲者，各成其聯邦。上海香港之西人，有所謂工部局與立法院。這都是西人知自由獨立平等之重要，且有自動自發之精神的最好實例。反之，吾國君主專制時代，唯有唯唯諾諾、奴顏婢膝之人民，爲政府所驅策，如同牛馬。大小官吏愛說假話，士大夫逢迎上官意旨，隨聲附和。此種國民在國內平日不能擔當立國之大任，遇到敵國外患時，則奔走於敵人之門，而反叛其祖國。課件但有唯唯諾諾之百姓，如何而能成爲現代式國家？歐洲各國近百年來深切覺悟，能知自由民權之眞正價值，所有有自治與議會等制度。熟知歐戰之後，因社會上政治上反常的影響，乃生意大利之法西斯主義，德國之民族社會主義，把自由主義看做一文不值。此乃一時的現象，不能視爲政治上的常軌。〔註46〕

那麼什麼是自由呢？對此，張君勱並沒有做出正面的回答，但審讀張君

〔註44〕請參見張君勱：《兩時代人權運動概論》，載於《民憲》，第1卷第9期，1944年11月12日。

〔註45〕張君勱著：《政制與法制》（《立國之道》），清華大學出版社，2004年版，第84頁。

〔註46〕張君勱著：《政制與法制》（《立國之道》），清華大學出版社，2004年版，第85頁。

勱對明日中國文化出路之設想，可知張君勱所理解的自由，是一種「精神自由」。張君勱認爲，精神與物質相對待：物質者塊然之物，無心靈、無思想，故無所謂精神；人類有思想、有判斷，能辨善惡，故有精神。此人類之所以異於物質也。而所謂「精神之自由，有表現於政治者，有表現於道德者，有表現於學術者，有表現於藝術宗教者。各個人發揮其精神之自由，因而形成其政治、道德、法律、藝術。在個人爲自由之發展，在全體爲民族文化之成績。個人精神上之自由，各本其自覺自動之知能，以求在學術上、政治上、藝術上有所表現，而此精神自由之表現嗎，在日積月累之中，以形成政治、道德、法律，以維持其民族之生存。故因個人自由之發展，而民族之生存得以鞏固。」〔註47〕

　　張君勱認爲，在「君主政體之下，國民之於納稅當兵也，曰法令所在，不敢不從。其從政時之守法，亦曰法令所在不敢不如此。假令國民之義務、官吏之守法，完全以憚於政府之權力，而不敢不如此，此乃命令下之守法，命令下之道德，而非出於個人精神上之自由也。吾國人之立身行己，與乎處於政府之下，皆曰有政府之命父母之命在，而不覺其爲本身應有之責任。此命令式之政治、命令式之道德與夫社會上類此之風尚一日不變，則人之精神自由永不發展，而吾國政治亦永無改良之一日。」爲什麼會這樣呢？因爲「個人之生活，不離乎團體，不離乎國家。團體國家之行動與法律，所以保護個人；個人各盡其心力，即所以維持團體。故其守法、其奉公，皆出於個人固有之責任，以自效於團體之大公，而非有憚於他人之威力也。此自動之精神不存在，即責任心無由發生；而求如西方人之於自己工作、於參與政治、於對外時之舉國一致，皆能一切出於自動，不以他人之干涉而後然者，吾將何以致之乎？」〔註48〕在此，我們可以看到張君勱提倡「以精神自由爲基礎的民族文化」，並且以這個新民族文化作爲政治社會改造之先驅，以國民的主動性與責任心來促進社會的進步，我們不能否認這樣一種可能：張君勱的精神自由或許就如哈耶克所說的，「完全有可能發生這樣的情況：一個民族因遵循被該民族視爲最智慧、最傑出的人士的信念而遭致摧毀，儘管那些『聖

〔註47〕　張君勱著：《政制與法制》（《立國之道》），清華大學出版社，2004 年版，第86 頁。

〔註48〕　張君勱著：《政制與法制》（《立國之道》），清華大學出版社，2004 年版，第87 頁。

人』本身也有可能是不折不扣地受著最無私的理想的引導,在一社會中,其成員如果仍有自由選擇自己的實際生活方式,那麼上述危險就會大大減少。」
〔註 49〕

張君勱認為:「自由的意義很複雜。簡單舉例來說,所謂公民自由,即身體財產不受限制之謂;信仰自由,即宗教或思想上不受限制之謂;政治自由,即人民有參與政治之權利。這種種自由,歐美國家自從初期民主政治運動以來,即為大家所公認。既為人民,須許他參與政治,自由發表意見。各個人發展其至善,為國家全體增加力量,而後對外作戰,乃能一直抵禦外侮。人民在國內,一方負種種責任,他方則享受相當自由。自對內言之,自由二字之意義,在某種範圍內,不受政府之干涉。在對外言之,分子之自由發展,即所以謀大團體對外力量之增加。從國家全體言之,自由與權力二者,不是兩相對立的東西」。總而言之,個人自由寄託於國家身上,國家全體亦賴個人之自由而得其牢固之道。張君勱沒有直接回答什麼是自由,而是指出了自由的價值所在,「自由學說之最大價值,在其能養成獨立人格與健全公民。這一點不可磨滅之價值,可以垂諸千百年而不變。」張君勱進一步引用德儒洪勃爾脫(Humbolt)的名言指出,人類之真正目的,即個人良心之支配,即為人類能力最高向最協和的發展。若政府加以過多之拘束,不獨減少自由,且陷全國於雷同附和與夫不自然的動作。對此,張君勱非常贊同穆勒約翰(John S.Mill)的觀點,凡一民族不能以自然的行動圖公共利益之發展,或關於公共事項坐待政府之發縱指示者,則民族之心能,只可謂半開半塞,蓋關於至重要之方面,教育大有缺點也。故張君勱強調:「一國之大多數人民,不養成自由人格,不由自動自發之精神以參加國事,而件件賴政府之批示,則此國家之基礎當然不健全,不牢固。」〔註 50〕個人的自由發展,是一個國家健全與否、牢固與否的根本前提,這就是張君勱體認西方自由價值之所在。

當然,張君勱作為一個徘徊在政治與學術邊緣的政治實踐家與思想家,他並沒有天真地建構「精神自由」柏拉圖式天國,忽視了外在的制度對公民自由的保護,而是力圖在「精神自由」與外在制度的構建之間尋求某種平衡與結合。這種外在的制度就是民主。

〔註 49〕 (英)F.A.哈耶克著、鄧正來譯:《自由秩序原理》(上),三聯書店,1997 年版,第 78 頁。

〔註 50〕 張君勱著:《政制與法制》(《立國之道》),清華大學出版社,2004 年版,第 85～86 頁。

「民主」是張君勱建構其政治思想體系的一個極爲重要的範疇，在張君勱的論著中得到了集中的闡述。張君勱認爲，歐美今日之民主政治，以古希臘、古羅馬之民主政治爲濫觴，英國之《大憲章》及瑞士等小民主邦，則是現代民主政治之先驅，而眞正的民主政治在法國大革命後與美國獨立以後乃始產生。張君勱引用英國蒲徠斯的話說「民治政體這個名詞從黑雷多托斯（Herodotus）以來，都用指示一種『政府體制』，在那種政府之下，國家的統治權在法律上不是屬於一個或幾個特別階級，是屬於全『團體』的分子。這意思即是說，在一個行投票方法的團體內，統治權力屬於多數的。」張君勱由此得出民主政治的要點有三：「一、統治權屬於全團體的分子。二、各分子之意思表示靠投票。三、投票不能求全體人民之一致，只可以多數取決。」〔註51〕

張君勱研讀西方政治理論，認爲現代民主政治，以民約論和天賦權利說爲基礎：「民約論中所主張的政治基礎，在乎得被統治者之同意。即是說：（一）各個人皆有其意志，須得讓他自由表示出來。（二）要意思有所表示，須與以選舉權。最好能辦到普選，不然限制的選舉，亦未爲不可。（三）既有選舉，民意機關如何組成？這些問題正巧碰到英國曾試行代議政體，各國即以英之代議政治爲民意問題解決之方法。此其所以兩院制度逐漸推廣於各國，但是各國兩院中的份子是與英國兩院不同的。譬如美國上院代表聯邦，法國上院代表各省，英國上院代表貴族。西歐各大國家都有幾千萬的人口，全國人民的意思表示，既不能開全體大會，只好採用代議制了。兩院是立法機關而不是執行機關，所以在議會之外，有內閣或行政部。內閣根據議會的決議，計劃財政，準備國防，興辦教育等等。這種名曰行政活躍大政方針。」〔註52〕張君勱由此得出民主政治的基礎有四點，即人民意願表示；人民投票；開設議會；內閣主持大政。

張君勱還總結了民主政治的優點：「第一，人民的基本權利受憲法保障，所以能自由發表意見，而無備強迫之痛苦；第二，大政方針和預算，皆須預先想民眾表示，或取決於民眾，所以無法妄作妄爲；第三，政府有不法之舉

〔註51〕張君勱著：《政制與法制》（《立國之道》），清華大學出版社，2004 年版，第59頁。

〔註52〕張君勱著：《政制與法制》（《立國之道》），清華大學出版社，2004 年版，第60頁。

動，人民得依法提出彈劾；第四，政府的行動、法律的變更，皆鬚根據憲法，惟其如此，人們今日所享之權利與保障，不致在明天被剝奪或變更了；第五，人民有思想信仰等自由，所以，學問家、改良家與技術家得努力於新學說、新理想與新發明；第六，各黨各派不論其所代表的是貴族、中產階級或爲平民，大家皆可發表意見或提出議案，至於能否實行須視其議案是否爲人所贊同；第七，所謂地方自治……人民自治能力因此養成，自然能愛國，能擔當國家職務。本此經驗，人民對於議會討論或組織內閣，自由然參加的能力；第八，民主政治以和平解決爲基礎，除有記不得已事故而外，很少用武力解決政見之爭端；第九，民主政治富有伸縮性……；第十，民主政治……靠憲法與其他種種制度，可以維繫一切，不致有『人存政舉、人亡政息』的情形。」〔註53〕另外，張君勱還特別指出，民主政治還有保護人民主權或人民自由的種種方法，譬如憲法、譬如三權分立的原則等等，爲人權之保障奠定了外在的制度基礎。

綜上所述，張君勱的民主理念的核心就是以人權爲本、以自由爲目的。張君勱接受了以康德爲代表的德國思想家「道德之原則，應以人類爲目的，不應以人類爲手段」的觀點，並將之引入社會與政治領域。對於張君勱民主思想的這樣淵源，唐君毅曾撰文評價，張君勱「大體是從西方之康德到倭伊鏗之理想主義來講民主……他認爲民主的理論基礎是人性與人格的尊嚴，而人性與人格的尊嚴，是一道德的觀念，是一種倫理的思想。這種思想也就是德國哲學家倭伊鏗、康德之思想」。〔註54〕故張君勱的民主政治思想具有濃重的政治道德主義的色彩，更有社會契約論留下的深刻烙印。張君勱自己的一段話也清晰地說明了這個淵源：「歐洲希臘與夫近代各國，其政治學之重心。厥在以國家爲團體，以國家爲道德的團體。……迄於近代，社會公約（Social Contract）之說昌，國家之爲人民公共團體之理因以大明，由此而釋之，則有盧梭之總意說，以立國家之基礎，更有黑格爾之客觀精神說，以明國家與其制度，皆爲人類在同一地域上精神之實現，雖二氏之說，難者紛起，然國家

〔註53〕 張君勱著：《政制與法制》（《立國之道》），清華大學出版社，2004 年版，第 61 頁。

〔註54〕 唐君毅：《從科學與玄學論戰談張君勱的思想》，載於《傳記文學》，第 28 卷 第 3 期，轉引自陳先初著：《精神自由與民族復興——張君勱思想綜論》，湖 南教育出版社，1999 年版，第 126 頁。

爲一體（Unity）之義，則歐洲各國不獨公認，固已現之於事實。」〔註55〕當然，深諳現實政治之道的張君勱也清楚地認識到，理想和現實總是充滿了悖論和矛盾，所以對於現實中的民主，張君勱並不追求制度上的完美無缺，而是以能否體現民主政治的原則爲鵠的。

張君勱指出，自民主政治流行以來，即出現了反民主的理論。而這些反民主的理論，已經嚴重地混淆視聽，也嚴重地干擾了國人的制度選擇。張君勱指出：「在歐洲大戰前後，國人謀政治革命，以爲事至容易。因爲當時歐洲政治只有一個典型，即議定憲法，依憲法而有內閣、國會、人民選舉，內閣由政黨更迭秉政，或有各黨混合而成聯立內閣。政府組織之方式，既如此明確，趨向自然易定；所以模仿之者亦容易爲力。簡言之，此即所謂憲法政治，或曰議會政治，爲清末及民國初年國人心慕力追之一大事。待歐戰結束以至今日，東西歐產生之幾個獨裁政治；一爲蘇俄之無產專政。蘇俄認爲英法所行的是資產階級的民主政治，是形式的民主（formal democracy）。所謂形式的民主，經濟上之貧富不能平等，而但有選舉權之平等。這事表面上的平等，故曰形式的；一爲意德之獨裁政治。……英美等國以民主政治爲牢不可破，而墨氏非之，人獨裁政治爲後起之秀。……我人在此獨裁與民主兩者相峙之中，如不能自行確定我們的國體，恐將步西班牙之後塵，而爲國際間球戲場場上踢來踢去之皮球。」〔註56〕張君勱反思我國二十餘年來之政治制度，一味模仿他國，很少用過一番心思，研究別國的糟粕在哪裏？精華在哪裏？而現在我們處於危急時期中，非急求政治上之安定不可，更不應依樣葫蘆，惟外人馬首是瞻，而應自用一番心思，決定政治上之路線，表現我們的創造力。唯有如此，方可找出政治上的出路。正是基於上述之考量，張君勱提出了其著名的「修正的民主政治」的綱領。

張君勱「修正的民主政治」即意在修正民主與獨裁兩種政治形式的缺點。前已述及，張君勱認爲「一國之中最不可少者有二：甲曰政府之權力；乙曰國民之自由發展」。〔註57〕張君勱所追求的，就是在自由與權力之間，求到一

〔註55〕張君勱：《未完之國家哲學手稿》（三），載於《再生》（北平），第 4 卷第 6 期，1937 年 6 月 15 日。

〔註56〕張君勱著：《政制與法制》（《立國之道》），清華大學出版社，2004 年版，第 80～81 頁。

〔註57〕張君勱著：《政制與法制》（《立國之道》），清華大學出版社，2004 年版，第 84 頁。

個平衡。關於政府之權力，張君勱認爲，權力實爲國家不可缺少之要素，權力不具，則國家陷於混亂，而戰時尤甚。但張君勱同時也指出，「若政府濫用權力，則人民之痛苦將無底止。民主運動所以生，在將政府權力範圍，規定於憲法之中。政府執行權力之先，許由民意參加其間。現代國家人民所以有選舉權，有議會監督，其意即在此。」﹝註 58﹞關於國民之自由發展，誠如前文所述及，張君勱認爲自由學說之最大價值，在其能養成獨立人格與健全公民。張君勱最後得出結論，「一、國家行政貴乎統一與敏捷，尤須有繼續性，故權力爲不可缺之要素；二、一國之健全與否，視其各分子能否自由發展，而自由發展中最精密部分，則爲思想與創造之能力。所以，自由發展亦爲立國不可缺之要素。」﹝註 59﹞張君勱也清楚地意識到，提出這兩個原則易，難的是如何分配得當，掌握好兩者的平衡。

所以，張君勱指出當前中國選擇所面臨的兩難：「我人今日所處之時代，一面爲英、美、法等國的民主與自由主義，他方爲俄、意、德之新集團權力主義。素來耳濡目染於英美憲法政治之下者，自以民主政治爲我之趨向？其急於求功者，或左傾而嚮往蘇俄，或右傾而嚮往意、德。吾人處於兩種潮流夾攻之中，應毅然決然求得一種適宜於自己之制度。」﹝註 60﹞故張君勱提出了修正的民主政治的十一條總原則。

審視張君勱提出的十一條總原則，其實質一是試圖通過組織舉國一致之聯合政府，從而打破國民黨一黨專政，使得中國的民主人士能進入權力中心；二是通過權力劃分，防止權力濫用，提高行政效率，並建立起強有力的政府，以應對民族危機。張君勱最後寫到：「我人求一兩得其平之法，即政府不因議會而滅亡，議會不因其權力之過渡而自取滅亡，此即我人所謂修正的民主政治之精神。我人處於今日之中國，雖不敢自詡對於制度上有所發明，然經多年之思索，以爲除此權力主義與議會政治之紛爭中，求得一中道外，別無可以安定國家之法，此爲同人一得之見，而願與國人商榷之者。」﹝註 61﹞

﹝註 58﹞ 張君勱著：《政制與法制》(《立國之道》)，清華大學出版社，2004 年版，第 85 頁。

﹝註 59﹞ 張君勱著：《政制與法制》(《立國之道》)，清華大學出版社，2004 年版，第 86 頁。

﹝註 60﹞ 張君勱著：《政制與法制》(《立國之道》)，清華大學出版社，2004 年版，第 86～87 頁。

﹝註 61﹞ 張君勱著：《政制與法制》(《立國之道》)，清華大學出版社，2004 年版，第 92 頁。

二、張君勱憲政模式設計分析
——從《國憲草案》到《政協憲法草案》

（一）《國憲草案》的憲政模式設計

民初以來，袁世凱借中央之名，行專制獨裁之實，俟其敗亡之後，中華大地更是軍閥割據，國是日非。鑒於此，國人紛紛倡導聯省自治，希冀通過變更國體、實行聯邦制來挽救危局，在全國形成了一個規模甚大的聯省自治運動。正是在這樣背景下，全國八團體國是會議在滬召開，國是會議亦以聯邦為目標。所不同的是，聯省自治運動依靠各省的地方實力派，「國是會議」運動的參加者則包括了許多著名實業家。他們解決國是的方法，是通過召集全國性的「國是會議」，制定聯邦制的全國憲法，採取「先國憲，後省憲」的步驟而不是聯省派的「先省憲，後國憲」。〔註62〕張君勱作為當時已小有名氣的憲法學家，應邀參加了國是會議，並受國是會議「國憲草議委員會」的委託，與章太炎一起起草憲法。章太炎主張瑞士委員會制，張君勱則推崇總統制，礙於情面，張君勱擬成《國是會議憲法草案》甲、乙兩種，分採總統制和委員會制，翌年，張君勱公開出版《國憲議》，以說明《國憲草案》甲案並闡述其憲政思想。

張君勱在《國憲草案》中，一反往日對聯邦制的反對態度，〔註63〕開宗明義規定「中華民國為聯省共和國」，即聯邦共和國。這不僅是因為實行聯邦制是當今世界的潮流，更是因為中國「十年來集權之成績，徒為中央肆虐之資，散甌亦難復完矣。西南行省憲之省，吾亦未見其有異於非自治省焉。故以現狀論，集權之制，誠不可通。」既然「今天中央與各省，同是無程度，盡人之共認矣，即係後十餘年所行制度，其不免在試驗時代中」，〔註64〕既是試驗，則以地方各省為宜。因為「夫省之範圍，地小而人希，故集中一省之

〔註62〕請參見徐矛著：《中華民國政治制度史》，上海人民出版社，1992年版，第443頁。

〔註63〕本來張君勱是反對聯邦制的，民國初年，鑒於各省要求自治，其曾作《省制條議》和《聯邦十不可論》，認為雖「世間富強之國，無不採取聯邦制」，但中國尚不具備實行聯邦制的必要條件，「各省割據，已有分裂之實。如再在憲法上規定聯邦制，則各省各自為政，國家永無統一之日」。因此，宜先以鞏固中央為急務，至於聯邦制則可以等到中央健全後再實行。請參見張君勱：《省制條議》，載於《憲法公言》，第1冊，1916年10月10日，另請參見張君勱：《聯邦十不可論》，載於《大中華》，第2卷第9期，1916年9月20日。

〔註64〕請參見張君勱著：《國憲議》，上海時事新報館，1922年版，第11～12頁。

人力財力以謀之，則效易見，而較有把握。且一省之中，多切實之厲害問題，少架空之政策問題，是非易定，而人與人之競爭，遜於中央，所以謀省政易於謀國政。」〔註65〕不僅如此，以省為試驗單位，還可以使「人民知識進步，而政治能力加增。」而且可以在省際之間提供「觀摩之資」，這就是張君勱「之所以以毅然以聯省憲法進者」的理由。〔註66〕張君勱在《國憲草案》中還對中央與地方的權限作了明確的劃分，他採取加拿大的方式，對中央和地方的各自權限都作了一一列舉，以「全國利害之事，中央主之；地方利害之事，地方主之」的原則，規定中央事權 27 項，省事權 19 項。〔註67〕同時賦予各省制定省憲之權，但省憲必須以國憲為依歸。〔註68〕

《國憲草案》的最大特色，是張君勱對地方議會及職業團體在選舉中之政治作用的特殊重視。張君勱主張參議院應由各省參議會及教育、農、工、商會這五大團體，再加上華僑和全國公、私立大學經政府認可有選舉權者選舉產生。〔註69〕在他看來，主要由上述五大團體選舉產生參議院至少有四大好處：「會員人數可以稽考，一也；入會者有姓名有資格，故不至於冒名頂替，二也；此五種會議，為有知識有職業階級，當知選舉權之寶貴，三也；以有知識有職業者負選舉之責，較之無知愚民，將選票任意出賣者，其所選代表，必較為得人，四也。」〔註70〕張君勱之所以主張主要由五大團體產生參議院，其目的是為了杜絕當時選舉中普遍存在的舞弊現象，但其結果卻剝奪了廣大人民尤其是下層人民群眾的選舉權，這顯然是違背他自己所推崇的直接、平等、普遍的選舉原則。張君勱是意識到這一點的，故他強調另立法規，「將國中之有知識有職業者網羅其中，則以自處於會外而不得與於選民之列者，殆亦甚鮮矣。」〔註71〕但有選舉權的還是少數所謂有知識的人，廣大人民群眾

〔註65〕 請參見張君勱著：《國憲議》，上海時事新報館，1922 年版，第 3 頁。
〔註66〕 請參見張君勱著：《國憲議》，上海時事新報館，1922 年版，第 12 頁。
〔註67〕 張君勱：《中華民國憲法草案（國是會議草擬）·第五條》，見張君勱著：《國憲議·附錄》，上海時事新報館，1922 年版，第 141～148 頁：另請參見《國憲議》，第 8 頁。
〔註68〕 張君勱：《中華民國憲法草案（國是會議草擬）·第七條～第十條》，見張君勱著：《國憲議·附錄》，上海時事新報館，1922 年版，第 148～149 頁，另請參見《國憲議》，第 35～37 頁。
〔註69〕 張君勱：《中華民國憲法草案（國是會議草擬）·第十二條》，見張君勱著：《國憲議·附錄》，上海時事新報館，1922 年版，第 149～150 頁。
〔註70〕 張君勱著：《國憲議》，上海時事新報館，1922 年版，第 46 頁。
〔註71〕 張君勱著：《國憲議》，上海時事新報館，1922 年版，第 47 頁。

還是被拒之門外。對此，臺灣學者薛化元的批評可謂一針見血：「如何促成選舉名冊的編列，或甚至是通過選舉制度的設計使選舉名冊能夠早日上軌道，才是用力所在，又爲什麼反過頭來，以過去沒有編列選舉名冊爲由，索性排除普選制度的實施呢？」〔註72〕

張君勱還參照魏瑪體制，設計了「總統制與內閣制之調和」的中央政府體制。當時參加國是會議的章太炎認爲國家「以大總統一人蒞政，勢如孤注，爲殉權者所必爭，民國十年之間，亂事數起，皆由攘奪此位致之。」〔註73〕因此章太炎主張採用瑞士的委員會制，設立由多人組成的「國事委員會」行使元首之職，並強邀張君勱草擬了一份採用委員會制的《國是會議憲草》乙案。而在張君勱看來，政治動亂的發生，不在於國家元首的人數，而在於得人與否，況且他認爲當時中國也不具備採用委員會制的「積極條件」，〔註74〕所以張君勱仍然主張設立大總統，並參酌美國制度，在全國範圍內公開選舉，將「選舉權散諸全國」，「使總統之選舉，有民意左右其間。」〔註75〕但是張君勱設計的中央政體並非純粹的總統制，他一方面規定大總統對外代表國家，有與其他國家締結盟約、宣戰、媾和，統率全國軍隊，依法任免文武官員，任命國務總理及國務總理推薦之國務委員，宣佈減刑免刑或大赦以及緊急處分和解散國會的權力；另一方面，張君勱又規定了國務總理及國務委員對國會負責，大總統發佈的一切命令、處分須經國務總理及國務委員之副署，否則不生效力。〔註76〕對此時人曾明確指出，《國是會議憲草》所確定的中央

〔註72〕　薛化元：《民主憲政與民族主義的辨正發展——張君勱思想研究》，臺灣稻禾出版社，1993年版，第140頁，轉引自鄭大華著：《張君勱傳》，中華書局出版社，1997年版，第119頁。

〔註73〕　張君勱著：《國憲議》，上海時事新報館，1922年版，第54頁。

〔註74〕　張君勱認爲實行委員會制必須具備四個條件：「原選機關能平心靜氣，以各席分配於各派領袖一也；此各人能在委員會議中互相交讓而不執一偏見二也；各人尊重職務，不因意見爭執而以不出席相抵制三也；萬一竟生意見爭執，則如瑞士以眾民投票爲最後之解決方法四也。」而當時中國所謂「領袖」者，爲爭權奪利，不惜兵刃相見，他們怎能同坐一堂，而從容揖讓於委員會間。請參見張君勱著：《國憲議》，上海時事新報館，1922年版，第55頁。

〔註75〕　請參見張君勱著：《國憲議》，上海時事新報館，1922年版，第73~74頁，另請參見張君勱：《中華民國憲法草案（國是會議草擬）‧第三十二條》，見《國憲議》，第153頁。

〔註76〕　請參見張君勱：《中華民國憲法草案（國是會議草擬）‧第三十條~第四十八條》，見張君勱著：《國憲議》，上海時事新報館，1922年版，第153~156頁。

政體「是總統制與內閣制之混淆」，並激烈批評張的這種設計不具有可操作性。一方面大總統制定政策，對國會負責的卻是內閣；二是總理既要得到國會信任，又要遷就總統政策，兩方敷衍只能弄得一事無成。〔註77〕這些批評是不無道理的，而張君勱本人卻自視頗高，認為既能避免總統獨裁，又能避免議會專權，綜合了總統制和內閣制的長處。

《國憲草案》還有一個引人注目的焦點，即它按照《魏瑪憲法》的模式，在憲草後面部分就「國民之權利義務」和「國民之教育和生計」列出了專章，規定公民享有人身自由、居住自由、通信自由、出版自由、集會結社自由等權利，規定人民享有受益權即享有教育、生存、勞動以及享有勞動保護等權利。但是，《國憲草案》對於人民的自由權利採取的是法律限制主義的方式，張君勱在人民享有的諸自由權利後邊都加了一條「非依法律不得侵犯之」或「不依法律不得限制」的規定。〔註78〕但張君勱特別規定：「學術上之研究為人民之自由權，國家宜加保護，不得限制之。」〔註79〕這不僅是我國制憲史上有關學術研究自由明確規定的開始，而且用薛化元的話說，有將之視為絕對之自由權的傾向。但張君勱的有關法律限制主義的規定可謂是其憲政的國家藍圖設計的一大失誤，公佈之後即受到了社會輿論的廣泛批評。有人指出若依據憲草「非依法律不得侵害之或限制」的規定，那麼限制人民自由權利的法律又將層出不窮，結果憲法賦予人民的自由權利，僅僅是一種理論上的自由而已，在現實中得不到保障。〔註80〕有人甚至指出，其在實際上帶來的結果，可能「比沒有憲法更易病民」。〔註81〕這些批評對張君勱產生了重大影響，他在後來制定國家社會黨的政治綱領和《中華民國憲法》時就在不同程度上採納了這些意見。

《國是會議憲草》公佈之日，正值控制北京政府的北洋直系軍閥首領曹

〔註77〕 朱經農：《評國是會議所擬憲法草案》，載於《東方雜誌》，第 19 卷「憲法研究專號」，1922 年。

〔註78〕 請參見張君勱：《中華民國憲法草案（國是會議草擬）·第七十三條～第一百條》，見張君勱著：《國憲議》，上海時事新報館，1922 年版，第 161～165 頁。

〔註79〕 張君勱：《中華民國憲法草案（國是會議草擬）·第九十一條》，見張君勱著：《國憲議》，上海時事新報館，1922 年版，第 164 頁。

〔註80〕 朱經農：《評國是會議所擬憲法草案》，載於《東方雜誌》，第 19 卷「憲法研究專號」，1922 年。

〔註81〕 請參見平心著：《中國民主憲政運動史》，臺北古楓出版社，1986 年版，第 116 頁。

錕、吳佩孚以「恢復法統」相標榜，宣佈繼續完成舊國會未完成之「制憲」事業，因此，制定一部什麼樣的憲法，成爲人們關注的焦點。人們在對未來憲法貢獻意見的同時，也對《國是會議憲草》發表了諸多評論。總的來說，作爲中國制憲史上第一部純粹由個人受民間團體委託而起草的憲法草案，人們對其基本上是持肯定態度的，特別是對其中的一些條款，如「現役軍人非解除兵柄三年後者不得當選」大總統，「原選機關對於所選參議院議院認爲不合時得以原選舉者過半數之同意撤回之」〔註 82〕等等，給予了很高的評價。雖然體現於這部憲草中的憲政體制沒有實現的可能，甚至連獲致通過的機會也不曾有，但憲草本身所包含的憲政精神卻不因此而遜色。有人如是評價《國是會議憲草》和其說明書《國憲議》：「以之作憲法比較讀，可；以之作政治學讀，可；以之作民國初年政治思想史讀，可；以之作公民課讀，可。就中國近數十年之政治或憲法著作言之，雖謂爲第一稀有之作可焉」。〔註 83〕如此評價不免有過譽之嫌，然不容否認，張君勱確實爲我們設計了一副憲政國家的宏偉藍圖，並提出了一些積極的憲政理念和政治主張，從某種意義上說，它的確反映了那個時代的自由主義知識分子的思想脈搏。

（二）《政協憲法草案》的憲政模式設計

抗日戰爭以後的中國時局，事實上異常的複雜。然 1946 年的政治協商會議上各個黨派的握手言和，卻又似乎呈現了中國實現民主政治的某種可能性。至少張君勱是這樣認爲的，他肯定以爲施展生平抱負、實現憲政理想的時刻到了，於是私下動手起草憲法草案並毛遂自薦於政協會議憲草審議委員會與政協綜合委員會。1946 年 12 月 25 日，僞國民大會通過了張君勱起草，經國民黨修改，並由蔣介石刪訂的《中華民國憲法》，張君勱的制憲事業在表面上似乎達致了巔峰。

中國應該選擇什麼樣的憲政模式，各黨各派頗有分歧，「政府要三民主義，我們（指張君勱等——筆者注）要歐美民主政治，青年黨要責任內閣，共產黨主張司法制度各省獨立，國際貿易地方化」。〔註 84〕對此，張君勱是心

〔註82〕張君勱：《中華民國憲法草案（國是會議草擬）‧第二十七條》，見張君勱：《國憲議》，第 152～153 頁。

〔註83〕程文熙：《張君勱先生與中國憲政》，載於蕭公權等著：《近代中國思想人物論——社會主義》，臺灣時報出版公司，1985 年版，第 466 頁。

〔註84〕程文熙編：《君勱先生之言行》，載於王雲五等著：《張君勱先生七十壽慶紀念論文集》，臺灣文海出版社，1983 年版，第 34～35 頁。

知肚明的，故自謂起草憲法時堅持三個要點，即「（一）歐美民主政治與三民五權原則之折衷；（二）國民黨與共產黨利害之協調；（三）其他各黨主張之顧到」，〔註85〕力圖根據自己幾十年來研究和從事政治的心得，在三民主義的基礎上，兼采西方三權分立的原則，並結合中國國情構建一各方都能接受的文本。事實上，張君勱所要特別面對的是國民黨的立憲主張，在《五五憲草》的框架內並對之加以批判和修正。

首先關於中華民國國體的規定，《政協憲法草案》不同於《五五憲草》中規定的「三民主義共和國」，也不同於《國憲草案》中規定的「聯省共和國」，而是描述爲「基於三民主義爲民有民治民享之民主共和國」。「聯省共和國」的主張在 20 年代後已經成爲明日黃花，自不會被人提起，但是爲什麼在三民主義之後還要加個民有民治民享共和國呢？對此，張君勱一針見血的指出，僅僅是規定三民主義共和國，那麼凡不信仰三民主義的政黨都不允許存在，無疑是肯定了國民黨的一黨專政。「拿三民主義當爲共和國的形容詞，而且拿三民主義爲思想的標準，將來法院中可以利用『三民主義』四字爲舞文弄法的工具，對於誠心研究三民主義內容的人，要一律加以違反三民主義的罪名，種種情形在以往廿年中大家是有目共睹的」，〔註86〕是故必須加以反對的。至於爲何要保留「基於三民主義」，這是因爲有必要「承認民國中造成由中山先生三民主義爲主動」，「而今後之民國，則主權在於人民，故名曰『民治、民有、民享（之民主）共和國』」。〔註87〕張君勱曾另文指出，此一條文乃是承認三民主義對於國家「過去」的功績，同時承認「民有、民治、民享爲今後思想發展的共同基礎」。〔註88〕

《政協憲法草案》最突出的特點是化國民大會爲僅僅用於選舉總統、修改憲法的美國式的「選舉人會」。張君勱和孫中山一樣，也推崇直接民權，他認爲：「直接民權爲人民意思的直接表示，其較代議政治有其優點，自不待言。但立法問題，內容複雜。甲事乙事丙事及其他千百種事項及互相關係，僅提出

〔註85〕請參見張君勱：《中國新憲法起草經過》，載於《再生》（上海），第 220 期，1948 年 6 月 20 日。

〔註86〕張君勱：《新憲法實行及培植之關鍵》，載於《再生》（上海），第 184 期，1947 年 10 月 4 日。

〔註87〕請參見張君勱：《中國新憲法起草經過》，載於《再生》（上海），第 220 期，1948 年 6 月 20 日。

〔註88〕張君勱：《憲法第一條之要義》，載於《再生》（上海），第 245 期，1948 年 12 月 27 日。

一二事交與人民投票，人民未必能瞭解其各方互相關聯之處，因而多數民意的直接表示，未必即爲最正當的處置。但人民直接立法，令國會議員知所警惕，議會的所爲與不所爲，另有人駕於其上以裁決之，次爲直接民權的優點一。人民既直接參與立法，因此人民參加表決的結果，得享受一種政治教育，此其優點二。民意既直接參加立法之中，政府與人民自少隔閡，故人民直接立法可以減少人民對於政府的怨恨，或能防止革命，亦未可知。此爲其優點三。」〔註89〕但是按照《五五憲草》規定，國民大會是代表人民行使選舉、罷免、創制和復決四大直接民權，且凌駕於中央五大治權機關之上並對其進行控制的機關；國大代表按照地區選出，每屆任期六年，每年由總統召集爲期一個月的大會。張君勱認爲這一規定事實上是在間接民權根據上嫁接直接民主，至少有三個缺陷：一是有違直接民權之本意，「直接民權，乃信任各個人民直接表示意見，不令議員介於其間，假託民意，而行其壟斷之實。」〔註90〕而《五五憲草》規定的國民大會只能算得上「直接民權之間接行使機關」，「將創制復決等權由人民直接行使者，交託於代議式的國民大會，自與直接民權的願意不符。況僅有此四權的國大，尙不能與英國國會相抗衡。此種國民大會所行使之權力，決不能與眞正的直接民權相比，反而成爲眞正代議政治的妨礙而已」。〔註91〕二是國民大會與立法院之權限關係不清，它們本質上都是間接行使民權的機構，規定立法院對國民大會負責是行不通的。「立法院的地位，如政府的附屬品，尙何監督機關之可言？」在張君勱看來，「依《五五憲草》的規定，好像既不信任立法院，同時又要另一個代議機關的國民大會來行使直接民權，無論在邏輯上在事實上，都是說不過去的」。〔註92〕三是這樣的國大人數至少要一千多人，每年會期只有一個月，致使在開會期間無法「詳愼討論國事」，在閉會期間又無法履行「監督政府」的職能。〔註93〕

〔註89〕張君勱著：《中華民國民主憲法十講》，上海商務印書館，1948 年版，第 45
　　　　頁。

〔註90〕張君勱：《間接方式之直接民權》，載於《再生》（重慶），第 106 期，1946 年
　　　　4 月 1 日。

〔註91〕張君勱著：《中華民國民主憲法十講》，上海商務印書館，1948 年版，第 46～
　　　　47 頁。

〔註92〕請參見張君勱著：《中華民國民主憲法十講》，上海商務印書館，1948 年版，
　　　　第 49～50 頁。

〔註93〕請參見張君勱：《政治協商會議修改五五憲草的原則》，載於《再生》（重慶），
　　　　第 105 期，1946 年 3 月 25 日。

　　爲了彌補上述弊端，張君勱再提出：「我人以爲與其如《五五憲草》的所規定，將立法院弄成一個直接又間接的代議機關，不如將立法院改爲由人民選舉產生，使他直接能代表民意。國民大會應該放棄創制罷免復決等權，換句話說，放棄直接民權，其任務應暫以選舉總統爲限。總之，直接民權與代議政治不可混兩爲一。古人所爲『離則兩美合則兩傷』，對於這兩問題，很可適用這句話」。〔註94〕即「有形之國大，應以選舉總統修改憲法爲限，不必另有任期，另有職權。選舉總統之日即爲召集國大之日，待之事畢，即行解散。憲法修改之際，亦復如此。」〔註95〕這樣，國民大會實際上就成爲僅僅用於選舉總統、修改憲法的美國式「選舉人會」。相對於國民大會地位的改變，立法院的地位也得到了重新修正：「立法院爲國家最高立法機關，由選民直接選舉之，其職權相當於各民主國家之議會。」這樣就使國民大會與立法院成爲「相濟爲用」的兩個「系統」，免去了因同屬於代議機構而可能發生的糾紛。當然，張君勱並未放棄直接民權，而使爲國民留下來，爲異日之用：「將來人民程度提高之日，總統選舉或四權行使，由四萬萬人直接辦理亦無不可。換詞言之，合四萬萬人而成爲國民大會，此我人對於直接民權的理想」。〔註96〕

　　中央政府體制的設計是憲政模式的重要內容，「採總統制抑內閣制」，這也是張君勱起草《政協憲法草案》重點關注的問題之一。張君勱曾在《國憲草案》中「混淆」過總統制與內閣制界限，二十多年後，他走的仍然是同一條路。不同的是，那時的「混淆」是不自覺的，而現在張君勱卻有一個明確的目標，既「折衷」出一個「英美混合制」，「爲國家尋求新出路」。張君勱指出各種可供選擇的行政制度有：《五五憲草》之行政制度、美國之總統制、英國之內閣制、瑞士之委員會制、蘇俄之人民爲用戶及其最高蘇維埃制。前已述及，張君勱是反對《五五憲草》之行政權集中於總統一人手上的制度的，並斷言：「倘政協會討論根本大法之際，政府黨堅持將五五憲草照樣施行，那恐怕不但不能促民主，徒然造成總統大權獨攬的局面，將來流弊所屆，是不可勝言的」。〔註97〕至於瑞士委員會制則宜於中立之小國，蘇俄之制則宜於一

〔註94〕張君勱著：《中華民國民主憲法十講》，上海商務印書館，1948 年版，第 50 頁。
〔註95〕張君勱：《間接方式之直接民權》，載於《再生》（重慶），第 106 期，1946 年 4 月 1 日。
〔註96〕張君勱著：《中華民國民主憲法十講》，上海商務印書館，1948 年版，第 52 頁。
〔註97〕張君勱著：《中華民國民主憲法十講》，上海商務印書館，1948 年版，第 58 頁。

黨存在之國家，故這兩種制度都不能移植於我國。所以剩下的，只有英美國制度，或者採取英美制度而加以變通，另成一條第三條路。〔註98〕

對於美國式的總統制，張君勱認為「有許多事實在中國做不通」，美國的總統「旁邊有一個強大的國會來牽制它」，而中國顯然缺少這樣的條件，故「此種制度移植於吾國，其能否造福，我是絕對懷疑的」。〔註99〕而英國內閣制政府的一個基本事實是其國內兩黨對立輪流執政，然在中國「只有各政黨長期合作，保持聯合性質的政府，才能走上和平建國的大道」。〔註100〕總而言之，在張君勱看來，純粹的總統制和內閣制都不適合中國，中國的中央政府體制只能尋求兩者之間的「第三條道路」，這「第三條道路」就是「英美混合制」。在張君勱設計的「英美混合制」中，總統是經由國民大會選舉的「國家元首」、「一個擔負國家責任的人物」，但是總統頒佈法律發佈命令必須經過責任內閣即行政院的副署；行政院為「國家最高行政機關」，但行政院長與總統提名，經立法院同意任命之，行政院對對立法院負責；如立法院對行政全體不信任時，行政院或辭職或提請總統解散立法院。但同一行政院長不得再提請解散立法院。張君勱認為，上述行政制度的構想，沒有要求行政院須負聯帶責任，放棄了國會立即倒閣之不信任投票制度，可以避免引起倒閣風潮。故張君勱認為他所確定的內閣制，「絕非完全英法式之內閣制，而是一種修正式之內閣制。易詞言之，我們採取美國總統制下行政部穩固的長處，而不忘民主國中應有之責任政府之精神」結合起來的一種新體制。〔註101〕

張君勱所謂的修正的內閣制，事實上即是調和總統制和內閣制的產物。對此，有臺灣學者評價說：「有人說，今天這部憲法到底是總統制？還是內閣制？這是當時制憲糾纏很久的問題。而君勱先生的主張則是折衷調和的，行政院長的任命需得立法院之同意，然而立法院則無彈劾行政院長及提不信任案之權力，這真是煞費苦心的安排。這部折衷調和的憲法，可以從先總統蔣

〔註98〕請參見張君勱著：《中華民國民主憲法十講》，上海商務印書館，1948年版，第55頁。
〔註99〕請參見張君勱著：《中華民國民主憲法十講》，上海商務印書館，1948年版，第59～62頁。
〔註100〕張君勱：《政治協商會議修改五五憲草的原則》，載於《再生》（重慶），第105期，1946年3月25日。
〔註101〕請參見張君勱著：《中華民國民主憲法十講》，上海商務印書館，1948年版，第68～71頁。

公去世之後政局的穩定，顯示出它的功能和價值，這是君勱先生對中華民國最大的貢獻」。〔註102〕

此外，張君勱在其《政協憲法草案》中對當年起草的《國憲草案》中頗受非議的關於人民之權利義務的憲法法律限制主義的規定做了修改，在對人民應該享有的各項權利作出規定的同時，截去了「非依法律不得限制之」的「尾巴」。張君勱還改變了《國憲草案》的結構，而將人民之權利義務的規定置於緊靠總綱後的第一章，對於這一改變，張君勱指出：「國家權力是如此之大，所以憲法上的第一件事就是要防止國家的專擅，防止國家濫用權力，所以憲法的第一章要規定人民的基本權利。」〔註103〕

張君勱起草《政協憲法草案》前後是中國「政治民主化」進程中的一個非常重要的階段，可以說是是否能把中國政治導入「憲政」時期的重要分水嶺。國民黨妄想繼續其一黨專政而極力主張以《五五憲草》為起草憲法的底本，而張君勱本著對西方憲政的執著追求，斡旋於各黨派之間，並抓住《五五憲草》的根本問題以及一黨制憲缺乏合法性基礎的事實，對其進行了重大改造。張君勱以英美憲政原則折衷《五五憲草》，「保全五權為名，運入英美憲政之實」，〔註104〕從而打破了《五五憲草》的體制格局，否定了國民黨一黨專政的政治體制及其依據的「法統」，從而受到了中間勢力的擁護和共產黨的贊同。而《政協憲法草案》文本本身，雖參照了歐美憲法，卻並未忽視中國的現實而加以折衷調和，試圖為國家尋求新出路，無論其形式與內容都堪稱近代中國憲法文本的新高度。

〔註102〕沈雲龍：《憲法之父──張君勱先生》，載於臺灣《傳記文學》，1976 年 3 月號。

〔註103〕張君勱著：《中華民國民主憲法十講》，上海商務印書館，1948 年版，第 8 頁。

〔註104〕梁漱溟語，轉引自陳先初陳先初著：《精神自由與民族復興──張君勱思想綜論》，湖南教育出版社，1999 年版，第 126 頁。

餘論　現代中國第三勢力憲政道路的審視——兼論近代中國憲政的困境

一、現代中國第三勢力憲政道路的審視

現代中國第三勢力堅持認爲：「在今天中國的客觀條件下，只有中間派的政治路線，在客觀上才足以代表全國人民的共同要求和整個國家的眞實利益，所以中間派的政治路線，是今天中國最可能爲多數人民所擁護的政治路線。」又云：「決定中國前途的力量，不僅是國共兩黨，還有自由主義者和國共兩黨以外的廣大人民。這是第三種力量，也是一種民主的理想。這一力量的動向，對於中國前途的決定，具有舉足輕重的作用。」〔註1〕今天，我們重新咀嚼第三勢力的政治追求，重新審視第三勢力的憲政設計，可以說就其「自由」、「民主」的目標而言，是順應中國歷史發展的潮流的。第三勢大部分力知識分子順應民心，舍生取義，以文弱之軀，投入現實政治，奔走於中國立憲事業，其執著精神和不懈努力，當爲世人所稱道和敬仰。

爲什麼第三勢力所追求的極具現代性和進步性的自由主義事業和憲政理想卻以失敗而告終呢？或許，從某種意義上來說，第三勢力的失敗，並不是自由主義的失敗，也不是憲政的失敗，而是其政治路線的失敗。對此，在當時國共佔據日見分曉的時候即有定論：「在中國人民和人民敵人的生死鬥爭中間，沒有任何『第三條道路』存在，中國現在只存在著兩條道路：或者是繼

〔註1〕請參見施復亮：《中間派的政治路線》，載於蔡尚思主編：《中國現代思想史資料簡編》（第5卷），浙江人民出版社，1983年版，第326頁。

—241—

續保存人民敵人的武裝和特權，這就是大地主大資產階級領導的半封建半殖民地的賣國內戰獨裁路線，或者是消滅人民敵人的武裝和特權，這就是工人、農民、獨立勞動者、知識分子、自由資產階級和其他愛國分子的反對帝國主義，封建主義、官僚資本主義的人民民主路線。凡以保存人民敵人的武裝和特權為實質的運動，無論是從那個角落來的，也無論是打著什麼旗號，都不是什麼『第三條路線』，而只是反革命路線在日暮途窮時的化形。」〔註 2〕這個結論無疑是正確的，第三勢力的政治路線和中國現實政治的嚴重脫節，正是他們憲政失敗的客觀原因和根本原因。當然本書並不想僅僅是簡單重複這個結論，我希望能從第三勢力自由主義憲政的思想和實踐的本身尋找一些深層次的原因。

（一）自由主義與溫和進步

李愼之先生嘗謂：「在已經到世紀末的今天，反觀世紀初從辛亥革命特別是五四運動以來中國仁人志士真正追求的主流思想始終是自由主義，雖然它在一定時期為激進主義所掩蓋。中國的近代史，其實是一部自由主義理想屢遭挫折的歷史。」〔註3〕並指出：「世界經過工業化以來兩三百年的比較和選擇，中國尤其經過了一百多年來的人類史上規模最大的試驗，已經有足夠的理由證明，自由主義是最好的、最具普遍性的價值。」〔註4〕第三勢力這個群體通常被視為現代中國自由知識分子的代表，來中國擔負特殊使命的馬歇爾就曾利用一切機會呼籲那些既對國民黨徹底失望，又對共產黨心存疑慮的「中間人士」組成一個自由主義分子集團，以便在兩大黨之間「成為一個舉足輕重的平衡力量」。馬歇爾甚至指出：「對於時局的挽救，繫於自由主義者在政府和少數黨中擔起領導作用」；「中國只有出現一個自由主義的集團，才能保證有個好政府，才能保證進步，走向安定」。〔註5〕第三勢力也始終眞誠的相信，自由主義是中

〔註 2〕 新華社社論：《舊中國在滅亡新中國在前進》，載於《東北日報》，1948 年 5 月 25 日。

〔註 3〕 李愼之：《〈顧準日記〉·序二：智慧與良心的實錄》，載於《顧準日記》，經濟日報出版社，1998 年版，序言第 20 頁。

〔註 4〕 李愼之：《北大傳統與近代中國·序：弘揚北大的自由主義傳統》，載於劉軍寧主編：《北大傳統與近代中國——自由主義的先聲》，中國人事出版社，1998 年版，序言第 5 頁。

〔註 5〕 《美國和中國的關係》（白皮書），載於《中美關係資料彙編》（第一輯），世界知識出版社，1957 年版，第 261～265 頁。

國的藥方，而憲政就是這個藥方的主要成分，他們相信西方憲政中的理性、民主、法治等等價值在中國的普遍意義。然出於對生存問題和對中國復興這一目標的關切，第三勢力在更多的時候對西方的自由做出某些修正。

　　胡適先生被公認爲中國自由主義的代表人物，他曾經給自由主義下了一個簡單的定義：「自由主義最淺顯的意思是強調的尊重自由……自由主義就是人類歷史上那個提倡自由，崇拜自由，爭取自由，充實並推廣自由的大運動。……是不受外力拘束壓迫的權利」。故在胡適看來，自由主義的第一個價值元素就是自由，而其中最重要的是政治自由，「西方的自由主義絕大貢獻正在這一點，他們覺悟到只有民主的政治方才能夠保障人民的基本自由，所以自由主義的政治意義是強調的擁護民主」，自由主義必須「爲民主的生活方式和民主制度辯護」，所以自由主義的第二個意義就是民主。自由主義的第三個價值元素則是容忍——容忍反對黨，民主憲政就是寬容異己，只有大家都能彼此容忍，像尊重自己的權利一樣尊重他人的權利，每個人才能眞正實現自己的自由：「自由主義在這兩百年的演進史上，還有一個特殊的、空前的政治意義，就是容忍反對黨，保障少數人的自由權利」，這是西方憲政民主的眞諦，也是「近代自由主義裏最可愛慕而又最基本的一個方面」。自由主義的第四個意義則是「和平改革」：「和平改革有兩個意義，第一就是和平的轉移政權，第二就是用立法的方法，一步步的做具體改革，一點一滴的求進步。」胡適認爲自由主義自然包含了「溫和進步」的觀念，自由主義不相信「暴力革命」是解決問題的方法，而堅信「合法化」的「和平改革」是通向社會進步的唯一道路：「因爲在民主政治已上了軌道的國家裏，自由與容忍鋪下了和平改革的大路，自由主義者也就不覺得有暴力革命的必要了。這最後一點，有許多沒有忍耐心的年輕人也許聽了不滿意，他們要『徹底改革』，不要那一點一滴的立法，他們要暴力革命，不要和平演進。我要很誠懇的指出，近代一百六七十年的歷史，很清楚的指示我們，凡主張徹底改革的人，在政治上沒有一個不走上絕對專制的路，這是很自然的，只有絕對的專制政權可以剷除一切反對黨，消滅一切阻力，也只有絕對的專制政治可以不擇手段，不惜代價，用最殘酷的方法做到他們認爲根本改革的目的。他們不承認他們的見解會有錯誤，他們也不能承認反對的人會有值得考慮的理由，所以他們絕對不能容忍異己，也絕對不能容許自由的思想與言論。所以我很坦白地說，自由主義爲了尊重自由與容忍，當然反對暴力革命，與暴力革命必然引起來的暴力專

制政治。」〔註6〕

　　胡適先生是對的，對西方的自由主義來說，其賴以生存的民主政治的基礎已經形成，所以其反對暴力革命，主張政治改良，有其制度上的支撐與保障；胡適先生也錯了，因為在中國，民主政治沒有確立，政治生活無章可循並充滿了強權與暴力，在這種情況下，覬覦通過「溫和進步」、「和平改革」來實現民主憲政，無疑是與虎謀皮。胡適先生在表達他的「和平改革」的信念時，事實上預設了一個推理的基本前提，即「在民主政治已上了軌道的國家裏」，而這一與中國的現實政治可謂風馬牛不相及，不知道胡適先生是糊塗了，還是僅僅出於一種「理性化」的冷漠。胡適先生對民主憲政及其價值的確有其深刻的瞭解，對憲政民主實現的條件也有其眞實的把握，然而他對於中國社會所出現的各種問題卻不能做出恰當的反應。對於自由主義漸進改革的路徑，林毓生先生作了一個最好的結論：「自由主義漸進改革的途徑預設著最低限度的社會、政治與文化秩序的存在，但當時中國的政治、社會與文化秩序均已解體。自由主義漸進式解決問題的方式不能適合當時許多人急迫的心態，也找不出立即達成政體性解決的辦法。因此，即使中國自由主義者清楚掌握了個人價值的眞正意義，實際的結果也不會有多大不同。」〔註7〕

　　事實上，第三勢力自己對此是有自知之明的。施復亮就嘗言：「在中國的具體條件下，自由主義者也許永遠不能掌握政權，甚至不一定能參加政權。『自由主義者的道路』不一定是奪取政權的道路，在中國尤其如此。自由主義者要有『成功不必在我』的氣概，只須努力耕耘，不必希望收穫一定屬自己。自由主義者應當努力促成自己的政治主張的實現，但不一定要在自己手裏實現，自由主義者所應爭的是實際的工作，不是表面的功績。因此，不能以奪取政權或參加政權與否來判定自由主義者的失敗。」〔註8〕

　　格里德博士對中國自由主義的失敗曾經作了這樣的評價：「自由主義在中國的失敗並不是因為自由主義者本身沒有抓住為他們提供了的機會，而是因為他們不能創造他們所需要的機會。自由主義之所以失敗，是因為中國那時

〔註6〕 請參見胡適：《自由主義》，載於劉軍寧主編：《北大傳統與近代中國——自由主義的先聲》，中國人事出版社，1998 年版，第 65～71 頁。

〔註7〕 請參見林毓生：《「問題與主義」論辯的歷史意義》，載於劉青峰編：《胡適與現代中國文化轉型》，香港中文大學出版社，1994 年版，第 3～10 頁。

〔註8〕 施復亮：《再論中間派的政治路線》，載於蔡尚思主編：《中國現代思想史資料簡編》（第 5 卷），浙江人民出版社，1983 年版，第 323 頁。

正處在混亂之中，而自由主義所需要的是秩序。自由主義的失敗是因爲，自由主義所假定應當存在的共同價值標準在中國卻不存在，而自由主義又不能提供任何可以產生這類價值準則的手段。它的失敗是因爲中國人的生活是由武力來塑造的，而自由主義的要求是，人應靠理性來生活。簡言之，自由主義之所以會在中國失敗，乃因爲中國人的生活是掩沒在暴力和革命之中的，而自由主義則不能爲暴力與革命的重大問題提供什麼答案。」〔註9〕是的，這是一個無序的靠武力來角逐的時代，在這樣的一個時代，第三勢力自由主義者妄想在不能掌握政權的情況下，通過「溫和進步」、「和平改革」來實現其政治理想，其失敗注定不可避免。

（二）制度決定論的迷失

而在追求自由主義憲政的實踐中，第三勢力則跌入了一種可以稱之爲「制度決定論」的誤區。所謂制度決定論，指的是那種僅僅根據一種外來制度的「效能」，來認定仿傚這種制度的必要性，以求實現該制度的「效能」的思想傾向和觀念。這種「制度決定論」思想傾向的最基本特點是，在肯定異質文化中的某一種制度的功效的同時，卻忽視了該種制度得以實現其效能的歷史、文化、經濟和社會諸方面的前提和條件。換言之，「制度決定論」僅僅抽象地關注制度的「功效」與選擇該制度的「必要性」之間關聯，而沒有、或忽視了「功效」與實現該功效的種種社會條件的關聯。〔註10〕而縱觀百年來近代中國憲政化的過程，無論是清末的「君主立憲」，民初的「共和民主」，還是現代中國第三勢力所主導的憲政運動，其立憲主體無論在思想上還是在實踐上，都有一種嚴重的制度決定論的傾向。第三勢力知識分子大部分人都飽受西學的薰陶，他們對西方的憲政制度和憲政文化有一種天然的親近感和信任感，他們把西方的憲政制度視爲一種可以適用各種不同文化和社會環境的普適性制度，他們大多注重對西方憲政制度的借鑒和移植，卻忽視了西方憲政制度如何與本土文化實現結合。這在實踐上，則表現爲執著於制定成文憲法的實踐，而對憲法或者說憲政得以實施的政治、經濟、文化和歷史條件缺乏應有的關注。

〔註 9〕 （美）格里德著，魯奇譯：《胡適與中國的文藝復興——中國革命中的自由主義（1917～1937）》，江蘇人民出版社，1996 年版，第 377～378 頁。

〔註10〕 請參見蕭功秦著：《危機中的變革——清末現代化進程中的激進與保守》，上海三聯書店，1999 年版，第 156 頁。

　　對憲政後發外生型的中國而言，借鑒和移植西方的憲政制度或許是一個不可缺少的過程。而對有著深厚的傳統文化積澱的中國而言，傳統文化與現代制度之間的深刻背離、憲政移植與本土文化的抵抗始終是近代中國憲政歷程的兩難境遇。美國歷史學家費正清也看到了中國傳統文化對憲政制度的抵抗：「1900 年以前，大批有才能的人並沒有致力於眞正的革命或改革。在舊制度下，沒有人具有根本改變這一制度的堅定信念。中國國內變革力量的弱小與其歸咎於西方帝國主義倒不如歸因於中國的社會秩序、國家和文化之強大。阻礙中國對西方的威脅作出迅速反應的抑制因素主要是中國文化的堅強內聚力和穩固的結構。」〔註 11〕對於中國憲政建設中的這個二律背反的困境，第三勢力也早有洞察，因此他們不主張全盤照搬西方的憲政模式，而應該建立契合中國國情和傳統文化中國式的民主憲政。

　　對中西社會有過長期深入的比較研究的梁漱溟甚至得出結論，認爲當時的「中國尚不到有憲法成功的時候，制憲不是中國眼前的急務。」中國以實現憲政爲理想，這無可厚非，但是「此理想要求大抵爲外面世界潮流所開出來的，而非從固有歷史演出，但意識上雖可猛進，社會事實的進步卻難。而況外面世界所給他的刺激是使他破壞，很少是幫他長進。所以此者社會（尤其占十分之九的鄉村）除了殘破之外，還同從前沒有什麼變。一本乎外，一本乎內；一則文章不厭其美，一則事實不堪其陋。二者太不相伸侔！像這樣缺乏事實根據的憲法會成功嗎？如此制憲是大可不必的。須知小國今日所苦在任何法律制度之無效，而非在那法制的不合適。不合適可以製新的。若無效則更製新的還是無效。制之何益？其所以無效，都因爲意識要求與社會事實之不侔。或有人問：降要求以從事實則如何？答：此固不可能。果如是，則亦非憲法。」〔註 12〕在梁漱溟看來，在這樣的社會基礎上，生硬的橫向移植西方的憲政制度，是完全沒有必要，也是不可能成功的，因爲憲政所代表的是近代西方政治運作的方式與規則，是西方社會生活自然演出的偶然結果，是人家生活的樣法，於中國的社會無據，於中國的人心討不著「說法」。〔註 13〕中國的憲政運動，起於國內的政治改造，落於政治理想的實現，前期

〔註 11〕（美）費正清、賴肖爾著，陳仲丹等譯：《中國：傳統與變革》，江蘇人民出版社，1992 年版，第 398 頁。

〔註 12〕請參見梁漱溟：《中國此刻尚不到有憲法成功的時候》，見《梁漱溟全集》（第 5 卷），山東人民出版社，1994 年版，第 467～468 頁。

〔註 13〕請參見梁漱溟：《談中國憲政問題》，見《梁漱溟全集》（第 6 卷），山東人民

既必然內涵在變法維新運動之內，後期亦只能包括於「抗戰建國」運動之中，皆莫非從「近百年世界的大交通所形成之一大『中國問題』引發的民族自救運動」中來，所以中國憲政成功的早晚，亦只能取決於「中國問題」解決的遲緩，不可能於旦夕之間見效，更不可能以憲政為解決這一切的起點。梁漱溟的最後結論是，「沒有全國人意識上之轉變，則一新政治制度固不會產生出來」，「今天的問題在文化極嚴重的失調」，國人要以固有文化和英美蘇聯兩大文化作比較研究，才能解決政治問題。中國的憲政之路當從中國社會構造的改變、建設著手，從培養新習慣、新禮俗開始，從「自家開路來走」，梁漱溟還援引張東蓀著述，主張從儒家思想與西方民主精神的融通處，把西方民主精神和憲政制度「迎接進來」，從而建立其奠基於中國固有文化的自我更新而逐漸引申、發揮、一步步「演來」的中國憲政。〔註14〕

　　張東蓀看了梁漱溟的上述文章後，「異常感動」，馬上發表文章作了響應，提出中國要走上西方憲政的道路，必須從中國歷史，就政治、經濟、社會和思想各方面作一個綜合的觀察。並指出，「文化與制度在一個民族上決不可以為像一件衣裳在人身上一樣，可以隨意脫換的。……我以為文化與制度在一個民族上反可以說有些好像一棵樹生在某一個土地上一樣，必須是種子入土，發芽生長，漸漸長大，開花結實。如果是插上去的，那就是等於瓶中的花，只能開一個很短的時間，不久即萎而死。把西方的個人主義搬來，倘不經已而比較長期的培養，決不會生根的。」〔註15〕而兩個文化交流時，必於其相類似處方能融會；必須有融會，方能產生新文明。故張東蓀主張中國的民主憲政必須從儒家思想與西洋民主精神的相似點，一點點地接近，進而把民主主義迎接進來。〔註16〕張東蓀最後得出結論，從原則言，從理想言，從標準言、民主主義及社會主義之在中國沒有問題。但從制度言，從實施言，則必須有深知中國國情與中國文化的學者，同時又深知西方文化與政治，這樣的學者多多益善，大家會同研究出來一個專為中國而設的制度。〔註17〕然

　　　出版社，1994 年版，第 495～496 頁。

〔註14〕　請參見梁漱溟：《預告選災，追論憲政》，見《梁漱溟全集》（第 6 卷），山東人民出版社，1994 年版，第 699～722 頁。

〔註15〕　請參見張東蓀：《由憲政問題起從比較文化論中國前途》，見克柔編：《張東蓀學術文化隨筆》，中國青年出版社，2000 年版，第 286 頁。

〔註16〕　請參見張東蓀著：《理性與民主》，上海商務印書館，1946 年版，第 49 頁。

〔註17〕　請參見張東蓀著：《理性與民主》，上海商務印書館，1946 年版，第 151 頁。

而僅僅是認識到這一點是不夠的，第三勢力始終未能就西方憲政與中國傳統政治文化的融合提出一個具有實質性意義的建議。第三勢力也認識到國民憲政觀念的缺失是中國憲政的主要障礙之一，他們將開啓民智視爲實現憲政和法治必不可少的前提，並長期從事於憲政啓蒙運動。然而在更多的時候，啓蒙卻不得不讓位於救亡，讓位於現實政治。於是追求成文憲法這種正式制度成立第三勢力唯一的寄託，張君勱更是懷著對憲法、對制度的一種執迷，一腳踏進了僞國大的泥沼。

在制度的移植和西方憲政的引進上，吳經熊的一席話或許是中肯的：「缺乏強有力的道德根基，被移植的制度與觀念無從獲得本地沃土和持續成長的養分，不管移植者技巧如何嫻熟高妙，這樣的法律都是不可能有效生長的——只有法律之樹根植於觀念指明方向的沃土時，才有可能爲後代結出希望之果」。〔註 18〕讓我們記住史學大師湯因比富有詩意卻蘊意雋永的名言：「在商業上輸出西方的一種新技術，這是世界上最容易辦的事。但是讓一個西方的詩人或聖人在一個非西方的靈魂裏也像在他字跡靈魂裏那樣燃起同樣的精神上的火焰，卻不知要困難多少倍。傳播論有一定的價值，但是必須指出原始的創造在人類歷史上的重大作用，由於人性一致的原則，我們應當記住原始創造的火花或粽子可以迸發出任何生命的火焰或花朵。」〔註 19〕

二、近代中國憲政的困境

中國近代的憲政思潮是隨著西方憲政文化在中國的傳播中萌生的，是西方成功的立憲經驗所激發的，而中西所處的歷史和各自所應對挑戰的差異，決定了中國在接受西方憲政及其理念時便有了自己獨特的史境。這首先表現在對憲政的價值訴求和基本目標的設定上。在西方，憲政自身的價值及其目標與思想者所期望的東西是一致的：憲政就是通過防禦性的制度設計來控制政府權力，以便爲個人的自由和權利保有一個充分的私人空間；中國的知識分子則不同，他們把由西方憲政本身所提供的那些價值先放在一邊，他們最感興趣的問題是：「憲政能爲國家的富強做些什麼？」由此出發，他們一開始

〔註 18〕 轉引自安守廉、沈遠遠：《法律是我們的明神：吳經熊及法律與信仰在中國現代化中的作用》，載於程燎原主編：《湘江法律評論》（第 2 卷），湖南人民出版社，1999 年版。

〔註 19〕 （英）湯因比著，曹末風等譯：《歷史研究》（上冊），上海人民出版社，1997年版，第 50 頁。

就把西方的復合式政治結構分拆成一個個獨立的單元，並強行使之與中國的富強目標發生聯繫。〔註20〕

　　1840 年的鴉片戰爭可以看成是近代中國憲政的源頭。然鴉片戰爭所昭示的不僅僅是傳統與現代兩種社會體系的衝突，而且揭開了西方與東方兩大文明體系在中國衝突的序幕。正是這種衝突和民族危亡的壓力爲中國的仁人志士們提供了最初的動力，林則徐、魏源等早期思想家從此意識到在中國進行制度化變革的必要，19 世紀 60 年代更是開始了長達近 30 年的體制內當權者對外來壓力的第一個有意識的應對措施「洋務運動」，在這個運動中，產生了近代中國最初的憲政思潮和憲政改革力量。而 1895 年甲午戰爭的戰敗，宣告了洋務思想的全面破產，也使中國的改革者看到了問題的癥結：與其學習西方的器物文明，不如學習西方的制度文明，對中國的政治制度進行改革。正如梁啓超所認爲的：「中國維新之萌蘗，自中日戰爭生」，〔註 21〕甲午戰爭之後，中國的思想與政治領域開始出現一系列對中國憲政化歷程影響意義深遠的事件，立憲政治成爲中國人民孜孜以求的政治範式。

　　然而，從戊戌維新到民國潰亡，回溯百年來中國立憲的歷史，人們不禁要問，爲什麼極具「現代性」和社會認同度的西方立憲政治，在近代中國卻最終以失敗告終呢？或許人們可以從近代中國立憲政治的客觀社會環境、各種新舊政治力量的消長中尋求近代憲政失敗的合理性解釋。而在我看來，近代中國憲政的誤區和困境大致可以從以下幾個方面來理解：

（一）政治激進主義的泥潭

　　近代中國在西方挑戰的持續衝擊和民族危機的強大壓力下，國人開始有意識地通過制度變革來謀求國家的富強獨立，此後中國便進入被稱之爲「中國早期現代化史」的大規模變革的歷史時代。這個時代一個最明顯的事實是，中國人所做出的政治選擇，實際上是越來越激進，義無反顧地走向與中華民族的政治、經濟、社會與文化傳統的根本決裂。在這個過程中，一種完全佔據統治地位的價值傾向是：與自己古老的傳統做徹底的告別，是中國走向現代化的根本前提。於是，中國傳統的政治文化和社會規範被束之高閣，而對

〔註20〕　請參見王人博著：《中國近代的憲政思潮》，法律出版社，2003 年版，第 10～11 頁。

〔註21〕　梁啓超：《論李鴻章》，見《梁啓超合集・專集》（第 4 冊），中華書局，1989 年版，第 42 頁。

西方立憲制度的簡單移植，由於新體制缺少與適當的經濟與社會條件的配合，引發了種種前所未有的政治失範和社會整合危機，結果只能是「舊者已亡，新者未立，悵然無歸」。

王人博教授在《中國近代的憲政思潮》中寫到，近代對於西方和中國而言，是兩部不同的歷史和兩種不同的命運。西方以其強大的武力裝備強逼中國溢出中世紀的軌跡踏上了近代化的路程，但以武力自恃的西方無意實際上也沒能力爲中國提供問題的答案。中國人卻要從此同時面對兩個彼此不同的世界，一個是不僅在軍事裝備而且在政治體制和其他物質文明成就方面都遠遠勝出中國的西方，一個是有著完全不同於西方、自身具有強大壓力的傳統中國。中西兩種異質文明在較長時間的交流和碰撞中，中華民族的接連戰敗越發凸顯了西方文化的閃爍光芒，中華文化面臨著讓步乃至被置換的境地。因此，近代中國的憲政思想從落地生根之日起就無法迴避兩個問題：怎樣學習西方，怎樣對待自己的文化傳統？由於近世中國面臨的根本問題是由西方的武力侵逼所引發的生存危機，如何對待自己的文化傳統已不單單是「今」與「昔」的分別，而是「現代」與「傳統」的問題。

而正如王人博教授所說的，「現代」對於中國人來講是一個心裏隱隱作痛的概念，是中國「不幸的現在」與「輝煌的過去」的一種殘酷比照。中國人再也無法以自身作爲參照去冷靜地觀察自己的過去，必須以強大的西方這個新坐標來檢省自己曾有過的輝煌。因而，現代與傳統這個在西方用來衡量自己文化成就的範疇，在近代中國便成了分別西方與中國的概念。與此相應，如何學習西方與如何對待自己的文化傳統也就成了可以互換的東西。事實上，自鴉片戰爭以後，中國文化傳統已漸漸失去了生存的土壤，傳統的政治倫理秩序不斷地失去穩定。在這種情勢下，那種欲圖取法西方的武器裝備以守護中國傳統的做法已變得不可能，因爲中國遭遇西方已不單是軍事上的較量，而是兩種文明的對抗。中國人作爲古老文明的繼承者，生來具有文化上的優越感，知識精英與政治精英們不得不在對新事物的嚮往與對舊事物的依戀的矛盾中做出思想解釋和政治選擇，在對國家和民族生死存亡的焦慮感催逼之下，那種試圖按照西方的樣子要求全改、全變的呼聲日益高漲：「觀萬國之勢，能變則全，不變則亡，全變則強，小變仍亡」。〔註22〕在對國家和民族

〔註22〕康有爲：《上清帝第六書》，載於翦伯贊等編：《中國近代史資料叢刊·戊戌變法》（二），上海人民出版社，1957 年版，第 197 頁。

生死存亡的焦慮感催逼之下，中國的變革越來越趨向激進，以致最終陷入了政治激進主義的泥潭。〔註23〕

　　政治激進主義使得從政治上根本解決問題成為近代中國變革的一種信念，傳統文化無可避免地被捲入政治的漩渦，為政治的變革所利用和左右，政治成了評判取捨文化的最高標準。其結果是中國雖實用性地接受了西方的憲政體制，卻無法使之與中國文化傳統融會貫通，憲政也就失去了其成長所需要的最基本的文化環境，近代中國最為凸顯的一極是政治，由此造成了憲政在文化上的深刻背離。杜威曾把憲政民主看作是一種生活方式，胡適則認為它首先是一種習慣性的行為，而在中國，憲政首先被看作是一個政治問題，一種被看作是推進民族主義事業的工具，一種隨著不斷的政治革命而來的一連串的價值預設。余英時先生在《錢穆與中國文化》一書中，對中國近代思想史上的激進與保守問題作的論辯是發人深思的：「進步變成最高價值，任何人敢對『進步』稍表遲疑都是反動、退步、落伍、保守的。在這種情況下，保守的觀念和進步的觀念就不能保持平衡。……只有前進、創新、革命這才是真正價值的所在。所以中國思想史上的保守跟激進，實在不成比例，更無法互相制衡。這是因為中國沒有一個現狀可以給保守者說話的餘地。你要保持什麼？因為這個『變』還沒有定下來，沒有東西可以保存。」〔註24〕我們已習慣於從政治上以「進步」、「革命」為標準去評判歷史，而忽略了對一種思潮、一種思想，特別是對那些保守的思潮和思想進行文化史上的分解研究。從這個意義上講，近代中國的憲政主要不是受制於保守主義，而是被保守主義無法與「進步」、「革命」的激進主義相互制衡所困。〔註25〕

（二）憲政訴求的工具主義傾向

　　中國傳統社會中法律一直被作為一種工具來使用，即所謂「法者，編著之圖籍，設之於官府，而佈之於百姓者也」。〔註26〕受這種傳統法律思維的影響，加之近現代國家主義政治發展方式占主導地位，近代以來的憲政理論總是與保持和確認國家權力的合法性聯繫在一起，憲法和法律被作為一種統治

〔註23〕請參見王人博著：《中國近代的憲政思潮》，法律出版社，2003 年版，第 275～276 頁。

〔註24〕余英時著：《錢穆與中國文化》，遠東出版社，1996 年版，第 198 頁。

〔註25〕請參見王人博著：《中國近代的憲政思潮》，法律出版社，2003 年版，第 278 頁。

〔註26〕《韓非子・難三》。

方略而實施，憲政制度的工具合理性得到高揚，而西方憲政制度背後蘊藏的那些價值層面的東西卻被有意無意的誤讀。

早在 19 世紀中後期，士大夫中的一些精英人物就對西方立憲政治產生興趣。這種關注之所以產生，就在於他們發現西方立憲政治所具有的某種優點，恰恰是面臨生存危機的中國傳統政體最為缺乏的。王韜在《漫遊隨錄》中盛讚英國的「君民共主」的議會制度，認為它是實現「君民共治、上下相通」的手段，故也是實現「富強之效」的手段。〔註27〕鄭觀應在《盛世危言》中沿著同樣的思路來理解西方憲政，認為立憲是實現「朝野上下，同德同心」，「集思廣議」並消除君民隔閡的一種工具。〔註28〕從這些人的觀點看，他們對西方憲政感興趣的共同著眼點是其特殊的效能彌合了中國救亡的需要，他們是帶著對本民族特有的「問題」來關注和認識西方的憲政制度的。甲午一役的戰敗，宣告了用槍炮守護中國古老文明策略的破產，敗於「蕞爾島國」的恥辱感帶來了一個民族的覺醒，卻並未改變學習西方的方式。「北洋水師」在海面上的沉沒，使康有為、梁啟超等人看到了西方的堅船利炮對守護作用的不濟，相信西方寶庫裏有更具價值的東西。他們便發現了西方的「議院」、「民權」。然而，戊戌維新從一開始就是帶有功利性的，在康、梁看來，目前中國的險情不是中國文化傳統應守不應守，而是中華民族的生死存亡問題。用康有為的話說，只有保國才能保種保教，「皮之不存，毛將焉附」？對國家生存問題的關切，使康、梁看到了議院、民權對於保國保種保教的工具性價值。這樣，在西方屬於文化的憲政理念、制度和規範，被康、梁等人化約為一個單純的變法改制主張。然而即使在革命派那裡，也不乏這種憲政訴求工具主義的傾向。孫中山在《駁「保皇報」書》中提出，中國可以像仿造火車一樣，可以完全仿照西方最新的憲政模式，而不必再沿幾十年來由舊到新的老路重複，這樣「方合進化之序」。〔註 29〕章太炎在《駁康有為論革命書》中也指出：「以合眾共和結人心者，事成之後，必為民主」。〔註

〔註27〕 （清）王韜著：《弢園文錄外編・重民下》，上海書店出版社，2002 年版，第19 頁。

〔註28〕 （清）鄭觀應著：《盛世危言・議院上》，遼寧人民出版社，1994 年版，第 47頁。

〔註29〕 請參見孫中山：《駁「保皇報」書》，見孟慶鵬編：《孫中山文集》（上），團結出版社，1997 年版，第 466～467 頁。

〔註30〕 章太炎：《駁康有為論革命書》，見湯志鈞編：《章太炎政論選》（上），中華書

30）言下之意，制度建構必然帶來民主。由此可見，在當時變革者的心中，「立憲萬能論」已成為一種可以救國圖存的政治神話。這一觀點潛含的預設是：立憲是無條件的，它與政治、經濟、文化無關，忽略了制度生長的支持性條件。

綜而觀之，無論是地主官僚陣營的開明之士，還是資產階級改良派和革命派，他們追求憲政的原初動力都是「救亡」。由於中國近代的立憲政治始自於中國社會的危機之時，是刺激——反應式的產物，它自產生之日起就存在「制度民主」的工具合理性和「思想民主」的價值合理性的分離，形成「體」和「用」的二律背反，最終使程序民主因缺乏實質民主的支持而流於形式；思想民主因其價值得不到社會承認而成為若有若無的東西。近代中國立憲政治的失敗也勢在必然。

中國近代立憲政治的邏輯進程是超常規的，它不是在經濟現代化基礎上推進政治民主化，它所採用的政治體制是對西方原型的照搬。而正如現代新憲政論者所指出：憲法或政體不是一個法條主義的概念，其更主要的含義是在於「它指的是一個社會怎樣構成的，不僅是由正式的或非正式的政府制度構成，而更普遍的是由它的生活方式構成的。」〔註 31〕當中國引進西方的憲政體制之後，由於在中國的傳統政治文化中，是根本沒有「民主」的底蘊，因此中國的立憲政治只有求助於西方的民主思想和文化。但是，漫長而根深蒂固的封建專制制度及與之相適應的封建思想文化不但限制了中國政治和思想的自我發展，而且同樣阻止、扼殺和扭曲了外來文化。更何況中國立憲政治和西方的一個重要區別在於，它是一個「自上而下」的「人為」過程而非「自下而上」的自然生成過程，由此決定了進行內部啟蒙的必要性。而近代中國的立憲政治雖在實踐上不乏啟蒙之舉，但卻極其浮躁且不深刻，最終形成了制度和其支持性條件的錯位。

總之，中國近代立憲政治的「外源後生」的特點和工具主義傾向，使得近代中國的憲政化進程自始至終貫穿著一種超前的態勢，表現為認識與實踐、目標與手段、形式與內容、以及少數自覺的精英與廣大尚未啟蒙的群眾之間的種種錯位，構成了近代中國立憲政治的困境之一。

局，1977 年版，第 203 頁。

〔註31〕　（美）斯蒂芬·L·埃爾金、卡羅爾·愛德華·索烏坦編，周葉謙譯：《新憲政論——為美好的社會設計政治制度》，三聯書店，1997 年版，第 53 頁。

（三）國家權威和市民社會的雙重貧困

西方憲政是建立在國家與社會的二元對立以及在兩者相互適應達到結構性整合的基礎上的，是其社會文化演進的一個自然結果。中國並未自然演繹出憲政，而是在西方霸權示威和文明示範中自覺不自覺的向憲政邁進，中國憲政化的展開，是一個由國家主導的政治運動或政治安排。於是，產生的必然結果是，一方面，中國在引入種種並不爲其歷史文化所知的現代性的變革過程中，就必須做出相當幅度的政治和社會結構調整，政府始終在憲政的推動中起著主導作用，政府面對的問題是如何填充皇權被推翻後的權威眞空；另一方面，在這一結構性調整的過程中，一個特別引人注目的事實是，政治、社會及經濟變革引發或導致了既有權威的合法性危機，進而導致社會結構的解體、社會的普遍失範、甚至國家的分裂，作爲對這種失序及失範狀態的回應和救濟，政治結構往往轉而訴諸傳統文化的、軍事的、象徵性符號等資源來解決合法性危機的問題，這又使政治、社會及經濟的變革胎死腹中。〔註32〕

一個國家的政治遺產往往決定了其現代化政治變遷的不同道路。亨廷頓認爲有兩種傳統的政治體制，即官僚帝國制與封建等級制，對於不同政治傳統所要選擇的政治現代化的道路，亨廷頓進而指出：「在一個官僚政體中，權力已經集中，而這一政體最重要的問題是如何通過官僚機構來推行現代化的改革。在封建制或其他權力分散的政體中，革新政策的先決條件是必須集權」。〔註33〕而中國傳統社會的最大特點是「王權支配社會」，王權是「基於社會經濟又超乎社會經濟的一種特殊存在」，是社會資源分配中心。中國傳統政治權威集中體現於王權體制，王權是權力中心，居於政治整合的中樞。〔註34〕千百年來，這種王權體制始終保持了一種超穩定性，無論農民起義還是外敵入侵，社會與政治動蕩的結局，最終還是回覆到王權秩序。而鴉片戰爭以

〔註32〕請參見鄧正來：《國家與社會──中國市民社會研究的研究引論》，見中國理論法學研究網：http://www.legaltheory.com.cn/info.asp id=7759。

〔註33〕請參見（美）亨廷頓著，李盛平等譯：《變革社會中的政治秩序》，華夏出版社，1988 年版，第 134～139 頁。

〔註34〕劉澤華用王權主義概括了中國傳統的政治社會現象，他所說的王權主義並不限於通常意義上的權力系統，而是指社會的一種控制和運作方式。王權主義包含了三個層次：以王權爲中心的權力系統、以這種權力系統爲骨架的社會結構以及與上述狀況相適應的掛念體系。請參見劉澤華著：《中國的王權主義·引言》，上海人民出版社，2000 年版。

來，這種王權體制遭遇了空前的挑戰和統治危機，俟辛亥革命王權體制徹底被推翻，社會的權力中心、整合中樞、文化表徵和資源分配中心，亦隨之消失，形成國家權威嚴重缺失的深刻的政治危機。如前所述，中國的立憲進程是政府主導的，所以在這個進程中，政府所面對的首要問題就是社會整合和政治整合，是如何填補王權體制覆滅後所形成的權威眞空和權力眞空。

在中國近代憲政化的進程中，儘管不斷有中央集權的趨向和努力，但大部分時間權力與資源仍然分散於地方與民間之中。辛亥革命勝利以後，孫中山試圖重建新的政治秩序和國家權威，但由於種種原因和不利條件，孫中山不得不把最高權力拱手相讓於袁世凱；隨後幾十年，軍閥割據，國家分裂，政府權力的衰微，地方主義的盛行，使得政治權力對民間社會幾乎無從控制；1928 年，國民黨雖然表面上實現了國家的統一，但內戰從未停止過，社會整合與政治整合遲遲不能實現，新的政治共同體也無從建立。這樣一種長期的權威眞空，必然導致無法有效地實現憲政推進中必不可少的社會動員。

作爲對這種失序狀態的回應和補救，政治結構往往向傳統回歸，而防止政治向傳統回歸以及隨之必然造成的政治結構轉型的流產，這一歷史使命本應由市民社會承擔，這實際上也是市民社會所具有的主要功能之一。因爲市民社會可以通過其獨有的在政治上制衡國家的功能，有效地阻止這種人爲的政治倒退。〔註 35〕令人遺憾的是，在近代中國政治結構向傳統回歸的現象時有發生，而市民社會的不成熟和發展不充分，卻使其在這方面的制衡功能與作用未能充分地得以發揮，無法眞正有效地阻止這種政治倒退。

自秦漢以來，中國「王霸道雜之」，發展出高度中央集權的王權體制，社會始終籠罩在國家權力之下，幾千年來未曾發育出權利自主和個人自由的「市民社會」。〔註36〕強大的中央集權國家，自秦始皇以來就是中國的全部歷史。王亞楠對中國傳統的官僚政治的這些特徵有非常深刻的揭示，他認爲中國官僚政治的包括範圍極其廣闊，「中國人的思想活動乃至他們的整個人生觀，都

〔註35〕 在我看來，市民社會對於中國近代憲政化進程的意義在於：從消極方面看，市民社會與國家的疏離使其具有制衡國家的力量，一個成熟的市民社會可以其相對獨立性成爲保障民主憲政和防止權威倒退和極權政治的最後屏障；從積極方面看，市民社會是民主憲政成才的社會基礎和生態環境。請參見謝維雁：《憲政與公民社會》，見思問哲學網：http://www.siwen.org。

〔註36〕 也有學者認爲中國歷史上在特定的時期和特定的地域裏曾經有過市民社會的萌芽甚至有相當的發展。請參見朱英：《市民社會的作用及其與中國早期現代化的成敗》，載於《天津社會科學》，1998 年第 2 期。

拘囚錮蔽在官僚政治所設定的樊籠裏。」〔註 37〕在這種政治形態統治下，國家政治權力壓倒一切，政治權力沒有時空限制，可以滲透和擴張到社會的一切領域，一切社會生活皆須以政治國家為中心展開，受其支配和控制。這就是馬克思批判的政治國家與市民社會的顛倒現象，它不是政治社會化，而是社會政治化。

近代許多先進的中國人已看到建構市民社會的必要性，力倡地方自治和建設鄉村社會，晚清城市社會中更是通過創設商會、教育會、市民公社等社會組織和團體，逐步形成了「市民社會」的雛形，把獨立社會的營造推向了實踐階段。〔註 38〕但是，晚清市民社會雛形與歐洲近代早期市民社會卻是貌合神離的，它們畢竟聯繫著兩種迥異的歷史文化傳統和社會環境。市民社會與國家因呈緊張甚至對立的狀態，市民社會必須通過各種自由結社來制衡和對抗國家，以防止國家對市民社會的的滲透和侵擾。〔註 39〕而中國早期市民社會建立的初衷，並不是與專制國家的權力相對抗，而是為了協調民間社會與官方的關係，以民治輔助官治。況且在蔣記國民政府成立後，中國政治進一步走向集權化，國家重新控制了社會，市民社會被排擠到了邊緣，很難發揮制衡國家權力的作用，憲政在中國仍屬遙遙無期之事。〔註 40〕我想，中國沒有像西方國家那樣自然地走向憲政之途和法治之路，原因是多方面的，但歷史的經驗告訴我們，沒有成熟的市民社會，憲政與法治就失去了基石。中國歷史上市民社會的缺失無疑阻礙了憲政的建立和法治的實現。

近代中國憲政的困境，最後可以歸結到一點，即在中國傳統的自然經濟

〔註37〕 王亞楠著：《中國官僚政治研究》，中國社會科學出版社，1989 年版，第 39頁。

〔註38〕 請參見（美）魏斐德著，張小勁、常欣欣譯：《市民社會和公共領域問題的論爭——西方人對當代中國政治文化的思考》，和（美）羅威廉著，鄧正來等譯：《晚清帝國的「市民社會」問題》，載於鄧正來主編：《國家與市民社會——一種社會理論的研究路徑》，中央編譯出版社，2002 年版，第 371～419 頁。

〔註39〕 第一個真正將市民社會作為政治社會的相對概念提出並作出學理區分的黑格爾，然而在他那裡，國家還是高於社會的。只有到了洛克，市民社會才先於或外於國家。而到了哈貝馬斯，市民社會的所涉的內容和所指的對象才得以嚴格界定。請參見鄧正來：《國家與市民社會——學理上的分野與兩種架構》，載於鄧正來主編：《國家與市民社會——一種社會理論的研究路徑》，第 77～100 頁。

〔註40〕 請參見於語和、陳醉霞：《近代中國憲政的困境和教訓》，載於馬德普主編：《中國政治文化論叢》（第二輯），天津人民出版社，2002 年版，第 26～27 頁。

尚未被完全打破、市場經濟尚未形成、中產階級還很脆弱、社會還普遍貧困的情況下，爲挽救民族危亡，想通過簡單移植西方社會的憲政制度來實現中國政治的近代化的幻想是不可能實現的。這正如馬克思恩格斯所深刻指出的：「如果還沒有具備這些思想全面變革的物質因素，就是說，一方面還沒有一定的生產力，另一方面還沒有形成不僅反抗舊社會的某種個別方面，而且反抗舊的『生活生產』本身、反抗舊社會所依據的『綜合活動』的革命群眾，那麼，正如共產主義的歷史所證明的，儘管這種變革的思想已經表述國千百次，但這一點對於實際發展沒有任何意義。」〔註41〕

　　當代中國最重要的時代使命之一，就是建設社會主義政治文明。所謂政治文明，是指每一種社會形態由生產關係所決定的政治發展的程度或水平。〔註42〕從政治學的維度來看，政治文明既可以用來表徵一種良好的社會政治秩序，也可以用來說明實現良好秩序的政治發展過程，是政治生活脫離「自然狀態」步入「文明狀態」的發展過程。從人類政治發展的歷史進程來看，近代以來政治文明的發展與演進，主要是以憲政制度的建立與完善爲標誌。在這個過程中，人類通過憲政制度的安排與設計，從而建立良好的公共秩序，有效控制公共權力和切實保障人類權利。所以說，民主憲政是現代政治文明的首要特徵，也是我們建設社會主義法治國家的方向。

　　而在今天，現代中國第三勢力的問題似乎也面對著我們，一個是「制度移植」的問題，一個是「本土化」問題。這兩個問題都是在中國現代化的過程中產生的，然而這個過程在很大程度上是以西方爲參照糸進行的，這是第三勢力所無法超越的，這也正是我們研究和審視第三勢力所能獲取的以供我們思考的資源。或許，第三勢力的憲政之路無法爲我們今天的憲政建設提供可以直接借鑒的資源，但我想，第三勢力的憲政理念和憲政設計，至少給我們提供了一種思維的方式，因爲顯然不論中國或整個世界，未來皆將在自由與正義、民主與憲政的方向進行無盡的探索。

〔註41〕馬克思、恩格斯著：《德意志意識形態》，人民出版社，1961年版，第33～34頁。

〔註42〕王惠岩：《建設社會主義政治文明》，載於《政治學研究》，2002年第3期。

參考文獻

1. 曾憲林、萬雲選編：《鄧演達歷史資料》，華中理工大學出版社 1988 年版。

2. 查建瑜選編：《國民黨改組派資料選輯》，湖南人民出版社 1986 年版。

3. 中國第二歷史檔案館編寫：《中國青年黨》，檔案出版社 1988 年版。

4. 謝泳編：《羅隆基：我的被捕的經過與反感》，中國青年出版社 1999 年版。

5. 謝泳編：《儲安平：一條河流般的憂鬱》，中國青年出版社 1999 年版。

6. 葉永烈編：《王造時：我的當場答覆》，中國青年出版社 1999 年版。

7. 歐陽哲生編：《胡適文集》，北京大學出版社 1998 年版。

8.《梁漱溟全集》，山東人民出版社 1994 年版。

9.《宋慶齡選集》，人民出版社 1992 年版。

10. 陳淑渝、陶忻編：《中國民權保障同盟》，中國社會科學出版社 1979 年版。

11.《梁啓超全集》，北京出版社 1999 年版。

12. 中共上海市委黨史資料征集委員會編：《「一二‧九」以後上海救國會史料選輯》，上海社會科學出版社 1987 年版。

13. 周天度編：《救國會》，中國社會科學出版社 1981 年版。

14. 中國民主同盟中央文史資料委員會編：《中國民主同盟歷史文獻（1941～1949）》，文史資料出版社 1983 年版。

15. 民盟中央文史委員會編：《中國民主同盟簡史（1941～1949）》，群言出版社 1991 年版。

16. 陳竹筠、陳起城編：《中國民主黨派歷史資料選輯》，華東師範大學出版社 1985 年版。

17. 單兆恒編：《政治協商會議資料》，四川人民出版社 1981 年版。

18.《周恩來選集》（上卷），人民出版社 1980 年版。

19.《孫中山選集》（下卷），人民出版社 1956 年版。

20. 朱維錚主編：《馬相伯集》，復旦大學出版社 1996 年版。

21. 方慶秋主編：《民國黨派社團檔案史料叢稿‧中國民主社會黨》，檔案出版社 1988 年版。

22. 周天度編：《中華民國史資料叢稿‧救國會》，中國社會科學出版社 1981 年版。

23. 章立凡選編：《章乃器文集‧下卷》，華夏出版社 1997 年版。

24. 榮孟源、孫彩霞編：《中國國民黨歷次代表大會及中央全會資料》（下冊），光明日報出版社 1985 年版。

25. 孟廣涵主編：《國民參政會紀實》（上卷），重慶出版社 1985 年版。

26. 孟廣涵主編：《國民參政會紀實‧續編》，重慶出版社 1987 年版。

27. 周天度編：《沈鈞儒文集》，人民出版社 1994 年版。

28. 龍顯昭主編：《張瀾文集》，四川教育出版社 1991 年版。

29. 中共重慶市委黨史工作委員會、重慶市政協文史資料研究委員會、紅岩革命紀念館編：《重慶談判紀實：一九四五年八～十月》，重慶出版社 1984 年版。

30. 施瑋等整理：《胡適文集：讀書與胡說》，北京燕山出版社 1995 年版。

31.《韜奮全集》，上海人民出版社 1995 年版。

32. 羅竹風主編：《平心文集》，華東師範大學出版社 1985 年版。

33.《張友漁文選》（上卷），法律出版社 1997 年版。

34. 章伯峰、莊建平主編：《抗日戰爭》第三卷：《民族奮起與國內政治》（下），四川大學出版社 1997 年版。

35. 程文熙編：《中西印哲學文集》，臺灣北學生書局 1981 年版。

36.《張君勱傳記資料》，臺灣天一出版社 1979 年版。

37. 何勤華、李秀清主編：《民國法學論文精粹（憲政法律篇）》（第 2 卷），法律出版社 2002 年版。

38. 張丹等編著：《辛亥革命前十年間時論選集》，三聯書店 1978 年版。

39. 四川大學馬列教研室編：《國民參政會資料》，四川人民出版社 1984 年版。

40. 翦伯贊等編：《中國近代史資料叢刊‧戊戌變法》（二），上海人民出版社 1957 年版。

41. 孟慶鵬編：《孫中山文集》，團結出版社 1997 年版。

42. 湯志鈞編：《章太炎政論選》，中華書局 1977 年版。

43. 劉軍寧主編：《北大傳統與近代中國──自由主義的先聲》，中國人事出版社 1998 年版。

44. 蔡尚思主編:《中國現代思想史資料簡編》（第 5 卷），浙江人民出版社 1983 年版。

45. 王駒、邵宇春主編:《東北民眾抗日救國會》，遼寧大學出版社 1991 年版。

46. 夏新華等整理:《近代中國憲政歷程：史料薈萃》，中國政法大學出版社 2004 年版。

47. 羅榮渠主編:《從「西化」到現代化：五四以來有關中國的文化趨向和發展道路論爭文選》，北京大學出版社 1990 年版。

48. 《毛澤東選集》（第 2 卷），人民出版社 1991 年版。

49. 《馬克思恩格斯選集》（第一卷），人民出版社 1995 年版。

50. 《馬克思恩格斯選集》（第二卷），人民出版社 1995 年版。

51. 《馬克思恩格斯選集》（第四卷），人民出版社 1995 年版。

52. 《馬克思恩格斯全集》（第十八卷），人民出版社 1963 年版。

53. 《馬克思恩格斯全集》（第十九卷），人民出版社 1964 年版。

54. 《馬克思恩格斯全集》（第四十二卷），人民出版社，1979 年版。

55. 《馬克思、恩格斯、列寧、斯大林論政治和政治制度》，檔案出版社 1988 年版。

56. 《馬克思、恩格斯、列寧、斯大林論歷史人物評價問題》，人民出版社 1981 年版。

57. 《馬克思、恩格斯、列寧、斯大林論歷史科學》，人民出版社 1980 年版。

58. 李新總編、汪朝光著:《中華民國史》，中華書局 2000 年版。

59. （日）菊池貴晴著、劉大孝譯:《中國第三勢力史論》，天津人民出版社 1991 年版。

60. 「從五四運動到人民共和國成立」課題組:《胡繩論「從五四運動到人民共和國成立」》，社會科學文獻出版社 2001 年版。

61. 聞黎明著:《第三種力量與抗戰時期的中國政治·後記》，上海書店出版社 2004 年版。

62. 寶成關著:《西潮與回應——近四百年思想嬗替研究》，吉林人民出版社 2005 年版。

63. 寶成關著:《西方文化與中國社會——西學東漸史論》，吉林教育出版社 1994 年版。

64. 鄭大華著:《張君勱傳》，中華書局 1997 年版。

65. 章清著:《「胡適派學人群」與現代中國自由主義》，上海古籍出版社 2004 年版。

66. 蔡尚思:《中國思想研究法》，復旦大學出版社 2001 年版。

67. 王惠岩：《政治學原理》，高等教育出版社 1999 年版。

68. 王浦劬：《政治學基礎》，北京大學出版社 1995 年版。

69. （美）古爾德、瑟斯比編，楊淮生等譯：《現代政治思想：關於領域、價值和趨向的問題》，商務印書館 1985 年版。

70. 謝復生、盛杏湲主編：《政治學的範圍與方法》，臺灣五南圖書出版公司 2000 年版。

71. 徐復觀：《兩漢思想史》，華東師範大學出版社 2001 年版。

72. 葛兆光：《中國思想史》，復旦大學出版社 2001 年版。

73. （荷）亨克‧范‧馬爾賽文、格爾‧范‧德‧唐著，陳文生譯：《成文憲法的比較研究》，華夏出版社 1987 年版。

74. （美）薩拜因著，盛葵陽、崔妙因譯：《政治學說史》，商務印書館 1986 年版。

75. （古希臘）亞里士多德著，吳壽彭譯：《政治學》，商務印書館 1997 年版。

76. （美）弗里德里希著，周勇、王麗芝譯：《超驗正義——憲政的宗教之維》，三聯書店 1997 年版。

77. （英）戴維‧米勒、韋農‧波格丹諾編，中譯本鄧正來主編：《布萊克維爾政治學百科全書》，中國政法大學出版社 1992 年版。

78. 劉軍寧等編：《市場邏輯與國家觀念》，三聯書店 1995 年版。

79. （美）斯蒂芬‧L‧埃爾金、卡羅爾‧愛德華‧索烏坦編，周葉謙譯：《新憲政論——爲美好的社會設計政治制度》，三聯書店 1997 年版。

80. （美）漢密爾頓、傑伊、麥迪遜著，程逢如、在漢、舒遜譯：《聯邦黨人文集》，商務印書館 2004 年版。

81. （美）文森特‧奧斯特羅姆著，毛壽龍譯：《復合共和制的政制理論》，上海三聯書店 1999 年版。

82. 秦德君：《政治設計研究——對一種歷史政治現象之解讀》，上海社會科學出版社 2000 年版。

83. （美）拉里‧勞丹著，方在慶譯：《進步及其問題——科學增長理論》，上海譯文出版社 1991 年版。

84. （美）邁克爾‧邁金尼斯主編，毛壽龍等譯：《多中心治道與發展》，上海三聯書店，2000 年版。

85. （美）道格拉斯‧C‧諾斯著，劉守英譯：《制度、制度變遷與經濟績效》，上海三聯書店 1994 年。

86. （美）詹姆斯‧M‧布坎南著，平新喬、莫扶民譯：《自由、市場與國家——80 年代的政治經濟學》，上海三聯書店 1989 年版。

87. （美）唐・埃思里奇著，朱鋼譯：《應用經濟學研究方法論》，經濟科學出版社 1998 年版。

88. （英）休謨著，關之運譯：《人性論》，商務印書館 1997 年版。

89. 劉軍寧等編：《市場社會與公共秩序》，三聯書店 1996 年版。

90. （法）孟德斯鳩著，張雁深譯：《論法的精神》，商務印書館 2004 年版。

91. （英）波普爾著，周昌忠等譯：《猜想與反駁》，上海譯文出版社 2001 年版。

92. （法）托克維爾著，董果良譯：《論美國的民主》，商務印書館 1997 年版。

93. 劉貴生、張步洲編：《陳寅恪學術文化隨筆》，中國青年出版社 1996 年版。

94. （美）費正清、費維愷主編，楊品泉等譯：《劍橋中華民國史：1912～1949 年》，中國社會科學出版社 1998 年版。

95. 陳公博：《苦笑錄》，東方出版社 2004 年版。

96. 王金鋙、陳瑞雲主編：《中國現代政治史：1919～1949》，黑龍江人民出版社 1990 年版。

97. 王金鋙、李子文著：《中國現代政治思想史》，吉林大學出版社 1991 年版。

98. 石畢凡著：《近代中國自由主義憲政思潮研究》，山東人民出版社 2004 年版。

99. 王永祥著：《中國現代憲政運動史》，人民出版社 1996 年版。

100. 秦孝儀主編：《中華民國政治發展史》，臺灣近代中國出版社 1985 年版。

101. （美）T・帕森斯著，梁向陽譯：《現代社會的結構與過程》，光明日報出版社 1988 年版。

102. 李世濤主編：《知識分子立場——自由主義之爭與中國思想界的分化》，時代文藝出版社 1999 年版。

103. 陳啓天著：《民主憲政論》，上海商務印書館 1945 年版。

104. 蕭公權著：《自由的理論與實際》，商務印書館 1948 年版。

105. 王造時著：《荒謬集》，自由言論社 1935 年版。

106. 陳北鷗：《憲政基礎知識》，國訊書店 1944 年版。

107. 張東蓀著：《理性與民主》，上海商務印書館 1946 年版。

108. 張東蓀著：《思想與社會》，遼寧教育出版社 1998 年版。

109. 許紀霖著：《無窮的困惑——黃炎培、張君勱與現代中國》，上海三聯書店 1998 年版。

110. 張君勱著：《社會主義思想運動概觀》，臺灣稻香出版社 1988 年版。

111. 丁文江、趙豐田著：《梁啓超年譜長編》，上海人民出版社 1983 年版。

112. 張君勱著：《中華民國民主憲法十講》，上海商務印書館 1948 年版。

113. 張君勱著：《立國之道》，桂林出版社 1938 年版。

114. 張君勱著：《中國專制君主政制之評議》，臺北弘文館 1986 年版。

115. 方克立主編：《現代新儒家學案》（上），中國社會科學出版社 1995 年版。

116. 呂希晨、陳瑩著：《張君勱思想研究》，天津人民出版社 1996 年版。

117. 鄭大華著：《張君勱學術思想評傳》，北京圖書館出版社 1999 年版。

118. 紀文勳：《現代中國的思想衝突：民主主義和權威主義》，山西人民出版社 1989 年版。

119. （美）羅爾斯著，何懷宏等譯：《正義論》，中國社會科學出版社，1988 年版。

120. 馮友蘭著：《中國哲學簡史》，北京大學出版社 1996 年版。

121. （英）賴斯基著，張君勱譯：《政治典範》，商務印書館 1926 年版。

122. （英）密爾著，程崇華譯：《論自由》，商務印書館 1982 年版。

123. 張君勱著：《明日之中國文化》，山東人民出版社 1998 年版。

124. 張君勱著：《民族復興之學術基礎》，再生雜誌社 1935 年版。

125. （英）哈耶克著、鄧正來譯：《自由秩序原理》，三聯書店 1997 年版。

126. 陳先初著：《精神自由與民族復興——張君勱思想綜論》，湖南教育出版社 1999 年版。

127. 徐矛著：《中華民國政治制度史》，上海人民出版社 1992 年版。

128. 張君勱著：《國憲議》，上海時事新報館 1922 年版。

129. 蕭公權等著：《近代中國思想人物論——社會主義》，臺灣時報出版公司 1985 年版。

130. 王人博著：《中國近代的憲政思潮》，法律出版社 2003 年版。

131. 余英時著：《錢穆與中國文化》，遠東出版社 1996 年版。

132. （美）亨廷頓著，李盛平等譯：《變革社會中的政治秩序》，北京：華夏出版社 1988 年版。

133. 劉澤華著：《中國的王權主義》，上海人民出版社 2000 年版。

134. 王亞楠著：《中國官僚政治研究》，北京：中國社會科學出版社 1989 年版。

135. 鄧正來主編：《國家與市民社會——一種社會理論的研究路徑》，中央編譯出版社 2002 年版。

136. 馬德普主編：《中國政治文化論叢》（第二輯），天津人民出版社 2002 年版。

137. （美）格里德著，魯奇譯：《胡適與中國的文藝復興——中國革命中的自由主義（1917～1937）》，江蘇人民出版社 1996 年版。

138. 蕭功秦著：《危機中的變革——清末現代化進程中的激進與保守》，上海三聯書店 1999 年版。

139.（美）費正清、賴肖爾著，陳仲丹等譯：《中國：傳統與變革》，江蘇人民出版社 1992 年版。

140.（英）阿諾德·湯因比著，曹末風等譯：《歷史研究》，上海人民出版社 1997 年版。

141. 許章潤著：《說法、活法、立法：關於法律之爲一種人世生活方式及其意義》（增訂版），清華大學出版社 2004 年版。

142. 季金華著：《憲政的理念與機制》，山東人民出版社 2004 年版。

143. 劉世軍著：《近代中國政治文明轉型研究》，復旦大學出版社 2000 年版。

144.（英）阿諾德·湯因比著，劉北成、郭小淩譯：《歷史研究》，人民出版社 2000 年版。

145. 吳丕著：《進化論與中國的激進主義（1859～1924）》，北京大學出版社 2005 年版。

146. 張晉藩著：《中國憲法史》，吉林人民出版社 2004 年版。

147. 辛鳴著：《制度論——關於制度哲學的理論建構》，人民出版社 2005 年版。

148. 牛大勇主編：《20 世紀的中國——新觀點與新材料》，江西人民出版社 2003 年版。

149. 殷嘯虎著：《近代中國憲政史》，上海人民出版社 1997 年版。

150. 宋亞文著：《施復亮政治思想研究（1919～1949）》，人民出版社 2006 年版。

151. 王焱等編：《自由主義與當代世界》，三聯書店 2000 年版。

152. 劉義林、羅慶豐著：《張君勱評傳》，百花洲文藝出版社 1996 年版。

153. 季衛東著：《憲政新論——全球化時代的法與社會變遷》（第二版），北京大學出版社 2005 年版。

154.（英）諾爾曼·P·巴利著，竺乾威譯：《古典自由主義與自由至上主義》，上海人民出版社 1999 年版。

155. 荊知仁著：《中國立憲史》，臺北聯經出版事業公司 1984 年出版的。

156. 陳啓能、倪爲國主編：《書寫歷史》，上海三聯書店 2002 年版。

157. 陳啓能、倪爲國主編：《歷史與當下》，上海三聯書店 2005 年版。

158. 趙立彬著：《民族立場與現代追求：20 世紀 20～40 年代的全盤西化思潮》，三聯書店 2005 年版。

159. 丁耘、陳新主編：《思想史研究（第一卷）：思想史的元問題》，廣西師範大學出版社 2005 年版。

160. 楊光斌著：《制度的形式與國家的興衰——比較政治發展的理論與經驗研究》，北京大學出版社 2005 年版。

161. 黃偉合著：《英國近代自由主義研究——從洛克、邊沁到密爾》，北京大學出版社 2005 年版。

162. 張允起著：《憲政、理性與歷史：蕭功秦的學術與思想》，北京大學出版社 2005 年版。。

163. 秋風著：《立憲的技藝》，北京大學出版社 2005 年版。

164. 何信全著：《哈耶克自由理論研究》，北京大學出版社 2004 年版。

165. 任劍濤著：《中國現代思想脈絡中的自由主義》，北京大學出版社 2004 年版。

166. 蕭公權著，汪榮祖譯：《康有為思想研究》，新星出版社 2005 年版。

167. 鄭大華、鄒小站主編：《思想家與近代中國思想》，社會科學文獻出版社 2005 年版。

168. 韓大梅著：《新民主主義憲政研究》，人民出版社 2005 年。

169. 謝維雁著：《從憲法到憲政》，山東人民出版社 2004 年版。

170. 陳哲夫等主編：《現代中國政治思想流派》，當代中國出版社 1999 年版。

171. 陳旭麓主編：《五四以來政派及其思想》，上海人民出版社 1987 年版。

172. 方敏著：《「五四」後三十年民主思想研究》，商務印書館 2004 年版。

173. 張君勱、丁文江等著：《科學與人生觀》，山東人民出版社 1997 年版。

174. 黃克劍著：《百年新儒林——當代新儒學八大家論略》，中國青年出版社 2000 年版。

175. 李澤厚著：《中國思想史論》，安徽文藝出版社 1999 年版。

176. 王人博著：《憲政的中國之道》，山東人民出版社 2003 年版。

177. 平心著：《中國民主憲政運動史》，臺北古楓出版社 1986 年版。

178. 林毓生著：《熱烈與冷靜》，上海文藝出版社 1998 年版。

179. 胡偉希、高瑞泉、張利民著：《十字街頭與塔——中國近代自由主義思潮研究》，上海人民出版社 1991 年版。

180. 顧肅著：《自由主義基本理念》，中央編譯出版社 2003 年版。

181. 李強著：《自由主義》，中國社會科學出版社 1998 年版。

182. （美）羅爾斯著，萬俊人等譯：《政治自由主義》，譯林出版社 2000 年版。

183. 石元康著：《從中國文化到現代性：典範轉移？》，三聯書店 2000 年版。

184. 張學仁、陳寧生主編：《二十世紀之中國憲政》，武漢大學出版社 2002 年版。

185. 林建華著:《1940 年代的中國自由主義思潮》,中國社會科學出版社 2012 年版。

186. 張勝利著:《中國五四時期自由主義》,人民出版社 2011 年版。

187. 高瑞泉主編:《中國思潮評論(第 4 輯):自由主義諸問題》,上海古籍出版社 2012 年版。

188. 衛春回著:《理想與現實的抉擇:中國自由主義學人與中間道路研究(1945～1949)》,中國社會科學出版社 2010 年版。

189. 呂新雨著:《鄉村與革命:中國新自由主義批判三書》,華東師範大學出版社 2012 年版。

190. 閆潤魚著:《自由主義與近代中國》,新星出版社 2007 年版。

191. 丁三青著:《張君勱解讀:中國史境下的自由主義話語》,南京大學出版社 2009 年版。

192. 翁賀凱著:《現代中國的自由民族主義:張君勱民族建國思想評傳》,法律出版社 2010 年版。

193. Carsun Chang: The Third Force in China, Bookman Associates, Inc, 1952.

194. Hume, David: On the Interdependency of Parliament. In Essays Moral, Political and Literary. Edited by T.H. Green and T.H. Grose. Longmans, 1882。

195. Marina Svensson, The Chinese Conception of Human Rights, Studentlitteratur's Pringting Office, Lund, Sweden, 1996.

196. J.N. Gray: Hayek on Liberty, Oxford Press, 1984.

197. Hayek: Law, Legislation and Liberty: The Political Order of a Free People (III), The University of Chicago Press, 1979.

198. Schrecker, John E.: The Chinese Revolution in Historical Perspective, Greenwood Press, 1991.

199. Dunn, J.: Poltical obligation in its Historical Context: Essays in Political Theory. Cambridge University Press, 1980.

200. Sunstein Free: Markets and Social Justice, Oxford University Press, 1997.